中國學術思想 研究輯刊

三十編

林慶彰 主編

第14冊

浙中王門親傳孫應奎良知學研究

鄧 凱 著

花木蘭文化事業有限公司

國家圖書館出版品預行編目資料

浙中王門親傳孫應奎良知學研究／鄧凱 著 — 初版 — 新北市：
花木蘭文化事業有限公司，2019〔民 108〕
目 2+212 面；19×26 公分
（中國學術思想研究輯刊 三十編；第 14 冊）
ISBN 978-986-485-869-9（精裝）
1.（明）孫應奎 2.學術思想 3.陽明學
030.8   108011717

中國學術思想研究輯刊
三十編　第十四冊　　　　　ISBN：978-986-485-869-9

浙中王門親傳孫應奎良知學研究

作　　　者　鄧凱
主　　　編　林慶彰
總 編 輯　杜潔祥
副總編輯　楊嘉樂
編　　　輯　許郁翎、王筑、張雅淋　美術編輯　陳逸婷
出　　　版　花木蘭文化事業有限公司
發 行 人　高小娟
聯絡地址　235 新北市中和區中安街七二號十三樓
　　　　　　電話：02-2923-1455／傳真：02-2923-1452
網　　　址　http://www.huamulan.tw 信箱 hml 810518@gmail.com
印　　　刷　普羅文化出版廣告事業
封面設計　劉開工作室
初　　　版　2019 年 9 月
全書字數　191760 字
定　　　價　三十編 18 冊（精裝）新台幣 39,000 元

浙中王門親傳孫應奎良知學研究

鄧凱 著

作者簡介

鄧凱，博士，寧波財經學院陽明文化研究所長，中國傳統文化教研室主任，寧波市王陽明研究促進會理事，方太大學特邀文化講師。1986 年生於湖南東安，本、碩、博先後畢業於武漢大學國學班、華中師範大學，主要研究方向爲中國古典文獻學、陽明學、文字學等，目前有省部、市廳課題 5 項，發表核心期刊論文多篇，包括：《王陽明古文獻學思想發微》、《孫應奎與陽明學傳播》等。專著《王陽明年譜校注》，合編《寧波王門集》，參與點校古籍多部。

提　要

　　本書在完成點校文集《燕詒錄》（近十萬字）的基礎上，多方搜集相關材料，研究王陽明的餘姚親傳弟子孫應奎（號蒙泉）的生平事蹟及其良知學思想，特別是他獨具特色的「良知幾學」理論，是對陽明學的大力推進。本書內容主要包括七章，另有緒言、附錄（《蒙泉先生年譜》、《輯佚文獻》）。首先，論述孫應奎乃王陽明令名不彰弟子中的一個典型代表，其良知學思想具有重要學術研究價值；其次，以「良知學」爲中心，介紹孫應奎的家學師傳、對良知學的發展、在陽明後學中的學術定位；再次，從經典詮釋的角度考察孫應奎的良知學思想脈路，從社會實踐的角度看他的身心修養與治國理政，另外還從與人交遊及詩文創作這兩大方面細緻梳理其良知學思想的形成、傳播過程。本書主要特點有兩大方面：一是深入發掘孫應奎這樣一位不應被忽略的重要的陽明親傳弟子，全面搜集、整理與之相關的各種文獻記載，編定年譜、輯錄佚文，考辨其人其事，擴展了學術研究的領域；另一方面，首次對「良知幾學」思想進行系統論述，梳理從「心本體」、「良知本體」直到「眞幾本體」的邏輯發展路徑，並且以他爲中心，與王龍溪、歐陽德、聶雙江、陳明水等陽明後學重要人物進行比較，推進了陽明學理論形態研究。

浙江省社會科學界聯合會研究課題成果
（2018N03）

目

次

引　言 ……………………………………………… 1

第一章　家學師傳：良知學的護衛 ……………… 7
　第一節　出身與家傳心學 ……………………… 7
　第二節　自修評白沙先生 ……………………… 14
　第三節　師傳之良知入微 ……………………… 18
　第四節　闡發致知焉盡矣 ……………………… 22

第二章　良知幾學：良知學的發展 ……………… 29
　第一節　蒙泉良知學框架 ……………………… 29
　第二節　從致良知到幾學 ……………………… 36
　第三節　論顏回知幾工夫 ……………………… 45

第三章　王門中堅：良知學的定位 ……………… 55
　第一節　良知學基本概念與命題 ……………… 56
　第二節　蒙泉與龍溪論學 ……………………… 64
　第三節　陽明後學良知學思想比較 …………… 72

第四章　經典詮釋：思想發展脈絡 ……………… 79
　第一節　陽明經學思想發微 …………………… 79
　第二節　《大學》詮釋：本體工夫 …………… 88
　第三節　《尚書》詮釋：精一之學 …………… 93
　第四節　《孟子》詮釋：行慊於心 …………… 96

第五節　《中庸》詮釋：引出眞幾……………………… 100

第六節　《周易》詮釋：幾與知幾……………………… 104

第七節　《論語》詮釋：心地工夫……………………… 106

第五章　知行合一：身心修養實踐…………………… 115

第一節　修心工夫簡論…………………………………115

第二節　心之發動能量…………………………………118

第三節　知行合一的法寶………………………………120

第四節　理爲主宰不動氣………………………………123

第五節　致良知思想的政治實踐………………………126

第六章　文宗大儒：交遊論學考述…………………… 129

第一節　餘姚、慈谿鄉賢………………………………130

第二節　河南、江西僚友………………………………140

第三節　江浙、湖廣同事………………………………143

第四節　廣東及其他待考………………………………151

第七章　講學之詩：文學創作成就…………………… 155

第一節　自述、家事與交遊類…………………………155

第二節　精舍及詠良知詩………………………………161

第三節　官任時詩作及其他……………………………165

附錄一：蒙泉先生年譜 ………………………………… 169

附錄二：輯佚文獻 ……………………………………… 201

後　記 …………………………………………………… 211

引 言

　　在陽明學史上，有一位非常重要的人物曾經一度被淡忘，但他的治學思想成就、治國理政功績，都堪稱「王學中堅」〔註1〕、「大儒」、「宗師」。明、清後世祭祀陽明弟子，他位於前列，也進入了姚江書院的《祀典》，還被列入餘姚的「鄉賢祠」（乾隆三十九年重修）；就連從學過湛若水（王陽明弘道摯友）的蔡汝楠也尊稱其為「今文宗」，推崇備至。至於兩度擔任過明代內閣首輔的趙志皋，更推其為「士民山斗」。他就是王陽明餘姚親傳弟子孫應奎（1504～1586）：字文卿，號蒙泉，學者尊稱「蒙泉先生」，本書從之。

　　孫蒙泉為浙江餘姚明代大儒，王陽明的重要弟子。錢明先生最早有專篇論文《被遺忘的王學中堅——明代思想家孫應奎》對其生平事蹟與學術思想進行考述，且在專著《浙中王學研究》中將孫應奎列入「浙中王門的實學形態」，這為我們後續研究很大啟發。在全面整理《孫應奎集》的基礎上，我們對孫蒙泉的良知學思想有了更多更細緻的認知。孫蒙泉少時勤學，嘉靖八年中進士。孫氏家學有自，又獲親炙於陽明，尤為難得地被接引至「天泉樓」，手授《傳習錄》，並講解經文。在京為官期間，孫蒙泉即有「直聲」，後任職於山東、河南、湖南等地，累官至右副都御史，總理河道，致仕後居家數十年，精研良知學。陽明去世後，作為「天真精舍」經營骨幹成員，孫蒙泉對陽明學派的發展、傳播，作出過重大貢獻。從治學特點上看，蒙泉對陽明學精神的把握較為精準，始終秉持「體用一源」論，對「幾」的相關問題作了

〔註1〕錢明先生首先將蒙泉先生確定為「王學中堅」，可參看錢先生的論文《被遺忘的王學中堅——明代思想家孫應奎》，載於《杭州師範大學學報》2010 年 7 月第 4 期。

集中、深刻的探討，這在陽明弟子中是非常突出的。

　　一、餘姚請益，終成陽明學宗師。史書上姓名為「孫應奎」者較多，明代同時期的除「餘姚孫應奎」外，還有「洛陽孫應奎」，兩位都當過諫官，當時「兩孫給諫之名，並震於朝廷」。兩孫給諫同朝為官、仕途有為，在歷史上各自留下記錄，容易混淆，故增加了一定史實考訂難度。孫蒙泉先生於《明史》有傳，但未見生卒年記載。錢明、王孫榮兩位先生根據孫應奎的詩作《癸酉元旦壽屆七旬》，推知其生年；又據邵廷采《王門弟子所知傳》中稱其「年八十三卒」，且孫應奎又有詩作《八旬詠懷》，則必年過八十，故推算其卒年為萬曆十四年。且《餘姚縣志》亦云孫應奎「年八十三而卒」。兩位先生言之有據，當可信從。又據趙志皋《壽孫蒙泉先生夫人岑氏雙壽敘》，其中言及「戊辰」年（1568）「時翁已六旬五」，加上這條材料，便可坐實孫蒙泉先生的生年為甲子年，即公元1504年。先生八十三歲去世，則為萬曆十四年（1586）。《紹興府志》中記載蒙泉先生年八十而卒，不可信。

　　鮑照的詩句「自古聖賢盡貧賤，何況我輩孤且直」，可謂孫蒙泉先生的人生寫照。蒙泉先生十歲的時候父親「病羸」，一家貧苦，由母親教課、讀書。然而先生年少就立下大志，刻苦努力學習，常常負笈遠遊。十八歲時，聽說陽明先生大力倡導聖賢之學，眾望所歸，便前往拜師。二十二歲，蒙泉鄉試中舉後，再次拜訪陽明先生。在去參加會試之前，有了一次寶貴的機會，得到陽明親傳。陽明先生知道蒙泉氣質非凡，便親自教導。據蒙泉回憶，陽明曾在天泉樓親手給他兩本書，其中一本是《傳習錄》；關於另一本書，錢明先生認為有可能是《朱子晚年定論》，但我們認為也可能是與《大學》相關的著作，因為孫蒙泉自述，此次親炙，陽明親授經文，而且強調學問宗旨全在「致知格物」四字。後來，蒙泉作《大學衍義補摘要》，也在《朱子抄》之前。

　　嘉靖八年（1529），蒙泉先生登進士第。年底，陽明先生逝世。嘉靖九年（1530）四月，蒙泉官居禮科給事中，與右都御史汪鋐、編修程文德等八十二人主張郊祀典禮改為分祀。是年五月，為追念陽明先生，薛侃建天真精舍，蒙泉與范引年等開始董其事。嘉靖十四年（1535），蒙泉因極力彈劾汪鋐，忤旨下詔獄，已復杖闕下，後與曹逵等被降級，謫華亭縣丞，又移江陰令。任職江陰縣令期間，蒙泉疏濬九里河、經河，這大概是最早的治水政績，也為其後來在山東反對開膠河，在河南總理河道等積累經驗。嘉靖十八年（1539），蒙泉任江陰知縣期間，修青雲樓、題匾；是年，刻成《朱子抄》。

進諫彈劾高官汪鋐，爲蒙泉獲得震動朝廷的「孫給諫」之名。蒙泉爲官，一貫有「直」的名聲，先生後來轉任江西左參政，當時嚴嵩把持國政，任職江西的大小官員無不送禮歸附，但蒙泉先生單單就不去討好嚴嵩。嘉靖二十八年（1549），蒙泉由右僉都御史升爲左副都御史。又遷山東按察使，左、右布政使，期間修岱廟視工，也參與祭祀岱嶽典禮。嘉靖三十五年（1556），四月戊戌，蒙泉先生升都察院右副都御史，總理河道，逾年罷歸，居家三十年。萬曆十三年（1585），蒙泉先生在餘姚，還爲《重修儒學記》書碑。次年，先生以八十三歲高齡去世。

二、良知用世：學以經濟國家。錢明先生在《浙中王學研究》書中論及蒙泉，將其歸入「浙中王門的實學形態」。從實踐性品格上來看，蒙泉的確很好地承接了陽明學。蒙泉之學，足以經濟天下國家。趙志皋在《壽孫蒙泉先生夫人岑氏雙壽敘》中評價蒙泉是「社稷器」，又云「大抵翁之爲人，簡重寬博，明於大體。居常恂恂，未嘗言。及與商政事，則徐出一言以斷之，久之，金可鑠，石可泐，翁之詞竟不易也。譽之所在，不與眾趨；毀之所歸，不以智免。推所包納則滄溟未爲廣，泰山未爲高也。」孫蒙泉爲官，最大的特點是「直」，能堅持是非，有浩然正氣。早年任職禮科給事中，蒙泉與同僚上書彈劾汪鋐，其所奏《斥大奸以除惡本疏》載於史冊。明代過庭訓撰有《明朝分省人物考》，認爲孫應奎「其爲人剛直自負，能堅持是非不可奪。居官聲績矯矯，斷獄雖忤權貴，必伸其法。」做江陰縣令時，蒙泉愛民如子，問心無愧，有一股浩然正氣。據唐順之《與吳峻伯縣尹》書信中說：

> 向孫文卿（注：孫蒙泉）在江陰，嘗過僕，僕問之曰：「兄素講學，學問不是空談，即如《大學》論『平天下』『如保赤子』，此便是眞心，便是明明德，兄試自省，百姓到面前時，可與自家兒子一般？」文卿應曰：「此意卻似有之。」僕當時不以爲然，曰：「兄得無太容易説了。」久之，詢其所以蒞民，果無甚愧乎其言，僕是以心慕而敬焉。文卿方於事上而圓於撫下，是以雖或惡而謗之，而不勝其愛而譽之者之多也，眼中亦曾見一人爲江陰使百姓膝行而前，俯伏戰慄，不敢仰視此輩者，何足多哉！〔註2〕

即便致仕家居三十餘年，蒙泉依然保持高潔之品格。據《紹興府志》記載，同鄉趙文華欲與蒙泉聯姻，見面後不敢發言而作別。趙文華在明史上官至右

〔註2〕參看《荊川先生文集》，上海涵芬樓藏明刊本，第 379～380 頁。

副都御使，但他認嚴嵩作義父，後來被查出貪污大量軍餉。趙文華見孫蒙泉先生而不敢發言，可知先生之正氣凜然，小人自遠。孫氏家學醇正，賢良輩出。蒙泉先生以其子孫汝賓，進階為通議大夫。

思想家、政治家的身份之外，孫蒙泉先生也是一位刻書家，為文化承傳盡己所能。蒙泉主要有四類直接相關書籍存世或見於書目。一是讀書摘抄類，包括：嘉靖十二年（1533）刻成的《大學衍義補摘要》，嘉靖十八年（1539）刻成的《朱子抄》。這兩種書國內大學圖書館都還有收藏。值得注意的是，蒙泉官任上最早刻成的《大學衍義補摘要》，對其治國理政思想的形成作用很大。宋儒真德秀作《大學衍義》，明儒丘濬作《大學衍義補》，具體闡發《大學》的「治國平天下」。丘濬在《大學衍義補》的卷首，續真德秀「誠意正心之要」，補「審幾微」一節，包括：審幾微，察事幾之萌動；審幾微，防奸萌之漸長；審幾微，炳治亂之幾先。丘濬這些「審幾微」的大量論述，對蒙泉的「幾學」思想有較為明顯的影響。因此，就孫應奎思想研究來說，《大學衍義補摘要》是一部非常重要的書。而在孫應奎步入官場的早期，他特意「摘要」此書，也應當會對其後來仕途浮沉產生了不少影響。

其次是與陽明學的傳播、發展密切相關的文獻整理與刊刻。蒙泉較早地在湖南刊刻《傳習錄》，為陽明學在湖湘的傳播做出重大貢獻；經營杭州天真書院期間，蒙泉又編纂《天真精舍志》，足見其在天真精舍發展中的重要地位。再次是家學文獻刊刻，包括：嘉靖年間蒙泉刻成其祖先孫夢觀的《雪窗集》，萬曆年間刻成其父孫鑰的《樓溪集》，以及《孫氏世考錄》等。三是個人詩文集的出版，包括朱睦㮮的《萬卷堂書目》記載的「《蒙泉集》一卷」，以及萬曆年間刻成的蒙泉傳世作《燕詒錄》。《紹興府志》言蒙泉先生「書史之外無餘物，好接引後進」，應當是就其大量刻書傳學活動而言。

三、天真講學：大力推進陽明學。黃宗羲在《明儒學案》中概括蒙泉承傳陽明學的主要特點是「以《傳習錄》為規範，董天真之役。」錢明先生指出，蒙泉為陽明學派的門戶建設作出三方面工作：刊刻陽明著作、經理天真書院、編纂《天真精舍志》。具體來看，蒙泉不僅與蔡汝楠較早地在湖南刊刻《傳習錄》，而且協助錢德洪編纂《陽明文錄》，因此在《陽明全集·編輯文錄姓氏》中排第三位，僅次於徐愛、錢德洪。嘉靖九年五月，薛侃建天真精舍，孫蒙泉與董澐、劉侯等董其事，主要負責財務管理。隆慶五年（1571）辛未，蒙泉先生編纂《天真精舍志》，力主強化天真精舍對陽明的祭祀活動，以聚攏後學。

　　書院的文化教育建設方面，蒙泉一直以來都是頗爲用心支持和經營。任江陰知縣期間，蒙泉即大力支持書院事業，例如嘉靖十一年，知縣李元陽重修延陵書院，其中的一處「池亭」有匾曰「澄然」，爲蒙泉先生所題。後爲湖廣提學，蒙泉在湖南衡陽的石鼓書院「首先德行，行冠禮，行射禮，與白石蔡公講論石鼓，刻陽明先生傳習錄，教諸生踐履實學，勿爲口耳空談。」〔註3〕萬曆十三年（1585），在餘姚，先生爲《重修儒學記》書碑。也正是因爲先生在姚江學派中的地位重要，黃宗羲提議孫蒙泉等八人還被列入姚江書院《祀典》。

　　長達三十年的居家，給了蒙泉先生充足的時間來繼承發展良知學。先生治學，主要靠自修自悟，所讀書精而不雜，比較專注於《傳習錄》《大學》的研究，當然還包括對朱子、陳白沙等先儒思想精髓的汲取，也通過與其他陽明弟子的交遊，切磋學問。嘉靖四十五年（1566）秋，應唐一庵約，孫蒙泉與管南屏、王畿、王宗沐、胡石川等百人相聚金波園，有《金波園聚友諮言》。在《燕詒錄》中存有不少《與友人書》，其中有些是與王畿論學的，也有些是與錢德洪等人的來往書信。

　　蒙泉準確地把握住了陽明學的精神實質，堅持「體用一原」說，以「致知」統括格物、誠意、正心，進一步鞏固、豐富了陽明的致良知學說。尤其重要的是，蒙泉抓住陽明師曾言良知萌動處的「幾」，把良知學推向深入。他後期提出「真幾」，事實上完成了對「良知」說的超越。蒙泉《天真精舍和師良知詩四首》中的第二首寫道：「無極真幾更屬誰？由來太極是良知。空中感應原無體，才著良知便有爲。」（《燕詒錄》卷九）蒙泉提出：真幾是無極，良知是太極。而《道德玄經原旨》謂「太極乃物初混淪之太一，無極乃太極未形之大虛」，無極與太極的這種關係，在蒙泉看來也正是真幾與良知的關係。由此可管窺蒙泉對陽明學的深入推進有獨特貢獻。

〔註3〕參看李安仁：《石鼓書院志》，明萬曆刻本，上部，第55頁。

第一章　家學師傳：良知學的護衛

　　浙中王學重鎮寧波餘姚不僅是王陽明先生的出生地，還有很多陽明弟子、後學爲良知學的理論發展、思想傳播等作出過重要貢獻，其中就包括一位極其重要的陽明親傳弟子孫應奎，學者稱「蒙泉先生」，尚不太爲今人所知。從政治、學問兩方面綜合起來看，孫蒙泉可謂深得陽明學精神實質。蒙泉進士及第後爲官近三十年，遍及江蘇、江西、湖南、山東、河南等地，仕途浮沉中展現出一種「直」的品格，爲時人所景仰。蒙泉官至都察院右副都御史，不久致仕。居家三十年間，他不僅爲經營天眞書院作出重大貢獻，而且以「幾」學實現了對陽明良知學的重要推進。陽明良知學的體、用問題，有的偏重本體，是爲陽明學的高明玄思；有的偏重工夫，注重陽明學的日用實踐；而體用一源、即體即用的思想，是蒙泉對其師陽明的良知學承傳。

第一節　出身與家傳心學

　　弘治十七年〔註1〕（公元 1504 年），蒙泉先生出生於今浙江寧波慈谿橋頭

〔註1〕 王孫榮先生根據孫應奎的詩作《癸酉元旦壽屆七旬》，推知其生年；又據邵廷采《王門弟子所知傳》中稱其「年八十三卒」，且孫應奎又有詩作《八旬詠懷》，則必年過八十，故推算其卒年爲萬曆十四年。（參看王孫榮：《孫應奎生卒年考》，《慈谿史志》2011 年第 1 期，第 58 頁。）按：《餘姚縣志》亦云孫應奎「年八十三而卒」。孫應奎晚輩趙志作有《壽孫蒙泉先生夫人岑氏雙壽敘》，其中言及「戊辰」年（1568）「時翁已六旬五」，（參看趙志：《趙文懿公文集》，明崇禎趙世溥刻本，第 60～62 頁。）據此，可坐實孫應奎生年爲甲子年，即公元 1504 年。

鎮煙墩村〔註2〕。蒙泉之父爲孫鑰，即「棲溪先生」；母親童氏，即「童太孺人」；妻子岑氏，即「岑淑人」。蒙泉夫妻育有八兒二女，其中較爲知名的兒子是孫汝賓。孫光祖（字子紹）、孫汝資是蒙泉先生寄予了很多希望的兩個侄兒，他們在史籍上也有記載。處於「文獻名邦」的古餘姚地區，孫氏代有家學，且與《孟子》關係甚深，這對蒙泉的性格成長及思想發展均產生了深遠影響。

　　孫鑰（下文尊稱「棲溪先生」）少年從事科舉，志在四方，但二十八歲時偶患羸弱之疾，不得不放棄科舉事業。棲溪先生的不求功名，只求「養心」「全身」，這對蒙泉後來的致仕歸鄉之舉，不可謂毫無影響。特別值得一提的是，棲溪先生燕居之處名爲「囂囂齋」，蒙泉認爲即是取孟子「尊德樂義」之意。《孟子·盡心上》中有言孟子謂宋句踐曰：「子好遊乎？吾語子游。人知之，亦囂囂；人不知，亦囂囂。」曰：「何如斯可以囂囂矣？」曰：「尊德樂義，則可以囂囂矣。故士窮不失義，達不離道。窮不失義，故士得己焉；達不離道，故民不失望焉。古之人，得志，澤加於民；不得志，修身見於世。窮則獨善其身，達則兼善天下。」在《囂囂齋記》一文中，蒙泉曾問「尊德樂義」與「養心」的關係，其父答之頗詳，指出「尊德」即「尊德性」，「樂義」即「道問學」等等大義，這對考察蒙泉先生的家學淵源非常重要，故錄其原文如下：

　　　　汝知所爲心，則知所爲德、義矣，知所以尊且樂焉，則知所以爲養矣。夫天之明命，天之生道也，賦於人謂之性，主於身謂之心，以其備於我，無待於外，故謂之德。德一心也，心一性也，性一命也，非有二也。故舜謂之道心，夫子謂之明德，子思謂之德性，皆非有外於道心也。是心也，無聲無臭，至微也，而不能不累於耳目口鼻四肢之欲，不能不乖於喜怒哀樂之感，則雜之以人心而危矣。聖人有憂之，故教之以存心養性之學，所謂惟精惟一者是也。精於道心之謂一，一於道心之謂中，堯舜有以開其源矣。孔子格致誠正，所以發明乎此也。故心、意、知、物，渾然至善者，德性之體，所以爲一也。而格致誠正也，道問學也，尊德性之功所以爲精也，其爲學者立法，至明至盡。孔子傳之子思，子思傳之孟子，其曰「尊

<hr>

〔註2〕據《慈谿市志》：「慈谿橋頭鎮煙墩村，原籍慈谿車廐，奉唐孫庭實爲始祖。南宋末孫安七遷居雙河（今屬煙墩村）。雙河孫家有西房孫家和東房孫家，各建宗祠。明代出進士孫應奎、孫汝賢、孫汝賓，孫應奎爲明代學者。」（慈谿市地方志編纂委員會編《慈谿市志 1988～2011》下，浙江人民出版社，2015年，第2256頁）

德」者，即「尊德性」之旨，統體以爲言也。曰「樂義」者，察於
流行以致其實，即「道問學」之事也。義非在外，慊於心之謂也。
行有不慊於心，則餒矣。故人而知我也，必有以行之，爲義則兼善
天下而爲達矣；人而莫我知也，必有以藏之，爲義則修身見於世而
爲窮矣。知不知，隨所遇，而皆有以自慊其心，是「樂義」以「尊
德」也，故無入而不自得焉，斯之謂「囂囂」，亦惟由道義得之，非
善事其心者，不能也，汝識之。(《燕詒錄》卷六《囂囂齋記》)

據此可知，棲溪先生早已對「心學」頗自有得，陽明之學盛行之際，便遣其
子往拜師之。只是當時蒙泉年少，未必深知其父所謂「養心」之論；後來蒙
泉中舉，又或陽明親授，與四方同道交遊，加之對良知學的持續體究、講求，
以及仕途沉浮，於是對其父囂囂齋「尊德樂義」之意越發瞭解和認同，簡言
之，便是「窮則獨善其身，達則兼濟天下」。大概是在致仕歸鄉期間，蒙泉在
家新作南軒，改懸舊額於其上，並記錄其父所訓之言，以之自勵。

　　從「養心」到「洗心」、「道取於心」，孫氏家學在蒙泉先生這裡也得到了
豐富與發展。與父親棲溪先生的「養心」說有所不同的是，蒙泉在其詩作《囂
囂齋》中，兩次提出「洗心」一詞，包括「洗心子絕四」「洗心淨無滓」等重
要觀點。〔註3〕從「養心」到「洗心」的變化，當可由棲溪先生與蒙泉兩人是
否出入仕途之經歷，得到一些理解。棲溪先生「獨善其身」，是爲「養心」；
蒙泉爲官不少波折，且有「直聲」聞於朝，致仕回家便言「洗心」。由此可見，
孫氏家學中不可謂無「心」學思想的影響。在另外一首涉及「囂囂齋」的詩
作《囂囂齋詠懷》中，蒙泉更是四次提到「心」，包括：「秉心好古道」、「此
道本非外，取足於心靈」、「所幸未喪天，篤後承心盟」、「心存復何思，遺言
道已顯」。〔註4〕其中，蒙泉提出了「道取於心」的觀點，頗爲重要。

〔註3〕《燕詒錄》卷十三《囂囂齋》詩曰：「閉戶不知年，南山青入座。疏篁過短牆，
　　　草徑煙深遍。意絕罔躊躇，忘言但高臥。誰將夢周公，寧復西山餓。此心苟
　　　無瑕，千載聲堪和。自惟稟厥初，天載無聲臭。洗心子絕四，回也知不復。
　　　集義忘助間，求心固有授。天則無議擬，未達恐遺繆。望道見猶兩，渾合力
　　　奚就。往哲但存其，俟化惟時懋。嗟予已淹息，自檢多闕漏。登墜辨毫釐，
　　　坐謀懼顛覆。默坐見本心，虛明無所倚。湛一空空如，寂感得其止。習染如
　　　樹根，投間念紛起。知哉亦無弍，至之詎能擬。所以可與幾，洗心淨無滓。
　　　竭才其將能，渾化不由己。顏也謂末從，參乎矢於死。嗟哉吾道大，苦心孰
　　　與齒。」
〔註4〕《燕詒錄》卷十《囂囂齋詠懷》詩曰：「秉心好古道，弱冠踰希齡。仰參賢聖

　　蒙泉舉進士爲行人之年，棲溪先生不滿五十歲便去世。此前，棲溪先生便對蒙泉將來若步入仕途作詩相勉，其中兩句是「肥甘養口非親志，清白當官願若賢。」顯然，他希望蒙泉能以賢臣自居而「清白當官」，蒙泉對此念念不忘，並以之教育後人，他在《燕詒錄》卷七的《命子》文中說：「（棲溪先生）其不以官自殖，實與太孺人同一心也。今汝等兄弟連肩八人，皆能業舉，遊庠校，長且出，身服官政，豈偶然哉。皆汝祖父積而致之。汝等享有憑藉，曾不得一日盡歡於汝祖父母，寧不重念之哉。要知作者必以善，述者亦必以善，善必福，天之道也。」孫氏家族爲官者不少，以「清白當官」爲信念，故聲聞一方。

　　嘉靖乙酉（公元 1525 年）十一月，因去參加會試，棲溪先生攜蒙泉經過紹興，便命他去拜謁陽明先生，並「請一言爲訓」。當時蒙泉一個人在堂上等候多時，後來被陽明先生看到，才獲得親炙受教機會。據蒙泉回憶，陽明先生率以「離師輔，學易失宗」來勉勵他，並另外贈予二書。「師輔」一詞見於《禮記‧學記》：「君子之於學也，藏焉，修焉，息焉，遊焉。夫然，故安其學而親其師，樂其友而信其道。是以雖離師輔而不反也。」蒙泉之於陽明學，雖有「私淑」性質，但他也當以「安其學而親其師，樂其友而信其道」自期。此次蒙泉與陽明先生的師徒授受，離不開棲溪先生的促成，而且這次陽明對蒙泉的親傳指教，對其一生的影響頗爲重大。應當說也正是因爲棲溪先生對蒙泉有「遺學」之恩教，所以他承傳此「遺學遺意」而作了後來的《燕詒錄》。〔註5〕家學的代代相承發展，正是孫氏良苦用心。

　　母親童氏與蒙泉感情極深，令人動容。蒙泉先生督學中州（河南）時，其母童氏去世，享年六十二歲。其後，蒙泉先生與其子孫汝賓奏官，爲童氏

訣，危微辨未形。吉凶毫釐間，出入誰爲扃。顏也不遠復，常知耿惺惺。微芒神與謀，活潑幾無停。所以欽厥止，寂若聲臭冥。此道本非外，取足於心靈。鄒軻先立大，往聖遵儀刑。所幸未喪天，篤後承心盟。開來擬作者，緒述語爲經。貞元又一會，斯文昭日星。摳趨幸同世，聾聵空丁寧。　冥然衡芽下，喧囂遞俱遣。心存復何思，遺言道已顯。虛存儼若臨，詐善明早辨。寂感一流行，服膺擬躬踐。譬彼萬里途，獨往畏跋寒。出門各有適，中懷竟誰闢。訥藏返於豫，眞彼談天衍。」

〔註5〕《燕詒錄引》中蒙泉有言：「獨惟孳孳兀兀不敢自逸，至皓首不忘即學焉，而非亦精神意緒之所存也，庸忍盡棄，委吾生無所用心耶？使吾子孫即此求端，競進微學，則吾先大夫遺學遺意猶存，亦庶幾祐啓之謨矣，又寧無直諒抉析精微、引翼歸趣，雖老耄猶及是正，俾無忘授受之微哉。」

爭取「貞節」之榮封。童氏相夫教子，與棲溪先生撫養大蒙泉，生活頗為拮据不易，尤其在棲溪先生患病之後，童氏實際上承擔了很大的家庭責任。據蒙泉先生所言，當時其母童氏曾「持予面相泣，潛焚香祝天，刲股煮粥以食」。童氏在丈夫不到五十歲便去世之後，與蒙泉可謂母子相依為命，生活諸多不易。而童氏養育蒙泉過程中所形成的勤儉持家之風，惠及其兒、孫輩。蒙泉先生在《命子》一文中回憶，孫汝賓（蒙泉之子）娶妻後，「太孺人決意不就祿養，率孫婦居家，課孫治生，以歲入銖積寸累增葺田裏。岑淑人以儉樸相我，雖遷謫坎難，十兒女婚嫁皆能辨獲於俸給。又以其贏餘歸太孺人，由是樽節存畜，生理漸裕。是衣食之源，實太孺人啓之也。」（詳見《燕詒錄》卷七《命子》文）此外，《燕詒錄》收錄有多首有關蒙泉先生思念、回憶其母童氏的詩歌，《燕詒錄》卷十二其中就有三首直接以《憶母》為題，情眞感人，同時也透露出他致仕歸鄉、侍奉母親的意向。其中一首《憶母》詩這樣寫道：「萱堂數千里，遊子二三年。貽我官須做，居家我自安。歡顏歸夢裏，涕淚獨燈前。卻憶文章誤，生男不用賢。」仕宦在外，蒙泉對做官與否的態度是「貽我官須做，居家我自安」，甚至於從母親思念兒子的角度考慮，說出「生男不用賢」這樣的話，其大意是說，那些沒有賢德才能的兒子，不要做官，反而能夠常年在家侍奉至親。「生男不用賢」這句詩，與棲溪先生當年對蒙泉入仕所勉勵的那句「清白當官願若賢」，比較而言，顯出了不同的思想傾向，實際上，蒙泉在仕宦過程中內心一直存在較長程度的矛盾與緊張。蒙泉在另一首《憶母》詩中寫道：「徙倚南來信未通，片雲飛處憶無窮。燈前白髮悲天末，客裏班衣步月中。忽對妻孥還強食，每拋書卷獨瞻鴻。謾云戀國非榮祿，曾是忘親卻盡忠。」（《燕詒錄》卷十二）可見，忠、孝的矛盾，一直縈繞在儒士心頭。蒙泉詩言：「謾云戀國非榮祿，曾是忘親卻盡忠。」而在作此詩時，蒙泉正當河南任職，他與家鄉親人音信難通，但無時不在掛念至親老母。題為《憶母》還有一首長詩：

> 風忽至逢新秋，遊子沾襟一倍愁。去家路隔三千里，無雁傳書慰白頭。母應念我別離久，顧瞻落日思悠悠。燈花且共諸孫卜，應說中州來未不。念之中熱歌且謠，曾是丈夫爲食謀。四牡元非駕周道，微官未必身國憂。如何有母不惶將，何異襟倨馬與牛。南山薄田聊可耕，歡承菽水聊可周。況是百年一隙驥，何時稱意堪歸休。陳情有表逢聖朝，班衣傍母他何求。（《燕詒錄》卷十二《憶母》）

上引長詩中，蒙泉再次自稱「遊子」，老母已「白頭」。他似乎預感到母親童太孺人時日無多，故言「況是百年一隙驥，何時稱意堪歸休。陳情有表逢聖朝，班衣傍母他何求」。正是在河南任上，老母過世，蒙泉也有可能因此而以丁憂辭官。蒙泉在《寄汝賓兒》信中言「近聞以起廢屢與蔫琰，但吾年已大，未必能有所為，又須知禮義即是命，以禮儀而進退便是命，由此立道，由此出一生分內事，惟了此，纔不枉過。」（《燕詒錄》卷五）其中提到「以禮儀進退」，或就是指從河南任上辭官回家之事。此外，蒙泉還有《紀夢》詩，內容為夢見老母親抱她的第六個孫子，可當時蒙泉第六子並未出世。夢假情真，他們母子血脈相連而在精神相感。

喪親之痛，對於宦遊在外之人來說感受尤為深刻。蒙泉之父早於其母過世多年，但他在河南職任上也有「憶父」類詩歌《感思吾父哀痛無極號而成音二首》，見於《河南存稿》中，其詩曰：「江之水湯湯，山之雲茫茫。駿玉蚪兮何方，鶤夜號兮，麾所翱翔。水湯湯兮在江，雲茫茫兮在山，玉蚪駕兮何還，鶤夜號兮淚潺潺，控天地兮如聞。」（《燕詒錄》卷十一）因此，分析蒙泉仕途進退選擇的原因，不可不考察其與父母之感情依戀。蒙泉尤為看重故園親情。居鄉期間，蒙泉與表親（童氏家族）也多有來往，特別是逢七十、八十大壽，多有詩作為賀，如《表兄負山童福六丈壽八旬》、《表弟童鶴皋壽七旬》，又作有《宗第寧十八壽七旬》、《次宗弟重陽風雨韻》，等等。

蒙泉先生之妻為岑氏。她儉樸持家，相夫教子，同甘共苦，助蒙泉養育十個兒女，且照料童太孺人。餘姚岑氏一族，多出賢女。蒙泉在《書上林科第碑陰》中便「追書岑公已下若干人，後予而起者若干人」。蒙泉夫妻育有八兒二女。《燕詒錄》中收有《命子》一文，內容為蒙泉「命諸兒析爨，各事事卒業」，他將家產均分，取「齋、聖、廣、淵、明、允、篤、誠」八字分隸八子。蒙泉另作有《示諸兒》一詩，不難看出他對兒子孫汝賓最為看重，望其要做「聖賢路上人」。

孫汝賓是嘉靖二十六年丁未科進士，嘉靖二十八年己酉舉人〔註6〕，隆慶二年戊辰進士，步入仕途。孫汝賓擅長書法，名冠於鄉。〔註7〕《燕詒錄》中有蒙泉多封書信《寄汝賓兒》，其中教導云：「士須立己，工夫只求愜心，孟

〔註6〕 王清毅，岑華潮編著：《慈谿文獻集成》第 1 輯《餘姚六倉志》，卷十二，杭州出版社， 2004 年，第 217 頁。
〔註7〕 趙祿祥主編：《中國美術家大辭典》（上），北京出版社， 2007 年，第 531 頁。

子云：『行有不慊於心，則餒矣。』所行必自慊心，便是集義，而其勿忘勿助，是調停工夫事也。孟子之學，此數語是吃緊口訣，又直指求慊心，可見處則曰「無爲其所不爲，無欲其所不欲」，如此而已矣。」（《燕詒錄》卷五）此「求慊於心」乃蒙泉爲官心法，他將之傳給其子孫汝賓：

> 吾日祝之所請「敦大」「明作」之論，非是意爲之，纔有意便大爲縱作、爲刻要，只是求其心之自慊耳。《語》云「如得其情，則哀矜而勿喜」，《禮記》云「悉其聰明，致其忠愛」，蓋至誠側怛之意，常行於法之中，而法未嘗廢，刑故則無小，宥過則無大，則法者，固以達吾之心也。就行法畫一處，謂之明作；就側怛附法處，謂之敦大，其實則一而已矣，只是行其心之所安，勿作好，勿作惡，勿爲名，勿爲勢，未有不得之者也。（《燕詒錄》卷五《寄汝賓兒》）

蒙泉從其父樓溪先生處曾領教「尊德樂義」的「養心」論，他又將《孟子》「求慊於心」工夫訓示其子孫汝賓。此外，蒙泉獨創的良知「幾」學，亦言與孫汝賓，例如他的《勉賓兒寄德興用部送庶吉韻》一詩：「龍御承天拱穆清，思皇多士奮周京。但銜一命恩光重，願聽三年政績平。陽令好生惟任拙，於公不虛自生明。危微此念分王霸，道在幾先豈色聲。」（《燕詒錄》卷八）道在「幾」先，無色無聲，審幾之微，分辨王霸，但對於爲官之事，即便到了孫子輩，蒙泉似乎一直保有進退行藏的「毋必」之意，可參看他所作的三首《汝賓兒左遷欲謁選感懷》，其中「行藏君子道，困蹇丈夫貞」〔註8〕等句，足表心志。另外，孫汝賓多有協助編刻《燕詒錄》，蒙泉自述：「山東稿僅存前二首，已梓，附《河南稿》後。庚辰仲秋日，男汝賓適越，於書齋亂秩中，復撿東稿一冊，奉來，因命並刻，附十二卷，亦以見在東情事耳。然尙多散逸，固不足備也。」（《燕詒錄》卷十二）據此可知，蒙泉詩文資料中尙有不少是亡佚掉了，這是一件令人遺憾的事情，也增加了我們深入研究蒙泉良知學思想的難度。

孫汝亮是蒙泉先生的另一子，萬曆元年癸酉恩貢生。蒙泉爲其作有《亮兒應貢北上次嚴允齋贈別韻示之》詩：「憐汝朝天志，春程促遠行。吾衰誰屬

〔註8〕 《燕詒錄》卷十三《汝賓兒左遷欲謁選感懷》：「憐汝不得意，又欲走風塵。憔悴江湖客，低回藻鑒人。折腰強五斗，愛日新雙親。雄劍磨空在，躊躇奈此身。　峻嶒吾病拙，時論汝猶嘆。在櫪空延頸，逢人豈效顰。行藏君子道，困蹇丈夫貞。菽水猶堪養，歡承不厭貧。　暝漠天人際，徐觀局屢遷。道窮甘用拙，時捨未堪賢。回憶叨恩分，傷心報主緣。耦耕聊可學，足國願豐年。」

意，慷慨有餘情。道在匡時急，身宜報主輕。望雲莫回首，聖作際昌明。蚤歲三年學，強年萬里行。丹宵看近日，白首正含情。緒業弓裘舊，傳心衣馬輕。龍光揚上國，長劍照天明。」（《燕詒錄》卷十）此外，蒙泉在其《紀夢》詩中也提到，夢見岑氏將生第六子，那時孫汝亮已是「提攜勞我力」。除了孫汝賓、孫汝亮，蒙泉還有兒子孫汝寅等其他子女，但大多難以詳考。

孫光祖，字子紹，蒙泉侄兒，明代進士，授祁門知縣，隆慶元年（1567）任黃州知府，官至廣西左布政使，致仕，年七十餘卒。為官明察善聽，體恤民情，與吳良吉、郭慶等重修孔廟學宮。孫光祖對問津書院的建設作出貢獻，延請儒師會講問津書院，並參加書院管理和講學。〔註9〕蒙泉在書信中表達出對孫光祖的讚賞、喜愛：「聞吾侄宦履敦介，磨處有光輝，不事奇巧，此是硬脊樑漢子，世途中不多得，喜甚，喜甚！」（《燕詒錄》卷五）蒙泉又曾攜孫光祖，往郎官坪祭祀雪窗老祖，修飭其墓，並與之商議供享祭祀、編修宗譜之事。〔註10〕孫汝資，嘉靖三十七年戊午科，經魁〔註11〕，他是蒙泉另一侄兒，能孝能事長上能苦學，有忠信體義，被寄予很高期望，但他早逝，客死於吳，蒙泉悲痛欲絕，為之作《祭亡侄鄉魁汝資》。大體上看，蒙泉先生子孫、門人中出類拔萃者不多，這成為他「令名不彰」的一個原因。

第二節　自修評白沙先生

蒙泉先生詩文集《燕詒錄》的卷之一《憶言上》中稱「先生」者，即陳

〔註9〕李森林編著：《問津人物》，中國文史出版社，2014年，第60頁。

〔註10〕《燕詒錄》卷五《二書太守》：「郎官坪一行，其本源之思、孝敬之誠，於吾侄見之矣。是祖是孫，亦稱無忝。愚自愧老朽，非子紹相攜，則數十年夢寐情衷，將無以自展□，喜且慰也。□拜臺圍牆、供享祭田，皆不可少，亦不可遲，曾一料理否？愚與賓支一分，又一分在太守矣。何如？鄉里諸長幼，見其意興油然，想此舉必同心，即與計度所費，擇知事者而委之，或族眾各欲自盡，不論多寡，惟其力而已，又更易辦也。宗譜亦似不可缺，老朽欲緣舊增續，必須各敘支派世次，間有須立傳者，並核行實過來，始可下手。至於紙墨備書等費，亦不能不豫為之計也。聞侍郎祖像，及舊譜，俱實南兄傳，其繼子猶存，愚欲少助令歸我，彼固無所用之，惟子紹即命其持來，此在子孫非細故，不子紹自收之可也。吾宗如株林、鄗里，已常相來往，若雞鳴即不能無混；及散處者，又不知其幾，皆須遞相查明，令其敘次開報，然必仗一高年知事者煩及之，庶無忽也。」

〔註11〕（明）蕭良幹修，（明）張元忭、孫鑛纂，李能成點校：萬曆《紹興府志》點校本，卷之三十二，寧波出版社，2012年，第623頁。

獻章。蒙泉自述案頭常擺兩種書：《傳習錄》與白沙先生書〔註12〕；另外，結合《燕詒錄·憶言》中「已上觀白沙先生集附所見」一語，可知蒙泉稱陳獻章爲「先生」。陳獻章，字公甫，號石齋，別號碧玉老人、玉臺居士、江門漁父、南海樵夫、黃雲老人等，因曾在白沙村居住，人稱白沙先生，世稱爲陳白沙。白沙先生出生於廣東新會都會村，在十歲時隨祖父遷居白沙村。二十歲考中秀才，同年鄉試考中第九名舉人。景泰二年會試落第後，陳白沙拜江西吳與弼爲師，半年而歸，讀書靜坐，十年間不出戶終於悟道。成化二年復遊太學入京至國子監，成化十九年授翰林檢討，乞終養歸，著作被彙編爲《白沙子全集》。

在讀白沙先生書的過程中，蒙泉探討了一些有關良知學的重要命題，如「已形、未形」與「實、虛」。白沙先生認爲，動是「已形」之實，虛是未形之本，而「致虛之，所以立本也」。蒙泉則提出「此心無倚之謂虛」的觀點，即所謂「虛」並非在於「已形、未形」，而在於「心無倚」，這種「心無倚」的狀態包括「動而已形」時的「應而無作、過而不留」，這還是「虛」，不是「實」。因此，不能以動靜爲虛實。作爲本體存在的靜而未形之「虛」，其實流行不息，也具備「實」的特點，以此爲「主」，以此爲「實」，就是「致虛」。此「致虛」的工夫就是「戒懼」，即《中庸》「戒愼乎其所不睹、恐懼乎其所不聞」，即是「無欲」，而非「閒虛」。〔註13〕虛是心之本體，而致虛離不開「愼獨」工夫，這其實也是很難的。〔註14〕周子以「無欲」爲靜，無欲靜之念想，才是眞正的靜。因爲心體本虛，如蒙泉所言「此心無倚之謂虛」，此心中正無

〔註12〕　《燕詒錄》卷五《與南屏管子行》之《五書》中有言：「不才近來書案上，只置《傳習錄》、《白沙子》，時一展玩，覺於吾心，有感觸印正，殊爲得益，以不親師友，只得惟此取正。然學者亦自當以雜學爲戒也。」

〔註13〕　《燕詒錄》卷一《憶言上》第十條：「白沙先生云『夫動，已形者也。形，斯實矣。其未形者，虛而已。虛，其本也。致虛之，所以立本也。戒愼恐懼，所以閒之而非以爲病也。』夫此心無倚之謂虛。即其應跡可見，雖動而已形，然應而無作、過而不留，亦虛而已矣，不可謂之實也。無應跡可見，雖靜而未形，然此虛不息，亦實而已矣，不可謂之虛也。故太公者，未應之用，而順應者，未感之體，無欲而已矣。常感常應，無間斷先後，有主而實，是常致其虛也。致虛即是戒懼。若以戒懼爲閒虛，動靜爲虛實，恐猶二之也。」

〔註14〕　《燕詒錄》卷三《憶言下》第一〇六條：「白沙先生致虛之所以立本也，學者誠以身體之，須知是難。中人以下，本有染之心，雖知用功，未能拔去病根，一遇應酬，私意橫流，無復主宰矣。雖無事時亦多昏昧放逸，只是未曾審察耳。虛是心之本體，捨愼獨，無以爲致虛之功。」

倚，包括無倚於「欲靜」之念，只是本自生生而已；「欲」靜的念頭不是不好，但有時之所以「欲靜」，是因爲「厭動」，此「欲」此「厭」都是心不得其正，故不能眞得心靜。

在修心工夫方面，蒙泉主張不分動靜。周子（周敦頤）有「主靜」之說，蒙泉指出其乃「貫乎動靜」，即「心」貫動靜，心體工夫不分動靜。陽明曰「動靜者，時也」，有時是動，有時是靜。白沙主張「主於靜，以觀動之所本；察於用，以觀體之所存」，蒙泉指出其言中的「主」與「察」應是「一」，即「主於靜」時必有「察於用」，察即是主。工夫即本體，本體即工夫，不論動、靜，本體工夫不曾間斷。〔註15〕周子「主靜」說對於心性修養工夫來說確實極爲重要。陽明曾教人靜坐入門，但此靜坐工夫有可能落入佛家之「寂滅」；而又提出「知行合一」，以至「致良知」。在此思想發展過程中，「靜」的意義是有一個變化的。如何克服如佛家「靜坐」的落入「寂滅」？這需要一個「體悟本心」的方向，即以「明德」「親民」「至善」爲體，以良知爲本體。因此，主靜的目的、方向是「實」是「善」，而不是「虛滅」。

對白沙思想的肯定、發揮，如人心本體不得添一物，不爲功業起念，否則便有累於心。聖賢爲天下，因視天下爲一身，不能自己；而聖賢所成就的功業，人以爲不可及，其實只是全體此心，所以《論語》裏面兩次提到「堯舜其猶病諸」，《孟子》裏面提到「文王視民如傷」，並非其治理天下的功業不偉大，而是因爲聖賢不停地全、大其心體。功業問題如何看待，這是心學中的一個重要問題。陽明從小立志爲聖賢，且不以科舉落榜動心，但他又最終成就不朽功業。其中原因在於功業追求方面的愈挫愈勇，讓內心不斷強大；心體不爲外在功業成敗而動念、耗神，便不爲之所累，乃可精進不已，止於至善。

陳白沙的修心學訣是「以自然爲宗，以忘己爲大，以無欲爲至」，蒙泉對此非常認同，並指出其求端用力〔註16〕，要結合《孟子》所言「智」作爲「始

〔註15〕《燕詒錄》卷一《憶言上》第十二條：「先生云『主於靜，以觀動之所本；察於用，以觀體之所存。』須知是夾持說，欲學者動靜交致其功也。其實主則必察，察即是主。主者，非戒懼以防其懈乎？防則察矣，而非專於靜也。察者，非戒懼以慎其動乎？慎則主矣，而非專於動也。師曰『動靜者，時也，心無動靜者也。』周子之主靜之說，蓋貫乎動靜矣。」

〔註16〕案：求端用力，要根據個人性分、才力，故蒙泉先生有言：「於吾性分中求端用力，涵養自得，而隨時出之，則不見一善成名之跡，斯之謂成人。故學者立志，惟當求聞道。」（《燕詒錄》卷一《憶言上》第十九條）

條理者」，又譬如巧；而「聖」是「終條理者」，譬如力。以射箭為例，掌握了一定技巧，從此入手努力學習，不是很遠距離的靶子是可以射中的；但如果是百步之外，或更遠距離，能否射中靶就不僅要求「巧」而且對「力」的要求也較高。力的大小，又是因人而異的。因此，蒙泉言下之意，白沙「自然、忘己、無欲」之心訣，也是要求才力頗佳者的。初學者一開始就以「自然、忘己、無欲」自期，未必有用力、得力處。又如關於「銖視軒冕、塵視金玉」，蒙泉指出「夫視之如銖、如塵，己無所動於中，此猶可勉而至也。至於忘則化矣，化不可為，只論有此理。學者須從有諸己上敦篤將去，勿先有此獲心，徒為想像，反擔閣了。」（《燕詒錄》卷一《憶言上》第二十一條）在這個問題上，他認為白沙先生所論「忘己、無欲」之至高境界對學者而言太難入手達成。

蒙泉指出，心之本體的「自然」就是不慮而知的「良知」、不學而能的「良能」，就是好善惡惡的「誠意」。這樣的心之本體在沒有私我之欲的情況下處於「自然」狀態，是下工夫的宗旨、依歸。有了私我之欲，為滿足它，就會任私智作聰明，而這種「私欲」「私智」以「有我」為根源，如本可「不慮不學」而有良知良能，「有我」則變成「我慮我學」後求我知我能，如此便已經不是順其「自然」，即不是順其良知良能。在此情況下，需要「克己」「忘己」，即去除「私我」對心體自然的干擾、強求，這是須下「大」工夫處！工夫做到極致，也就是去除所有不合乎自然心體的「私我之欲」，就達到「無欲」的至高境界。

堯舜聖人之學在於「執中」二字。「允執厥中」的「中」，即是「人心之理」，故「執中」便是「執人心之理」；「用中」即「用人心之理」。心外無理，故執中、用中兩者無非「盡心」之事；這是吾心之「全體大用」。人又是「天地之心」，上下與天地同流。如此才可謂「明道」「行道」，才可謂之真儒。得其心則「樂」不遠，關鍵在於「察幾」。白沙先生云：「仲尼、顏子之樂，將求之曲肱飲水耶？求之陋巷耶？抑無俟於曲肱陋巷，而自有其樂耶？」又曰：「得其心，則樂不遠矣！」而陽明曰「樂者心之本體」。蒙泉指出：「誠察於動靜有無之間而致精之，使行無不慊，安得不樂？」（《燕詒錄》卷一《憶言上》第二十條）其「動靜有無之間」即為「幾」。白沙所謂「得其心」，其要在於「察幾」。可知蒙泉後來所自創的「良知幾學」理論體系，也與其對陳白沙思想的研究有關。

第三節　師傳之良知入微

在陽明先生在世時，蒙泉有過面獲親炙的機會，加上他勤學自修，以良知經世，對陽明良知學有精準的把握、創新性的發展；陽明去世後，蒙泉感念師恩，以弘揚師道爲己任，特別是爲天眞精舍的創建、經營作出重要貢獻。薛侃等弟子倡導建立天眞精舍以祭祀陽明先生，且精舍又可作爲教化之地。但天眞精舍自創始以來，因經營不善，漸趨沒落。故在隆慶五年辛未之秋，蒙泉先生等謁先師陽明祠，正祀典、置贍田、飭祠宇，仿《白鹿洞規》作《天眞精舍志》，爲「永精舍，以存先生之學」，陽明先生之學，乃傳孔子之道。孔子之道如果得不到傳承，世道人心就會日趨而下。因此，天眞精舍也首要擔當社會教化之責任。蒙泉認爲陽明先生之學以「格致誠正」爲本立教，發明「惟精惟一」工夫，內求於心。

受父之命，蒙泉前往陽明先生處拜謁，當時他「留侍側授餐，隨事發明，盡暮而退」。如此兩天之後，他感到陽明之學於己「心戚戚焉」，於是正式請求拜陽明爲師，得到陽明的親自教導，其自述云：「（陽明）先生引至天泉樓，授經文至致知格物而止，示之曰：『學問宗旨全在此四字。』」確切地說，蒙泉後來又大力發揮陽明「致知焉盡矣」說，將學問宗旨全融入「致知」二字。後來，蒙泉參加會試，路過越城（紹興），再次向陽明請益。他登堂等候多時，被陽明先生親自看到才得以面談。陽明勉力蒙泉，並提醒到「離師輔，學易失宗」。於是，親手傳授給蒙泉兩本書，其中一本就是相當早期版本的《傳習錄》。此書中門人所記陽明論學之語，對於蒙泉領悟陽明學作用巨大，且針對這本《傳習錄》，陽明還特意提示說：「知我罪我皆以此，汝必時省覽，勿去手。」蒙泉謹尊其師教誨，將《傳習錄》作爲「案頭書」，常看而深悟。

關於「致良知」，蒙泉指出這是陽明學之宗旨、心訣，他對此命題的闡發應主要是根據在天泉樓所獲陽明的親授。他們指出，良知是「至善之靈覺」，就其主宰於身而言爲「心」，就其主宰（心）之發動而言爲「意」，就其發動之所向而言爲「物」，心、意、物都被涵蓋進良知，四者是一，一於「渾然至善」。分析爲四（心、意、知、物），是爲了說明脈絡；統合於一（良知），是要確定宗旨、歸向。格物、誠意、正心，都是貫乎致良知，因爲格物是格其知之物，誠意是誠其知之意，正心是正其知之心。知致必物格、意誠、心正，渾然復於至善，極乎致良知。《大學》「格致誠正」四條是發明「惟精惟一」的詳密工夫，而陽明從中觀其會通，提出「致良知」爲統領。這是陽明超越

先賢的一大思想成就。

不止於此，蒙泉由良知又談到「幾」：「良知者，至善之靈覺也，幾本不息，無有乎內外動靜之間，而其體之也，亦惟幾之不息無有乎內外動靜之間也。望之如見，就之無由，浩乎津涯之靡止。」（《燕詒錄》卷六《書生員朱子漸卷》）從良知到良知幾學，蒙泉抓住幾之不息、無有乎內外動靜之間的特點。此外，幾又是良知之「微」，此「微」是「道心」之體，道心動而後有人心之「危」，其動靜有無之間的「幾」有莫見莫顯的特點，良知有時會被遮蔽，但良知之幾則「莫見莫顯」，故由「幾」則人心泯而有以復其道心之微，即「惟精惟一，允執厥中」。但這需要學者虛心體驗，否則可能懷疑良知有所不足。

在儒、佛之辨的問題上，蒙泉指出，陽明致良知本於孔門「盡心而知性知天」之訓，不同於禪之「見心不見性」。由陽明良知之學，既可見此心虛靈知覺之妙，又能向上尋求仁義之性。《孟子》所言良知就是赤子之心，而此心就是仁義之性，包括孩提之愛敬，不慮不學而能者。《孟子》有言，無此惻隱之心（仁之端），非人也。盡其心，便知其性、知天。《孟子》所謂「求放心」、「不失其赤子之心」，其心不當放、不當失。此正學之「性」與禪學不同，不可不辨。正學，當返本還源，其所謂本源即是「性」，即是孟子所指孩提之愛敬爲仁義，因其不慮不學、天然自有、人之易曉，所以又叫作良知。陽明以致良知爲心學之訣，乃發明孟子「性善」之旨。然而，學者又切切不可將致良知看得太易，須知格物是致知下手實地工夫。陽明傳「致良知」三字口訣，其弟子、後學多理解爲「依本體」，這固然在大體上講是對的，但蒙泉特別指出，所謂「依良知本體」並非易事，具體怎麼依良知本體是可能要因人（氣質清濁）而異、盈科而進的，越持循良知本體而精進，越見其無窮無盡，絕非一般初學者所能輕易成就。有人以爲自己在因循本體致良知，其實或許是自欺，只因他未能立志勇決、實行有證，故爲世人厭惡、譏笑。蒙泉強調，沒有不格物而能致良知的。

在較爲具體的修心路徑、方法方面，蒙泉總結、發揮出若干命題，如：寡欲即格物、良知照妄心、理爲時中，等等。蒙泉提出其師陽明所謂「格物」之「物」，即是知之所發、不正之所欲，這件事就是「物」，因此寡欲便是「養知」，即養意念所由發之知；寡欲又是克服發不正之所欲之事，也是格物之義。寡欲是每天可見、可下工夫之事，但並非壓制一切所發意念，只不過是針對其中所發不正的欲念加以克治，使之寡、使之無。妄心亦照與顏子知幾有一

定的關係。相對於「照心」而言有「妄心」，此「妄心」亦可被良知本體所照（覺知），「惟常知，故即復」。顏回能夠做到「有不善未嘗不知」，正是「妄心亦照」的例子，但這已經是很高境界。一般人由於天性氣稟、環境習染，難免有不能無發露的「不善」，關鍵在於如何將此「不善」盡快、儘量化解，如顏回之「不遷怒」「不貳過」。因此蒙泉多次引《周易・復卦》之「不遠復」來讚美顏回，認爲只有顏回才做到了「知幾」。理爲時中，而此心自然之條理。陽明提出「心即理」，其意將心與理合於一。蒙泉引程子所言「忠君孝親，非不是好念，發不以時，雖正亦邪」，一方面說明理具有「時中」特點，另一方面也要看到「此心自然之條理」，即求理不可外於心，理是否「時中」，也在於「心」能否「自慊」。求諸此心而自慊，則所發必無不中節，無不合理。

本體與工夫的關係，是良知學思想中的重要問題。蒙泉主張：本體即工夫，工夫合本體。以「良知」爲本體，眞見本體後「致」之工夫自不容已，故陽明有言「不行不足以爲知」。蒙泉所理解的良知本體「知行合一」，包括知善而實有其善，知不善而眞無其惡，這是「本體即工夫」，也是「生知安行」之人的「行持保任」工夫。至於「工夫合本體」，則包括知善而務必其有諸己，知不善而務必其無諸己，良知自能如此。這就是「學利困勉」之人的「行持保任」工夫了。工夫漸進，則本體漸明；本體眞見，則工夫自不容已。

格物問題上，陽明與朱熹之門路不同。蒙泉指出陽明「以良知應感處爲物，惟求慊吾良知而物得其理，故千思萬慮只是求慊此良知，而無所苟於感應。其求之也，其索之也，其察之而考之也，皆所以致其良知，以求事之是當也。事當其理，而吾良知慊矣。」這與朱熹「不知物理本於良知，猶以良知爲未足，而即天下之物以致吾知爲格物」（《燕詒錄》卷四《與友人論學》）不能不說有根本區別。

對於「講學家」來說，詩歌創作也是思想學說表達的一種形式。陽明在詩歌創作中就有不少融入其良知學思想，以哲思入詩，更是蒙泉詩歌創作的一個特點。例如，陽明有首著名的《霽夜》詩：「雨霽僧堂鍾磬清，春溪月色特分明。沙邊宿鷺寒無影，洞口流雲夜有聲。靜後始知群動妄，閒來還覺道心驚。問津久已慚沮溺，歸向東皋學耦耕。」蒙泉就陽明此詩，作《誦師「閒來還覺道心驚」句二首》：

> 動止心通是性眞，有生形色易沾塵。雖然百倍加功後，猶愧三年未日新。半夜能無雲蔽月，中流忽有浪驚人。卻憐蚤覺牢拿柂，

不用尋師更問津。操舍倏忽間，分明夢覺關。性靈磨不滅，知止初

復還。所戒在頻復，終迷當遂頑。至人養已熟，刮垢空其班。愈精

心不滿，若驚乃永閒。仰師遺教深，逸駕何由扳。（《燕詒錄》卷九）

詩中蒙泉既表達了他對陽明的追念，又可見他對其學說的理解、體悟過程。針
對陽明詩中「閒來還覺道心驚」一句，蒙泉提出「愈精心不滿，若驚乃永閒」
的觀點，論述「道心」的「驚」其實是一種「永閒」，比陽明所言「閒來」之「閒」
實際上更進了一步。陽明又有詩《詠良知四首示諸生》，這四首詩中，陽明贊詠
「良知」是「真頭面」，良知是「聖門口訣」，也還是人人心中的「定盤針」，是
自家無盡寶藏。而在天真精舍時，蒙泉也相應地作《和師良知詩四首》：

一念惺惺穆穆時，本無善惡可教知。流行萬有惟些子，無極真

幾更屬誰。　無極真幾更屬誰，由來太極是良知。空中感應原無體，

繞著良知便有為。　身從盧扁試神針，痛癢方知共此心。炯炯一靈

通晝夜，肯教醒夢兩相尋。　回思瞻忽仰鑽時，未是顏淵作聖基。

悟到從之不可得，非徒卓爾見些兒。（《燕詒錄》卷九）

「知善知惡是良知」，但蒙泉在詩中提出「本無善惡可教知」的「一念惺惺穆
穆時」，它也就是「無極真幾」。如果說此真幾是「無極」，那麼「太極」便是
良知。蒙泉在第二首詩中還提到「空中感應原無體」，他似乎在突破陽明的「良
知本體」，而提出「原無體」，此便是「無極真幾」。真幾「繞著良知便有為」，
良知是生「有」作「為」。第四首詩中，蒙泉提到顏回，無疑是就「知幾」工
夫而言。蒙泉這四首詩在其「良知幾學」思想體系中非常重要，從中可以見
出他是如何從其師陽明「良知」說發展出「幾學」的重要線索。此事還可證
於蒙泉所作另一詩《辛未正旦》，其中有言「慨已悟師旨，其幾若為明。望之
宛可即，就之不可能。前聞在涵養，熟之將彌精。」〔註17〕可知從良知到幾
學，在本體與工夫兩方面，蒙泉都有深入探究。此外，蒙泉還有關於其師陽
明次韻之作，其中也多有極具思想性的詩句，如「空虛體性本天成」〔註18〕，

〔註17〕《燕詒錄》卷九《辛未正旦》：「添齡始今日，老去我心驚。吾道眇樞柄，吾
學竟何成。慨已悟師旨，其幾若為明。望之宛可即，就之不可能。前聞在涵
養，熟之將彌精。所戒惰因循，努力驅前程。」

〔註18〕《燕詒錄》卷九《中秋夜對月次師韻》：「月到中秋一倍明，銀河清淺濕雲英。
眼前色相空如洗，夜半梧桐淚自生。暗室容光臨皓魄，兩楹住影資思成。陰
晴恆照無今古，此夕來瞻更有情。　江上西來對月明，仰瞻高朗憶人英。若
非心訣傳千古，安得斯文屬後生。潔白光輝寧善狀，空虛體性本天成。即思
吟弄歸來意，坐對溪頭無限情。」

此句反映出他將「本體」「天性」更徹底地溯源爲「空虛」的先天性。

蒙泉先生遊於王門，交於四方同道，進而聞其師說而體究、講求，個人有所成就之外，還非常自覺地承傳、發展陽明良知學，他在與歐南野的書信中表示「憂師傳之就晦」，又以《責志》詩爲例，蒙泉有言：「師傳表立志，蹈非志靡堅。反觀是非心，毫釐本知先。如何不自訣，戒懼等陳詮。自今心與矢，知至止勿遷。浮雲沒纖影，赫日方中天。眞幾屬不息，蚤覺追前賢。」（《燕詒錄》卷十三）從中可見，蒙泉由陽明所強調的「立志」，更進一步談到要反觀自己的是非之心（即良知），要由毫釐細微處覺察先知，並提出他所發明的「眞幾」學說，追慕往聖前賢。

第四節　闡發致知爲盡矣

「致知」是朱子所謂《大學》「八條目」（格物、致知、誠意、正心、修身、齊家、治國、平天下）之一，《孟子》中又有「良知」說，而陽明提出「致知爲盡矣」的論斷。蒙泉繼承師說，對此加以細緻闡發，把格物、誠意、正心都統貫到「致知」上，而且指出，修身也無非是要致良知，由己推人，便達成齊家、治國、平天下的種種發用，總結起來是：「良知之外，無道也；致良知之外，無學也。」（《燕詒錄》卷一《憶言上》第三十條）這是以良知爲本體，以致良知爲工夫。良知即是道，致良知即是學。

一、良知本體是至善靈覺。在「至善靈覺」的意義上，蒙泉把「知」與「良知」等同起來講。他指出：「知者，至善之靈覺，所謂良知也。」（《燕詒錄》卷一）值得注意的是，蒙泉又把「知」與「至善」聯繫起來，這應當與《大學》有關：「大學之道在明明德，在親民，在止於至善」，而且「知止而後有定」。其中的「知止」即「知止於至善」。因此，蒙泉界定「良知」內涵爲「至善靈覺」，突出「至善」之義，是一種對《大學》思想的創造性轉化。承傳陽明在《大學古本序》中對「止至善」的論述，蒙泉的「良知至善」說，具有「一寂感、該體用」的特點，他指出《大學》的格物、致知、誠意、正心「渾然一於至善」。

以知（良知）爲本體，包括兩種含義。就良知與心的關係而言，良知作爲本體是「實」，是帶有「至善」的價值追求，而心體本「虛」故生生不息。陽明四句教中有言「無善無惡心之體」，也就是說心體有「無」的性質。但要

注意的是，良知學講「心」的虛無，與禪學「見心不見性」不同，禪學講心的「虛無」會往「寂滅」上走；但以良知爲本體，也不同於「霸」術，圖謀霸業的，私欲功名，並非內求「止於至善」，其心與理未能合一。因此，以良知爲本體，不同於禪學的走向寂滅與霸術外求私利，良知因心的虛靈而生生不息，良知也因「知止於至善」而超越一己私利，總之，良知源於性體自然，合內外天人而一，乃盡性之學。

就知（良知）與意、物的關係而言，它們是體與用的關係。「心之所發便是意」，因良知能夠對意察覺，從「覺知」與「被覺知」的意義上看，知是意的本體，意是心的發動（有感），而心的本體還是良知，所以意也還是知的用。「意之所在便是物」，物是意的進一步延伸，陽明也講過「心外無物」，只要確立了良知的本體地位，梳理清楚良知與心的邏輯關係，對「知爲體，意與物爲用」的問題就不難理解。

二、致良知中「致」字闡釋。蒙泉解釋「致良知」的「致」爲「不欺其知」，此「不欺其知」的「致知」通貫了《大學》裏的「正心」、「誠意」與「格物」。關於「欺」的問題，《大學》裏講「所謂誠其意者，毋自欺也，如惡惡臭，如好好色，此之謂自慊」，這是「誠意」中的「不欺」；而陽明講「本心之明即知，不欺本心之明即行」，這是「知行合一」中的「不欺」。所以蒙泉所講的「不欺其知」，既在「意」上，也在「行」上。當然，若結合陽明所言「一念發動處即是行」，此「不欺其知」都屬於「行」的層面。蒙泉以「不欺其良知」來講致良知，就是知行合一。

「致」還有另一種意思：快足良知。因爲良知有時會被拘束、遮蔽，但蒙泉強調良知之「幾」不容昧，也就是說，在某些情況下，良知不能完全呈現，需要通過「致」之，使得它「滿其量」，否則只呈露微小的「幾」。從使得良知本體完滿的角度講「致」字，強調致良知的目標與效果。陽明講「樂是心之本體」，蒙泉對此進一步闡發，提出「快足」良知，可知「樂」是就良知本體層面上而言的。更進一步，蒙泉認爲，動靜有無之間的「幾」字，是千古學訣，必由此幾以得其心。

心中良知必有意、必有物，其「致之」，即誠此良知之意、格此良知之物。蒙泉講「致知如磨心」，其「磨心」一語，也可視爲對「致」的第三種解釋。「磨」心之喻，因心發動爲「意」，而意之所在爲物，故此「磨心」實際上包括「誠」意、「格」物。而致良知的「致」，以「知」（良知）爲做工夫的對象，

從「意」的角度看是要「不欺」，從良知或有拘蔽的情況說要達到「快足」，從「心」的方面看是要「自慊」。

總之，「致良知」是一種「工夫合本體」的思路和做法，在這個意義上，致良知比致知要更爲深刻。因爲一般所理解的「知」也有可能是「聞見」，人或以「聞見」有得爲「致知」。當然，聞見之知，其實也離不開良知；但良知卻不依賴聞見而有。所以，從致知要到致良知，才能克服「以不知爲知」的弊端。孔子說：「知之爲知之，不知爲不知，是知也。」這是「誠意」，也是致良知的應有之義。

三、致知通貫誠意、格物與正心。「致知」爲《大學》「八條目」之一，而「良知」之說出自《孟子》。在《大學》闡釋語境下，蒙泉要講清楚「致知」；但師承陽明良知學，在定義良知爲「至善靈覺」的基礎上，他所論「致知」其實就是「致良知」。因此，如果要嚴格地講，蒙泉實際上是用「致良知」替代「致知」，以良知爲本體，按照「工夫合本體」的路徑，整合《大學》中的誠意、格物和正心，論證陽明「致知爲盡矣」的觀點。

以「至善靈覺」所講的良知（知），不僅包涵陽明「四句教」的「知善知惡是良知」中的「知善知惡」之意，還應包括另一層涵義：知好善惡惡、知爲善去惡，追求達到「止於至善」的境界。因此，「致知」既是致「好善惡惡」（是誠意）之知，也是致「爲善去惡」（是格物）之知，所以蒙泉說，致知之外，沒有另外一個「誠意」工夫，也沒有另外一個「格物」工夫。工夫不離本體，體用一源，都是一個本體，都是一個工夫。

致知是誠意之則。《大學》言「知至而後意誠」，此「知至」便是「良知至」，良知至則會「至善明覺」。良知不僅能知善知惡，而且還是「至善靈覺」，順其發用，知善則無不好，知惡則無不惡。此「好」「惡」便是「意」，是「誠」的對象。致良知就是「不欺」此好惡（這是「意」，但意的本體是知，好善惡惡乃「至善靈覺」）之知，自慊於心，就是「誠意」。簡言之，致良知就會達到誠意，並且，是否達到誠意，其中的一個判斷準則是致良知，這就是蒙泉所講的「致知是誠意之則」。《大學》中言「所謂誠其意者，毋自欺也，如惡惡臭，如好好色，此之謂自慊」，心的自慊，本於良知快足。當然，此良知快足，亦是「獨知」之事。「意」是「獨知」而未必顯現於外、爲人所知所證，因此難以用任何外在標準來衡量，這種情況下就靠良知了，誠意到了幾分，致良知便是幾分。

格物是致知之實。蒙泉良知學有務實的品格，對「格物」工夫非常重視。《大學》裏講「欲誠其意者，先致其知，致知在格物」，通常會理解爲致知是誠意的工夫，格物是致知的工夫。然而蒙泉認爲，致知與誠意、格物只是一個工夫。誠意是「好善惡惡」，其中的「好惡」是「意」，而意之所在便是「物」，這樣就打通了「誠意」與「格物」之間的關係。蒙泉指出，即所好（意）爲好之事（物），即所惡（意）爲惡之事（物），一如良知之所知（好善惡惡）而去「爲善去惡」，就會使得「事得其正」（善事得其爲，惡事得其去），這就叫做「格物」。又因爲意可由良知所察覺，「知」是「意」的本體，而意則作用、實落到事物上，所以說經由「意」的環節，良知由本體而發用、呈現，所以說「格物」是「致知」之實。蒙泉師承陽明，亦訓「格物」中的「物」爲「事」，「格」爲「正」。物格即「事正」，事正亦是「意誠」，亦是「知致」，即「良知適得本體」。

格物不可看輕，致良知無窮無盡。致良知作爲陽明學派的「師傳口訣」，諸多弟子以良知爲本體言其爲「依本體」，這並沒有什麼錯。只是這個良知本體如何去「依」？陽明原本講一個「致」字，後學又說一個「依」字，是否有所偏頗？蒙泉認爲，每個人的氣質稟賦才力均有所差別，所以有「學知利行」「困知勉行」等不同，除非立志勇決、著力用力，一絲一毫不放過，才有可能眞正達到「求依本體」的目標。否則，不過因循自欺，終身迷悟而不自覺。「依本體」是不容易的，說「言下即見本體」的，容易把致良知看得太簡單，也把格物看得太輕。實際上，致良知越精進，越無窮盡，格物是致良知的著實工夫，不格物就不能致知。格物，即是「在事上磨練」，事，便是格物致知的「抓手」。當然，心裏也不可停泊、固執這些事，要去除私欲，也就是要從良知上察根問底，痛加克己的工夫。

知致則良知適得本體，心無不正。心是身的主宰，因此心正不正的問題，也就是一個能否對自身作得主宰的問題。心正，則能主宰自身，這「主宰」是良知所能。蒙泉講：「良知者，心之體也。」（《燕詒錄》卷一）良知作得身之主宰，心就是「正」的。致良知就是讓良知復得本體，作得主宰，此時，心怎麼會有不正？故而「致知」（即致良知）與「正心」也相融通。心是「虛靈」的，這個「虛」是就其「無所不感」而言，「靈」是就其「感應不測」來講。無所不感、感應不測的心，或自私自利而失其「正」，即在此時，良知也還能察覺。致良知就是要使得良知呈露，心不昏昧，不

失其正。

四、提醒良知、良知見在與惺惺然。陽明所提出「致知焉盡矣」的觀點，以「致知」通貫格物、誠意與正心，這似乎與《大學》原文中的「欲誠其意者，先致其知，致知在格物」有所不同。蒙泉對此問題有所說明：

> 《大學》條目序至「正心」亦盡矣，又言誠意，又言致知、格物，非無爲也。嘗原其初矣，蓋我之得於天，一心也，意、知、物非心之外也。方其孩提，雖氣質不無偏駁，而形氣未累，但知愛其親、敬其兄，不待學慮，純是此心之良知發見流行，卻是率性以爲道，故自其要愛敬，是意有弗誠乎？自其所愛所敬，是物有弗格乎？渾然一於至善，而心無弗正矣，卻只是一個知愛知敬，而其格與誠、正皆包括於此知矣，更分不得格致爲知，誠正爲行，此知行合一之體本來如此。及其知誘物化，良知作不得主宰，便私意萌發，不正之事漸滋於其中，三者相因於病，而心非其心矣。然不正之端，發於意之不誠，而良知有以知其故，故正心必先於誠意，誠意必先於致知。知之致，必格其意所向之物，而實地以爲工夫，然後意可誠，而心可正矣！其工夫之條理精密，有不容紊若此者。其實心以知爲體，而意與物者，知之用。提醒此良知爲主，不使昏昧、放逸，則私意無所容，而不正之事無所隱，有以復於至善而心正矣。故析之雖極其精，而統之則一，非分項以爲功，蓋所以發明惟精惟一之節度，非有異於堯舜者也。夫一致知而格與誠、正無所遺，則知行合一明矣。斯工夫合本體，而聖學之門戶可窺也。（《燕詒錄》卷一《憶言上》第二十四條）

據上述引文可知，蒙泉實際上還認爲「正心焉盡矣」，結合陽明「致知焉盡矣」的觀點，他把《大學》中的「正心」與「致知」通貫起來。就「心」而言，孩提之時的知愛其親、知敬其兄，不待學慮，此心就是良「知」本體的發見流行。良知是心的本體。順此心之知愛敬，「要」愛敬（意），即「意誠」；順此心之知愛敬，到「所」愛敬（物），即「物格」。意誠、物格，渾然一於「至善」，則心正矣。可見，誠意、格物、正心，都是基於「知」愛「知」敬。「知」是本體，心所發之「意」，以及意之所在的「物」，都是「知」之用。蒙泉在此意義上講「知行合一」，其「知」乃本體的「知」，即「良知」，體用一源，所以不能分格物、致知爲「知」，誠意、正心爲「行」。

「格致誠正」皆是知，皆是行。所謂知，是就「明覺」而言；所謂「行」是就「用力」而言。知行合一，故而致知、格物沒有先後之別，才說「知」便有「物」，才說「致知」便「格物」。致知成始成終，除此之外，也不再另外有誠意、正心工夫。《大學》中講：「欲正其心者，先誠其意；欲誠其意者，先致其知，致知在格物。」蒙泉以「知」爲本體，順著「工夫合本體」的路子，對此闡釋道：由於某些認知、外物的誘發，導致良知不能主宰此身，於是私「意」萌發，不正之事（物）便漸漸滋生出來，這時的「心」就不「正」了。良知作爲本體，儘管有時作不得主宰，但仍是「至善明覺」；而「心」之不正，發端於「意」之不誠（因私意萌發），所以正心一定要先誠意；意不誠，良知能「不慮而知」，所以誠意要先致知（致良知）；本體之知，「明覺」的對象是「意」，而且「意之所在便是物」，在這樣的闡釋思路下蒙泉論證《大學》的「致知在格物」。

「提醒良知」之說，在蒙泉看來便是：不使良知昏昧、放逸，那麼私「意」無所容，不正之「事」（物）無所隱，如此便恢復到「至善」而「心正」。此「提醒良知」，實際上與「良知見在」「良知惺惺然」，並無二致。蒙泉亦言：「心以良知爲體，而意與物皆其用，更分不得，故學問之功，只一個良知見在便了。既不昏昧，又不放逸，惺惺然，不加不減，常作得主宰，此之謂致，此之謂見在。」（《燕詒錄》卷一）錢明先生認爲蒙泉的「見在良知」說，「既有同於王畿的地方，如比較突出『有無之間』的『幾』之境界，強調『見在之幾』」，但「又有區別於王畿的『本體之見在』，而近於錢德洪後來所主張的『工夫之見在』」。〔註19〕按照蒙泉「工夫合本體」的思路，緊緊圍繞良知這一本體，如果說「提醒良知」有「提醒」工夫，「良知見在」有本體「見在」，那麼兩者其實只是一個本體，也只是一個工夫。良知的「見在」與「提醒」，在蒙泉這裡並不是兩件事，都是爲了不使得心昏昧、放逸而已。

五、修齊治平都是致良知之事。致良知是「該體用」的，體用一源，因此蒙泉認爲致良知不僅是修身，也能齊家、治國、平天下。除了致良知，再沒有別的修身之道。良知之外無道，致良知之外無學，致良知之學合內外之道，一以貫之。回顧《大學》的「八條目」，蒙泉指出，格物以致其知，就內而言是「誠意、正心」，就外而言則是「修身」。如果繼續對「修齊治平」作

〔註19〕錢明：《被遺忘的王學中堅——明代思想家孫應奎》，《杭州師範大學學報》2010年7月第4期。第19頁。

一些分析，那麼致良知就自己而言是「修身」，致良知就他人而言便是「齊家、治國、平天下」。究其原因，蒙泉講：「良知致而家、國、天下亦從而理矣。何者？道與身具者也。身在於家，果能致其良知以修其家之身，身在於國與天下，果能致其良知以修其國與天下之身，則知之無不明，處之無不當，而天下國家有不與吾身之修而同歸於善者哉？」（《燕詒錄》卷三《憶言下》第九十八條）修身爲本，是挺立主體，而致良知又是工夫合本體，良知學解決了主體與本體相統一的問題，意義重大。

綜合《大學》「止於至善」「知止」以及陽明「四句教」，蒙泉論證《大學》中的「致知」通貫「誠意」「格物」與「正心」，從而對其師王陽明的「致知焉盡矣」的論斷做了細緻闡發。致知格物之功，最爲簡盡的狀態是「無爲其所不爲，無欲其所不欲」，如此則意誠、心正。但在大多數情況下，蒙泉實際上主張要達到一種「良知自慊」的狀態，他非常強調良知學中對個人「主體」的凸顯，包括自修、自悟、自覺、自察等等。蒙泉緊緊抓住其師陽明「致知焉盡矣」的論斷，不僅與同門、友人、學生詳細闡發，而且以此爲基礎深入到「知幾」的問題，最終提出「眞幾」的本體說。從學術淵源來看，蒙泉在天泉樓獲得陽明親自接見並傳授《大學》「致知」之義，是他不斷推進良知學的起點。

第二章　良知幾學：良知學的發展

　　作爲陽明先生重要的親傳弟子，孫蒙泉的「良知幾學」思想與王龍溪「一念之微」學說頗多相似之處，但他又另出新說，實現了對良知學的深入推進與突破。蒙泉在把「幾」作爲心體靈覺之微的基礎上，從《周易》中獲得啓發與佐證，強調「幾」的流行不息，又因幾「不容昧」的特點而進一步提出「眞幾」概念，與良知構成無極與太極的關係。工夫論方面，蒙泉以顏回爲例談「知幾」之學，且闡發「誠幾」「察幾」等命題及其內涵，形成了較爲完備的「幾」學理論體系。這位被遺忘的「王學中堅」在「幾」學思想上有獨特貢獻，在儒學史上應占一席之地。

第一節　蒙泉良知學框架

　　對良知學理論體系的分析，我們主要是按照本體、發用、工夫的框架來闡述。蒙泉對（良）知的概念界定，用「至善之靈覺」一語。他有時用「知」字，其實就是「良知」。以良知爲本體、核心，蒙泉梳理其與至善、心、意、物、身、性、命、感、未發、已發等儒學命題、概念之關係。

　　心以良知爲體，而意與物皆其用。蒙泉指出，有良知則有「意」，有意則有「物」（事）；意、物都主之於良知而爲「心」，總之爲言，良知涵蓋了心、意、物。後來，蒙泉又提出「意」是良知感應其「幾萌動處」、善惡介頭。良知是心之體，他主於「身」爲心，此「心正」，則良知是廓然大公的狀態，不會陷溺於心之所向、所發（如意、物）。良知具於心爲「性」。此性，是良知與心、意、物達到渾然至善狀態，是天然自有的，即是說，良知具於心爲性。《中庸》講「天

命之謂性」，性的來源又是天，那麼良知與「命」的關係是：良知付於天爲命。也因此，良知也是「天則」。心之本體不可添一物（私念），不慮不學而有良知良能，包括之善知惡，且好善惡惡，不須添加絲毫私人之力。然而心一旦「有我」，就會產生欲求，爲滿足它，就一定會運用私智聰明，這就有違「本體自然良知良能而不須加絲毫私力」。爲了順應心體之自然，就須克己、忘己，達到「無我」。無我則無欲，無欲則不須任私用智。這是蒙泉對其所認同的陳白沙心訣「學以自然爲宗，以忘己爲大，以無欲爲至」的解讀。

《中庸》先言「天命之謂性，率性之謂道」，後說「修道之謂教」，可知「率性」即爲「道」，而非一味要求人去以「教」修「道」。在戒愼恐懼的愼獨工夫中「順性命」「立大本而行大道」，即便達到「致中和」「天地位焉、萬物育焉」的境界，也完全在天命之性中，沒有任何外加之物。因此，如果不識性體自然，有所自私自利，就會出現「遺內」的「圖霸」或「遺外」的「寂滅之禪」。此「性」，孟子用「良知良能」加以說明，即「孩提之無不知愛親敬長」，性體本來如此，合內外而一，其所爲乃「率吾之良知而已」。將此擴充，則自遂其心，同時也達到「親吾親，以及人之親；長吾長，以及人之長」，甚至於務農、教育、法制、軍事等，都是「自吾良知之不自己者而時出」，在良知上求端用力，無爲而無不爲。孔顏之樂因得其心，得其心則須在動靜有無之間明察、致精，使得行慊於心。陽明講「樂者心之本體」，蒙泉認爲，動靜有無之間的「幾」字，是千古學訣，必由此幾以得其心。

孟子以「好善惡惡」來說明性善，這是天賦聰明，是不慮不學的良知。良知與「善惡」的關係，既可以用「知善知惡是良知」來說明其道德知覺功能，同時還可以從「好惡」的方面來打通良知與「誠意」的關係。知善知惡並不很難，難在能「好善惡惡」，當然，知善知惡與好善惡惡兩者又是密切相關的，有此良知，必有良「能」，能做到「好善惡惡」。特別是「知善知惡」的良知，人人具有，即便是極端兇暴之徒，其良知也不會磨滅殆盡，只要做良知開導的工夫，就會善念日長、惡念日消。在蒙泉看來，好善、惡惡具有「直通」的特點，本就不存在「彎曲」路徑；如果有絲毫「彎曲」，良知也會覺知到。這種對善之好、惡之惡的「直」之思想，與蒙泉爲官所獲「直」的名聲，兩者是有關聯的。在這個意義上，他無疑也是「知行合一」的，並且追求自慊。

從發用方面看，良知本體與未發、已發之間的關係也需要闡明。關於「未

發」，蒙泉指出其乃良知本體之明，此時不存在另外的「已發」問題；而關於「已發」，他指出其乃良知本體之照，此時也不存在另外的「未發」問題。明則照，照則明。良知或照（已發），或明（未發），只是「一」。簡言之，所謂未發、已發不是並存的兩種狀態。已發之義，包括《孟子》所言「孩提之愛敬」（愛其親、敬其長）。蒙泉認為良知是孟子所言「孩提之愛敬」，這是聖賢因「人心靈覺」立教所說的「幾」。在「人心靈覺」的意義上，良知與幾相同。良知的特點包括「通乎晝夜、古今」「不可須臾離」。結合《中庸》所言「道也者，不可須臾離也；可離，非道也」，可知蒙泉把「良知」與「率性之謂道」的「道」聯繫起來講。《中庸》之「道」是「率性」的，良知也是順循「孩提之愛敬」而已，且不分晝夜、古今，人不可離此良知。講良知追溯到人之孩提，既是追溯本初，又讓人人有所驗知。人之降生，在稟賦氣質、成長環境等方面各有不同，但在知「愛其親、敬其兄」方面卻有共通之處，不受所學、所慮的限制，純是良知發見流行，是率性以為道，更是貫通內外的，其要略不過是「率吾良知」、擴而充之、自遂其心。對良知能自信，便知赤子之心是「天命之自然」、聰明睿知，此心也即仁義之性。

從工夫的角度看，良知與「道心惟微」之「微」發生聯繫。向著良知求端用力，真見本體很不容易，大多需要通過知「微」之顯，從此處入手。這個「微」，是道心的顯現，也是良知的靈覺。因此，致吾良知在工夫上必定要謹於微。良知本體之所以不明，有氣質、習染的遮蔽。氣質習染減一分，良知則精健一分；良知明一分，則氣質習染又去幾分。實際上，蒙泉極為重視著實下工夫，他的良知學理論體系中之所以會走向「幾」學領域，主要是由於在做工夫的過程中須不斷從「微」處入手，此「微」之義不僅包括細小的東西，還有「隱微」不可見的涵義等。在「工夫合本體」的原則下，再提出「真幾」為本體，也就不難理解了。

上述以良知為核心，所論其與身、心、性、命等關係集中論述為：「良知神明不測，主於身為心，具於心為性，付於天為命，一也。故指其體之明而言謂之未發，而別無已發者在；指其體之照而言謂之已發，而別無未發者存。明則照矣，照則明矣，體用一原者也。」（《燕詒錄》卷一）良知有神明不測，無終始、無動靜的特點，蒙泉後期以「幾」學為中心，從本體、發用、工夫等方面，以「幾」為良知「流行不息之本體」，將良知學往一個新方向推進。

致良知的工夫門路，蒙泉提出多種說法，如「不欺良知說」、「完養良知

說」、「快足良知說」、「磨心說」、「精一良知說」，等等。從良知到「致良知」，所多出的一個「致」字，蒙泉解釋爲「不欺其知」。「不欺」乃「誠意」之義，具體來講，就是「知善則無不好，知惡則無不惡」，不欺此「知好、惡」，就會使得所好、所惡無不自慊。陽明致良知之訣的「本原」，在於《孟子》所謂「求放心」、「不失其赤子之心」。盡其心則知其性，知其性則知天。心即是性，性即是天，故而只求盡心、知性、知天。盡心工夫在於戒慎恐懼，在於完養良知。蒙泉有言：

> 苟得其養，無物不長。養之一字，最爲吃緊。只順此良知，無爲其所不爲，無欲其所不欲而已。須是不放過，始謂之得其養，則心體日精明、日剛健，便有從容中道的意思。若起一念，覺於自己便宜，便因循將就，認爲行權，卻落機械去了。切須審察！（《燕詒錄》卷二《憶言中》第四十六條）

致良知的實地工夫落在格物。蒙泉也將「致之」解釋爲「快足吾良知」，不妨稱其爲「快足良知說」。良知如何「快」，如何「足」？蒙泉認爲要通過格物而有其實，這樣才能達到「足」。一定要爲善去惡以格其物，然後良知才能充滿其量。因此他論定「格物者，致知之實也」。以「心」爲對象，則致知如「磨心」，誠意者誠此，格物者格此，貴在心悟之。此心無無「意」之良知，此心無無「物」之良知，致良知其中：有誠此「意」，有格此「物」。致良知達到「適得本體」，則心亦得正。

修身是致良知於己，齊家治國平天下是致良知於人。致其良知而體、用兼備。格物以致其知，言乎內則意誠心正，言乎外則身修，一以貫之。致良知是合內外之道也，良知致而家國天下亦從而理。身在於家，能致其良知以修其家之身；身在於國與天下，能致其良知以修其國與天下之身，則知之無不明，處之無不當，而天下國家與吾身之修，同歸於善。蒙泉也對「良知見在」之說表示認同，並論及「精一」之學：

> 心以良知爲體，而意與物皆其用，更分不得。故學問之功，只一個良知見在便了，既不昏昧，又不放逸，惺惺然，不加不減，常作得主宰，此之謂致，此之謂見在。如此，尚物有未格、意有未誠、心有不正乎？蓋渾然一於至善而已矣。故精此良知之謂精，一此良知之謂一，致良知之外無學矣！（《燕詒錄》卷一《憶言上》第二十三條）

以良知爲天則，致良知就是知天之學，是聖學之始，造極於知性、知天，與

天爲一。學者從事於致良知之學，良知自能學、問、思、辨、行，此五者爲致良知之實功，也是良知本所能之事。此外，蒙泉還論述了致良知與素位而行、無入不自得，與仁義禮智等天下之理，與勿忘勿助必有事，與知幾，等等命題之間的聯繫，茲不贅述。

綜合《大學》「止於至善」「知止」以及陽明「四句教」，蒙泉論證《大學》中的「致知」通貫「誠意」「格物」與「正心」，從而對其師王陽明的「致知爲盡矣」的論斷做了細緻闡發。蒙泉指出：「知者，至善之靈覺，所謂良知也。」（《燕詒錄》卷一）在「至善靈覺」的意義上，他把知與良知等同起來講。把「知」與「至善」聯繫起來，應當與《大學》中的內容有關：「大學之道在明明德，在親民，在止於至善」，而且「知止而後有定」。其中的「知止」即「知止於至善」。因此，蒙泉界定「良知」內涵爲「至善靈覺」，是一種對《大學》思想的創造性轉化。以「至善靈覺」講良知（知），不僅包涵陽明「四句教」的「知善知惡是良知」中良知（知）的「知善知惡」之意，還包括另一層涵義：知好善惡惡、知爲善去惡，追求達到「止於至善」的境界。因此，「致知」就是致「好善惡惡」（是誠意）之知，也是致「爲善去惡」（是格物）之知，所以蒙泉說，致知之外，沒有另外一個誠意工夫，也沒有另一個格物工夫。

以「良知」爲心、意、物之本體，蒙泉進一步解釋「致良知」的「致」爲「不欺其知」，此「不欺其知」的「致知」通貫了《大學》裏的「正心」、「誠意」與「格物」。關於「欺」的問題，《大學》裏講「所謂誠其意者，毋自欺也，如惡惡臭，如好好色，此之謂自慊」，這是「誠意」中的「不欺」；而陽明講「本心之明即知，不欺本心之明即行」，這是「知行合一」中的「不欺」。所以蒙泉所講的「不欺其知」，既在「意」上，也在「行」上。當然，若結合陽明所言「一念發動處即是行」，此「不欺其知」都屬於「行」的層面。蒙泉以「不欺其良知」來講致良知，就是知行合一。

良知的概念出自《孟子》，而「致知」爲《大學》「八條目」之一。在《大學》闡釋語境下，蒙泉要講清楚「致知」；但師承陽明良知學，在定義良知爲「至善靈覺」的基礎上，他所論「致知」就是「致良知」。如果要嚴格地講，蒙泉實際上是以「致良知」來整合《大學》中的誠意、格物和正心。良知能知善知惡，又是「至善之靈覺」，順其發用，知善則無不好，知惡則無不惡。因此，致良知就是「不欺」此好惡（這是「意」，但意的本體是知，好善惡惡乃「至善靈覺」）之知，自慊於心，就是「誠意」。

格物是致知之實，這是蒙泉的基本論斷。《大學》裏講「欲誠其意者，先致其知，致知在格物」，通常可理解為致知是誠意的工夫，格物是致知的工夫。然而蒙泉認為，致知與誠意、格物只是一個工夫。誠意是「好善惡惡」，其中的「好惡」是「意」，而意之所在便是「物」，這樣就打通了「誠意」與「格物」之間的關係。蒙泉指出，即所好（意）為好之事（物），即所惡（意）為惡之事（物），一如良知之所知（好善惡惡）而去「為善去惡」，就會使得「事得其正」（善事得其為，惡事得其去），這就叫做「格物」。又因為意可由良知所察覺，「知」是「意」的本體，而意則作用、實落到事物上，所以說經由「意」的環節，良知由本體而發用、呈現，「格物」是「致知」之實。

蒙泉師承陽明，訓「格物」中的「物」為「事」，「格」為「正」。格物即「事正」，事正亦是「意誠」，亦是「知致」，即「良知適得本體」。蒙泉講：「良知者，心之體也。」（《燕詒錄》卷一，第二頁。）既然良知復得本體，心怎麼會有不正？如此，「致知」（即致良知）與「正心」也相融通。陽明所提出「致知焉盡矣」的觀點，以「致知」通貫格物、誠意與正心，這似乎與《大學》原文中的「欲誠其意者，先致其知，致知在格物」有所不同。蒙泉對此問題有所說明：

> 《大學》條目序至「正心」亦盡矣，又言誠意，又言致知、格物，非無為也。嘗原其初矣，蓋我之得於天，一心也，意、知、物非心之外也。方其孩提，雖氣質不無偏駁，而形氣未累，但知愛其親、敬其兄，不待學慮，純是此心之良知發見流行，卻是率性以為道，故自其要愛敬，是意有弗誠乎？自其所愛所敬，是物有弗格乎？渾然一於至善，而心無弗正矣，卻只是一個知愛知敬，而其格與誠、正皆包括於此知矣，更分不得格致為知，誠正為行，此知行合一之體本來如此。及其知誘物化，良知作不得主宰，便私意萌發，不正之事漸滋於其中，三者相因於病，而心非其心矣。然不正之端，發於意之不誠，而良知有以知其故，故正心必先於誠意，誠意必先於致知。知之致，必格其意所向之物，而實地以為工夫，然後意可誠，而心可正矣！其工夫之條理精密，有不容紊若此者。其實心以知為體，而意與物者，知之用。提醒此良知為主，不使昏昧、放逸，則私意無所容，而不正之事無所隱，有以復於至善而心正矣。故析之雖極其精，而統之則一，非分項以為功，蓋所以發明惟精惟一之節度，非有異於堯舜者也。夫一致知

而格與誠、正無所遺，則知行合一明矣。斯工夫合本體，而聖學之門
戶可窺也。(《燕詒錄》卷一《憶言上》第二十四條)

據上述引文可知，蒙泉實際上還認為「正心焉盡矣」，結合陽明「致知焉盡矣」
的觀點，他把《大學》中的「正心」與「致知」通貫起來。就「心」而言，
孩提之時的知愛其親、知敬其兄，不待學慮，此心就是良「知」本體的發見
流行。良知是心的本體。順此心之知愛敬，「要」愛敬(意)，即「意誠」；順
此心之知愛敬，到「所」愛敬(物)，即「物格」。意誠、物格，渾然一於「至
善」，則心正矣。可見，誠意、格物、正心，都是基於「知」愛「知」敬。「知」
是本體，心所發之「意」，以及意之所在的「物」，都是「知」之用。蒙泉在
此意義上講「知行合一」，其「知」乃本體的「知」，即「良知」，體用一源，
所以不能分格物、致知為「知」，誠意、正心為「行」。

《大學》中講：「欲正其心者，先誠其意；欲誠其意者，先致其知，致知
在格物。」蒙泉以「知」為本體，順著「工夫合本體」的路子，對此闡釋道：
由於某些認知、外物的誘發，導致良知不能主宰此身，於是私「意」萌發，
不正之事(物)便漸漸滋生出來，這時的「心」就不「正」了。良知作為本
體，儘管有時作不得主宰，但仍是「至善明覺」；而「心」之不正，發端於「意」
之不誠(因私意萌發)，所以正心一定要先誠意；意不誠，良知能「不慮而知」，
所以誠意要先致知(致良知)；本體之知，「明覺」的對象是「意」，而且「意
之所在便是物」，因此，致知在格物。蒙泉也主「提醒良知」之說，不使良知
昏昧、放逸，那麼私「意」無所容，不正之「事」(物)無所隱，如此便恢復
到「至善」而「心正」。此「提醒良知」，在蒙泉看來，與「良知見在」「良知
惺惺然」，並無二致。蒙泉言：「心以良知為體，而意與物皆其用，更分不得，
故學問之功，只一個良知見在便了。既不昏昧，又不放逸。……精此良知之
謂精，一此良知之謂一。」(《燕詒錄》卷一)主要在工夫論上，蒙泉又將「精
一」之訓，融於致良知之學。

以「良心」論存養工夫不離本體。蒙泉言「性之靈覺謂之心」，此心得之
於天，故曰「性」。此「心」包括孟子所講的「惻隱、羞惡、恭敬、是非」之
心，因其天然自有，不須後天學習、思慮而有，故可稱之為「良心」，其「良」
即是「良知良能」的「良」之意。因蒙泉定義良知為「至善之靈覺」，為心的
本體，而且「性之靈覺謂之心」，故「良心」之「良」就「性」而言，並不等
同於「至善」。存養此「良心」，也就是不讓它有所放失，恰好保持在本體狀

態。這是孟子所言「勿忘勿助」的工夫，也是朱子所說的「敬」。然而，這個良心存養的工夫，不離吾心本體，因為之所以能做到「勿忘勿助」與「敬」，是因為吾心自能，即有良知。良知是就本體而言，良心是就天命而言；良知與良心，兩「良」字在「良知良能」的意義上是一致的，但有「至善靈覺」與「性之靈覺」的差別。性之善惡，孟子、荀子有不同觀點；但「知善知惡是良知」的這種對善惡的覺知，則屬於「至善」層面。

第二節　從致良知到幾學

學界談論「幾」的問題，一般會追溯到孔子贊《易》所作的「十翼」，而《繫辭》或被認為即是「明幾」之學。《周易》的《繫辭上》與《繫辭下》中出現「研幾」、「幾」、「知幾」「庶幾」等詞語，東晉韓康伯與唐代孔穎達都有注解。關於「幾」的定義，韓康伯認為：「適動微之會則曰幾。」孔穎達則曰：「幾者，離無入有，是有初之微。」〔註1〕若仔細分辨，可知他們各自所定義的「幾」與「有」「無」的關係有所差別。孔穎達認為「幾」是「離無入有」，但側重於「有」，因為他還說到幾是「有初之微」；而韓康伯似乎講「幾」又偏向於「無」，因為他另在注解中指出：「幾者，去無入有，理而無形。」〔註2〕畢竟已經點明了「幾」是「無形」的。然而，兩家注解中關於幾的「去無入有」或「離無入有」的意思基本一致，這也被大多數學者認為是「幾」的基本特徵。大概也是因為在「幾」到底是偏向「無」還是偏向「有」的問題上見仁見智，北宋周敦頤的以「有無之間」講「幾」，調停妥當，就多為後儒所宗。周子《通書》有言：「誠、神、幾，曰聖人。」「寂然不動者，誠也；感而遂通者，神也；動而未形，有無之間者，幾也。」〔註3〕但《通書》中的「動而未形，有無之間」畢竟還是沒有明確界定「幾」所處的位置，以及其他特性，這為後儒留下了學術論爭空間。到元代，巴蜀易學學者王申子很有可能是首次提出「幾學」的概念。〔註4〕他以「幾學」來解釋「覺即復」，主

〔註1〕（清）阮元校刻：《十三經注疏‧周易正義》，上海古籍出版社，1997 年，第 81 頁。

〔註2〕（清）阮元校刻：《十三經注疏‧周易正義》，第 88 頁。

〔註3〕（宋）周敦頤撰，徐洪興導讀：《周子通書》，上海古籍出版社，2000 年，第 33 頁。

〔註4〕劉雲超：《覺即復——易學視野下王申子工夫論探析》，《孔子研究》2016 年第 6 期，第 67 頁。

張一念發動當即返善，頗具「心學」意味。

　　《明儒學案》中記載王陽明兩個著名弟子王龍溪與聶雙江以「誠、神、幾」爲中心的討論，他們對「幾」的「有無之間」也有著不同的理解。聶雙江以誠的「無而未無」，神的「有而未有」來講幾的「有無之間」，其實質是重在「誠」「神」工夫。他提出：「誠精而明，寂而疑於無也，而萬象森然已具，無而未嘗無也；神應而妙，感而疑於有也，而本體寂然不動，有而未嘗有也。即是爲『有無之間』，亦何不可？」王龍溪回應道：「良知者，自然之覺，微而顯，隱而見，所謂幾也。良知之實體爲誠，良知之妙用爲神，幾則通乎體用而寂感一貫，故曰『有無之間者幾也』。有與無，正指誠與神而言。」〔註5〕王龍溪護持其師的良知說，把「幾」與「良知」聯繫、等同起來，強調「幾」通貫良知體用、寂感的特點，這是他所理解的「有無之間」。

　　對於聶雙江與王龍溪圍繞「幾」的論爭，牟宗三先生認爲「幾」是感性層上者，因此：「王龍溪把說幾的『動而未形、有無之間』與良知之無分於動靜，無分於寂感，無分於有無，混而爲一，而視爲對於體之玄悟實悟，則大錯；把那『有無之間』底格式用於體之誠神或寂感，……在此有無之間上說一個幾，這亦是大錯的。」〔註6〕此外，「至於聶雙江『以寂爲感之幾』，『以無爲有之幾』，以介爲幾，以誠爲幾，則根本非是。此不過是將良知分拆爲已發、未發，而由『致虛守寂』以求『虛明不動之體』之思路。」〔註7〕牟先生的觀點或可商榷，而且學界對此問題也有不盡相同的觀點。僅從雙方論辯文獻本身的解讀來看，我們認爲王龍溪作爲陽明思想的繼承與發展者，是在良知學理論體系裏講幾，但他所講的「幾」並不能簡單地理解爲混感性層爲超越層，混形而下爲形而上，因爲王龍溪要強調的是「幾」的一種貫通作用，所謂「幾則通乎體用而寂感一貫」，「幾」能連接體、用兩層，故稱「有無之間」；幾屬於良知範疇，良知實體爲誠，良知妙用爲神，而幾是通乎二者的，所以說它是「人心眞體用」。王龍溪論「幾」是「即本體以爲工夫」，這種理解方式在當時並非個別現象，如羅念庵、王時槐，都認同「幾」的「體用不二」的特點。至於聶雙江，他倒是似乎把「幾」放在「誠、神」之外，主張

〔註5〕（清）黃宗羲著，沈芝盈點校：《明儒學案》卷十二《浙中王門學案二》，中華書局，1985年，第265頁。

〔註6〕牟宗三著：《牟宗三先生全集》第8冊《從陸象山到劉蕺山》，聯經出版公司，2003年，第300頁。

〔註7〕牟宗三著：《牟宗三先生全集》第8冊《從陸象山到劉蕺山》，第302頁。

以誠、神爲工夫而求「有無之間」的「幾」。但聶雙江說的「有無之間」，是「無而未嘗無」「有而未嘗有」，是一種對有、無的消解式闡釋，並不以「幾」爲最終依歸。

在陽明諸多弟子中，孫蒙泉最爲重視對「幾」的探究，提出了不少獨到見解。他在自著的《燕詒錄》中講「幾」的地方很多，把這些分散的論述整合起來，可一探蒙泉幾學思想精要。大體上看，蒙泉論「幾」，不糾結於周子「動而未形、有無之間」的講法，而秉承陽明「體用一源」的思想，牢牢抓住作爲「心體虛靈明覺之微」的「幾」，從《周易》中發掘深義、獲得佐證，強調其流行不息、不容昧的特點，並進一步提出「眞幾」說。「有無之間」的幾，不可只說有，也不可只說無。蒙泉強調幾是心體靈覺之「微」，可以說是側重於「從有說無」，因爲「幾」之微與「道心惟微」的「微」互相聯繫。幾在道心微與人心危之辨，也在性與道之間，並且進而定天則。幾之「微」與「道心惟微」相聯繫，由幾而見天則。心可分說爲「道心」與「人心」，兩者之間的「微」「危」之辨，也是一種「幾」，需要以「精一」工夫來達到「執中」境界。蒙泉作有《自述》詩：「一是道心微，精去此心危。危微誰與辨？只是這幾希。小人見君子，恐恐自知非。豈曾窮物理，致知識從違。無欲所不欲，無爲所不爲。千古聖修訣，只愼此眞幾。」（《燕詒錄》卷八）除了在道心微、人心危之辨中講「幾」之外，蒙泉也在性、道之間說「幾」的問題。「天命之謂性，率性之謂道」（《中庸》），道根於性，其「幾」極微，但「此幾無間息，本我性之恒。」天命之性有恆，所以此「幾」不息。由此「幾」還可見「天則」。蒙泉在《家塾銘》中說「好惡將萌，其幾靡晦，乃見天則。」（《燕詒錄》卷十三）末一句出自《易經·乾卦》：「乾元用九，乃見天則。」而在郭店楚簡的《五行》篇中也提到「幾」與「天」的聯繫：「目而知之謂之進之，喻而知之謂之進之，譬而知之謂之進之，幾而進之，天也。」﹝註8﹞可知蒙泉所論「幾」具有一種通往「形而上」的特點，故而與道、天則、性、天聯繫起來。

《傳習錄》中記載陽明講「幾」的地方不多，他主要從「萌動處」說「幾」，其言曰：「誠是實理，只是一個良知。實理之妙用流行就是神，其萌動處就是幾。」﹝註9﹞蒙泉則結合陽明所言「妙用流行」的「神」及其萌動，突出講「幾」

﹝註8﹞ 李零：《郭店楚簡校讀記》，中國人民大學出版社，2007 年，第 103 頁。

﹝註9﹞ （明）王陽明撰，吳光等編校：《王陽明全集》，上海古籍出版社，2011 年，第 124 頁。

的「流行不息」特點。《易》是「聖人之所以極深而研幾」的，「生生之謂易」。
〔註10〕蒙泉突出「幾」的流行不息，完全符合《易》的精神。由「體用一源」
的思路分析來看，「流行不息」主要是說「用」，其「體」為良知之幾，而保
持或恢復良知本體的流行不息，就是「致知」。人心常明常覺，不息良知之
「幾」，無私停住，即是「存心」，以此為理論基礎，蒙泉將「致知」統攝格
物、誠意、正心，以及「知行合一」。「致知」或「知行合一」與蒙泉所說的
「知幾」涵義相通：「良知者，幾也，流行不息之本體也。有不善未嘗不知，
知之未嘗復行，則其本體不息，是謂致知。《易》曰『知至至之，可與幾也』，
如未能至之，是昏昧間隔矣，非良知之本體，可謂知幾乎？故不行不足以為
知，知行之合一可見矣。」（《燕詒錄》卷二）　陽明在《大學問》裏也曾用「知
至至之」來講「致知」，而蒙泉承繼師說，從「幾」入手，強調從「知至」到
「至之」，本身就是一種「流行不息」的過程，這是「幾」的特點；以「知行
合一」為說，則可以理解「知至」是「知」，「至之」是行，若不能「至之」
即是不能「行」。陽明講「知行合一」只是一個工夫，達到「本心之明」；蒙
泉另從「幾」的角度，以「知至至之」，把這個工夫的過程展開來說，最終歸
結到良知的本體，也就是幾的流行不息。從「本心之明」到「幾的流行不息」，
蒙泉把良知的明覺工夫作了更為細緻的動態分析。

　　在上述「幾」論的基礎上，蒙泉後來提出一個「真幾」的概念，完成了
對陽明良知學的一次突破。此前，他應該還用到了「真在」的說法，類似於
真幾。蒙泉自述其座右銘為：「何思何慮百慮同，只是致虛依本體。常明常覺
一真在，卻於何處別知行。」從「真在」到「真幾」，表明蒙泉「幾」論思想
的成熟也有一個過程。「真幾」學說雖是蒙泉獨創，卻不容易說清楚。若道心
之微（即幾之微）一時被遮蔽，則人欲橫流，是為「人心惟危」。蒙泉後來意
識到只講一個「幾」，還不足以解決道心、人心微危之辨的問題，所以又提出
「真幾」的概念。幾在有無之間，可以說微，甚至到《中庸》「無聲無臭」的
地步，但不能認為全是「無」，因此還需要另提出「真幾」來言「無」的境界。

　　幾具有「不容昧」的特點，在道心與人心之辨中發揮作用，這就為蒙泉
的「真幾」說提供了理論上升通道。借鑒周子「無極而太極」的思想，蒙泉
認為真幾與幾，也是一種無極與太極的關係。幾的「不容昧」，又或稱為「不
可磨滅」，均在導向「真幾」說。蒙泉言：「人欲橫流中，是非一念之公未嘗

〔註10〕黃壽祺、張善文著：《周易譯注》，上海古籍出版社，2001年，第538頁。

磨滅，其《剝》之上一畫乎？從此反之則爲《復》，從此養之則進於聖賢。」
（《燕詒錄》卷二）《周易》中的《復》卦唯一的陽爻爲「初九」，一陽來復，
這「一陽」即是蒙泉說的「幾」，其不可磨滅，有生生之意。可知蒙泉「幾」
論的確從《周易》中獲得很多啓發，也因爲把「幾」與《周易》的問題研究
得深，從而在一定程度上解決、回應了其師陽明「不知其幾，易道大亂」的
問題。

心體靈覺之微的「幾」流行不息，而且不可磨滅，它能夠通貫「形而下」
與「形而上」兩個層面，這在一定意義上也合乎蒙泉所繼承的陽明「體用一
源」思想，並且，「幾」的理論含括了「知」與「能」的問題。上文介紹了蒙
泉對「致知」的討論，他常引用陽明「致知焉盡矣」的話。孟子所言「良知」，
一併也提出了「良能」，「能」與「知」是聯繫在一起的。「良知」就是蒙泉講
的幾；「良能」則可謂展現出幾的「流行不息」、「不容昧」特點。金岳霖先生
在《論道》一書中認爲，「道」的基本特性是「能」，並且用這個「能」的「即
出即入」來定義「幾」：「能既有出入，當然有入此出彼底情形發生。既出彼
入此，也當然有未入而即將入，未出而即將出的階段，此即出即入我們叫作
幾。」〔註11〕蒙泉講幾，既然突出其「流行不息」的特點，必然存在金岳霖
先生所言「即出即入」之幾的狀態。

聖人以易道「研幾」，妙贊神明，故有歎曰「知幾其神乎」；然而知事之
微，也是聖人研幾之功，並且在「幾」處也更容易下手。蒙泉指出，儘管幾
是心的靈覺之微，但是若能從此心靈覺不可昧處提點、用功，則會達到「無
爲其所不爲，無欲其所不欲」的境界。孔子曰：「顏氏之子，其殆庶幾乎？有
不善未嘗不知，知之未嘗復行也。」韓康伯注：「在理則昧，造形而悟，顏子
之分也。失之於幾，故有不善，得之於二不遠而復，故知之未嘗復行也。」〔註
12〕在顏回與「幾」的問題上，蒙泉不同於孔子講顏回「庶幾」，韓康伯注「失
之於幾」，而對顏回做一定程度的「拔高」，認爲他做到了「知幾」。蒙泉在《復
沖宇顏督學》中說：

> 《易》曰：「幾者，吉之先見。」即正時識取意耳。又曰「知
> 至至之，可與幾也」，「知至」云者，本其體之常也；「至之」云者，
> 言其功之適得吾體也，適得吾體，則心也，意與物也，渾然一於至

〔註11〕 金岳霖：《論道》，商務印書館，1940年，第269頁。
〔註12〕 （清）阮元校刻：《十三經注疏・周易正義》，第88頁。

善而無時不吉矣，亦即是先見之體不爲物所污壞耳。故知幾者，先
天之學也。顏子不遷不貳，豈有外於此哉？孔子贊《復》曰：「顏氏
之子其庶幾乎！」則顏子之所爲學者可知也。僕日來自信知幾之外
無學矣，然未能時時應手，則又見至之之難，未敢自望於知幾之藩
籬也。(《燕詒錄》卷五)

蒙泉講「知幾之學」以「知至至之」來說明「適得本體之常」的工夫。顏回
能夠「不遷怒」「不貳過」，即是代表。但與孔子「從心所欲」的境界相比，
顏回還有差距，因爲他畢竟仍有執著之處；難得可貴的是，顏回已經能夠做
到一旦覺察到自己的問題萌發，就即刻解決掉，恢復本體。另外，孔子也教
顏回「四勿」，遏於將萌。要做到像顏回那樣的克己，常令此心不昧，實際上
是很難的。也正是因爲難，所以要依靠流行不息的「幾」。可見「知幾」要求
良知本體立得定。蒙泉把「知幾」工夫歸向良知本體，未墮於無；而聶雙江
則重在「歸寂」，他的這種主張，倒與韓康伯注《周易・繫辭下》中涉及「知
幾」的「君子上交不諂，下交不瀆，其知幾乎」有相通之處：「形而上者況之
道，形而下者況之器。於道不冥而有求焉，未離乎諂也；於器不絕而有交焉，
未免乎瀆也。能無諂、瀆窮理者乎？」〔註13〕韓康伯之意，道冥無求則不諂，
器絕無交則不瀆，「無」諂、瀆以窮理。幾在「有無之間」，知幾之學也要在
這「有無之間」下工夫，但有境界的不同。

以「幾」爲工夫下手處，除了「知幾」之外，蒙泉還論及「誠幾」「察幾」
等重要命題。他曾作《朱子抄》與《大學衍義補摘要》，對朱子、丘濬的思想研
究頗深，也當受到不少啓發。蒙泉提出「誠幾」的概念，而最早是朱熹把「誠
意」與「幾」聯繫起來的；丘濬作《大學衍義補》，接著對「幾「的問題有所發
揮。他認爲」幾「是普遍存在的，是現象初始的萌芽狀態，與《孟子》的」四
端「聯繫起來，因此要「審幾」「知端」。〔註14〕而蒙泉則提出「察幾」的問題。
蒙泉認爲知幾則誠，此爲本體境界意義上的「誠」，但他更主要的是把「誠」作
爲一種「幾」的工夫，相當於《大學》「誠意」工夫的「誠」，非《通書》「寂然
不動」的「誠」，也不同於聶雙江的由「誠而求幾」。蒙泉有言：「《易》曰『不
遠復，以修身也』。夫『復』之爲言『誠於幾』也，而曰修身者，微之顯，誠之

〔註13〕上海古籍出版社：《十三經注疏・周易正義》，第88頁。
〔註14〕鄭朝波：《丘濬哲學思想辨析》，《海南師範大學學報》，2008 年第 4 期，第 149
頁。

不可掩也。……非這幾上立誠，何處致力？」(《燕詒錄》卷三)《大學》講「誠意」，蒙泉主張反諸吾心而求之幾，實際上已經提出「誠幾」的新命題。

知幾是養心、立心之要，其間也須「察幾」。蒙泉指出，心體虛靈明覺，有不容昧之幾，須致察幾於有無之間；若不察幾，則妄念暗長。生妄念，是心不正，即是欲，故而寡欲可以養知、察幾，反過來說，不能察幾也無法寡欲。「察幾」有很多應用之處，如分辨義利，從「所喻」與「所為」之間來考察「幾」。《論語》中孔子有云「君子喻於義，小人喻於利」。蒙泉指出，不僅要看「所喻」是義還是利，還必須考察其「所為者何如」。有些人似乎展現出「喻於義」的跡象，但其實質所為又是利。義、利之別在毫釐之間，其「幾」甚微，只有依靠此心的良知良能去分辨兩者。對義利之間微小的「幾」的覺察，達到順其良知本體，有所不為，有所不欲，所行都「慊於心」，這才能算有「喻義」之實。察幾的前提是「有」幾可察，所以這裡的「幾」又處於感性層，在「有無之間」偏「有」。綜上所述，可知蒙泉所論之「幾」並不局限於「有無之間」中的「無」或「有」的某一方，因為他所強調的是「幾」的流行不息與不可磨滅，即工夫即本體。

陽明弟子對良知學各有承傳，其發展路向或有差異。總體上看，孫蒙泉較為準確地把握住了王陽明學說的本旨，他的「幾」學思想頗具個人特色。陽明在答人問《中庸》中的「至誠之道，可以前知」時說：「聖人只是知幾，遇變而通耳。良知無前後，只知得見在的幾，便是一了百了。若有個前知的心，就是私心，就有趨避利害的意。」〔註15〕可見陽明所講的「知幾」注重「良知見在」，這「見在的幾」沒有先後，蒙泉對此是完全認同的，因為他有詩句「幾非先後元旋吉，復在微芒祇最初」。然而陽明的另一位重要弟子錢德洪似乎並不這樣看，他指出陽明講致知格物之旨，須學者反躬切實修養實踐，如此「則體悟日精，幾迎於言前，神發於言外，感遇之誠也」〔註16〕其中所言「幾迎於言前」，下一「迎」字，則意味著有所待，即有先後了，此非陽明本旨。

陽明另一弟子陳明水也以「幾」言良知，並且認為：「幾」是至善的良知本體；「幾」是意念將起時；「幾」亦靜亦動，動靜合一。〔註17〕相比較而言，蒙泉把「幾」放在「心體」層面，突出流行不息與不可磨滅的特點，在「幾」

〔註15〕 (明)王陽明撰，吳光等編校：《王陽明全集》，上海古籍出版社，2011年，
　　　　 第124頁。
〔註16〕 (明)王陽明撰，吳光等編校：《王陽明全集》，第143頁。
〔註17〕 潘攀：《陳明水良知說研究》，湖南師範大學博士論文，2014年，第73頁

的工夫論方面闡發詳實，特別是還提出「真幾」的概念，有力地推進了陽明良知學。從實質內容上看，王龍溪的「一念之微」工夫與蒙泉「幾」學思想較多相通之處。孫蒙泉說的「幾」，相當於王龍溪講的作為「正念與本念」的一念之微。彭國翔先生指出：「只有在正念與本念的意義上，在作為『幾』的一念之微上用功，才可以說相當於先天正心工夫，但如果念是作為邪念與欲念時，一念之微的工夫便顯然不再是心體立根的先天工夫，」而是「對後天經驗意識加以澄清對治的後天誠意工夫」。〔註18〕這個「後天誠意工夫」，在蒙泉這裡即「誠幾」工夫，由此可見蒙泉構建出來的「幾」學思想比王龍溪更為徹底。王龍溪的一念之微工夫並沒有突破陽明的良知框架，而蒙泉提出「真幾」，以良知為太極，真幾為無極，把良知學納入到了他的「幾」學思想體系。

　　承繼其師陽明所言「不知其幾，易道大亂」的論斷，蒙泉從《周易》諸卦以及孔子贊《易》內容中得到啓發。例如，前文提到的蒙泉以《周易》中《復卦》《剝卦》來說明「幾」不可磨滅的特點。此外，《周易・乾卦》的《文言》中提出「知至至之，可與言幾也」，蒙泉緊緊抓住其中的「知至至之」著力發揮，進一步展開了對「幾」的探討。他指出，幾雖是心體虛靈明覺之微，但能「毫釐畢照」，這是「知至」；「知至」還不夠，一定要達到「至之」，才能「與幾」。蒙泉創造性地用出自《周易》的「知至至之」來講「幾」對心體的呈露與復歸，並且以此對「知行合一」的命題也作出獨到闡發。

　　從良知到幾，再到「真幾」，蒙泉逐漸完成了對良知說的一次超越。良知有時可能被拘束、遮蔽，但「幾」不可能被完全隱藏得住。因為「幾」是「萌動」的，儘管微小，但是萌動不已。蒙泉論「幾」與「真幾」的關係，融合了周敦頤「無極而太極」思想，提出：真幾是無極，良知是太極。他的《天真精舍和師良知詩四首》前兩首有言：「一念惺惺穆穆時，本無善惡可教知。流行萬有惟些子，無極真幾更屬誰？」「無極真幾更屬誰？由來太極是良知。空中感應原無體，才著良知便有為。」（《燕詒錄》卷九）良知對「幾」萌動的感應就產生出「意」，意之動則有善有惡。《通書》中提出「誠無為，幾善惡」。與孫蒙泉相同生年（1504）的羅念庵認為「幾」能分辨善惡，非幾即惡。蒙泉則提出由幾到真幾，即是為善去惡：「幾者性之靈、人之生，道無時不然者也。此幾一昧而人欲始橫流矣。故幾者，吉之先見，此是性靈呈露，從此愼之，寧復有惡？惡是乘其幾之昧，非真幾之所本有也。以其始動之微，亦

〔註18〕彭國翔：《明儒王龍溪的一念工夫論》，《孔子研究》2002年第4期，第65頁。

曰幾耳。」接著又云：「虛靈知覺根於性生，雖極昏蔽，未嘗泯滅得盡。即此不泯滅之幾，自能知善之當爲與惡之當去，朱子所謂『介然有覺』者是也。」（《燕詒錄》卷一）這與劉宗周「幾本善」思想基本一致，且蒙泉引朱子答林安卿問所言，把不泯滅之幾稱爲「介然有覺」者，既汲取朱子思想，又有所發揮。他在《復董翰史》信中再次提到「介然」以及「介頭」：「常誦吾心之靈皎如日月之訓，則天理人欲未嘗不介然，而其從違頓異者，殆自欺自昧耳。即欲自欺自昧，而卒不可得，此天命之眞，人心之不可泯，而孟之所爲性善者也。從此介頭立定，始頻復而敦復，而不遠復。」（《燕詒錄》卷十二）蒙泉突出「幾」的「介然有覺」「善惡介頭」，在工夫論上打通了顏回的「知幾」和孟子的「必有事焉」。如果說陽明「四句教」中，王龍溪重在「有善有惡意之動」的「一念之微」工夫，蒙泉則在「知善知惡是良知」的「善惡介頭」上講有關「幾」工夫，並且最終上升到本體論的層面，蒙泉的「幾」之工夫論也更爲細緻，包括知幾、誠幾、察幾，等等。

朱子講「獨知」，乃喜怒哀樂之「未發」與「已發」之間，欲動未動、欲發未發之間，分判善惡最初環節的「幾」。陳立勝先生指出：「『獨知『自朱子始，成爲一個重要的修身學範疇。……後來王陽明標舉『此獨知處便是誠的萌芽』，是誠身立命的工夫所在，正可以說是承繼朱子『獨知』之路線而水到渠成之結果。」〔註19〕大體上看，蒙泉「幾」論的主要內容也是順承朱子、陽明所論「獨知」的路向，並在明儒前後對「幾」的討論中貢獻了獨到見解。例如，劉宗周（1578～1645）認爲「先儒解幾善惡多誤」，他講的「幾「是心之所存，幾本善，又言幾爲意，則意必爲善而惡惡。這與蒙泉的「誠幾」說是一致的。另外，蒙泉以「良知之幾爲太極」的思想，也與方以智不約而同。劉元青先生介紹，方以智（1611～1671）中晚年談到「貫幾」，「就是道德意義上的天道，或曰心與性，亦即王陽明的『良知』……方以智以幾爲『穆不已』之體，雖不合《易傳》『動之微』之義，亦非順取雙江的寂體之義。」但從內涵上來說，這種具有主宰與創生意義的「幾」與「太極」同質而異名。〔註20〕總而言之，蒙泉「幾」論在儒學發展史上有其理論價值，特別是對良知學的推進，貢獻不小，應當在陽明學中佔據重要的一席之地。

〔註19〕陳立勝：《作爲修身學範疇內的「獨知」概念之形成——朱子慎獨工夫新論》，
　　　　《復旦學報》，2016 年第 4 期，第 79 頁。
〔註20〕劉元青：《方以智易學思想研究》，《周易研究》2010 年第 5 期，第 78 頁。

第三節　論顏回知幾工夫

　　王陽明曾提出「顏子沒而聖人之學亡」的論斷，成爲學史一大謎案。以此問題爲中心，吳震先生撰文指出：「顏子雖已『見道之全』，但又恍若『未見』，而『未見』才是『眞見』，即意味著顏子對聖人之道或聖人之學已有了深切的體悟，只是無法用語言表述出來。」〔註 21〕陽明認定顏子爲「聖學正派」，因爲他還能在「心地上用功」，具體表現爲「不遷怒、不貳過」，以及「有不善未嘗不知，知之未嘗復行」。陽明弟子王龍溪承接師說，對顏子之學也多有論述，包括以「才動即覺，才覺即化」來詮釋顏子「未嘗不知」「未嘗復行」的確切涵義，等等。孫蒙泉則明確提出，顏子之學就是「知幾之學」，關於其師陽明「顏子沒而聖人之學亡」的觀點，他也作出了一種新解。

　　聖人之學，或稱「聖人之道」，陽明已經論定：顏子是已經能夠「見聖道之全」的。蒙泉接續師論，進一步肯定顏子是「眞見道」之人，而且認爲顏子見道的表現有二：欲罷不能、末由也已。〔註 22〕反過來看，如果沒有如顏子那樣有「欲罷不能」的狀態，終究是未能見道。見道者如同飲食者知味，必會嗜之不厭。蒙泉有言：「觀顏子領博約之教，循循然由之而入，便欲罷不能，既竭吾才，豈能半途而廢哉？又曰：『雖欲從之，末由也已。』夫卓爾之後，猶矗矗然日以無從而不自足，非眞見道之無窮盡、無方體，不若爾也。其望道未見之心歟？」（《燕詒錄》卷二）因爲眞正的有志於聖人之道者會「朝聞夕死」，何況是已經「見道」之人，道不可須臾離，且道無窮盡，因此見道者如顏子，必定處於一種欲罷不能的狀態。與此同時，如陽明所言「道無方體，不可執著」，就還會出現顏子所歎「雖欲從之，末由也已」的情況。可見，蒙泉是從見道以後表現如何的角度，論證其師陽明對顏子乃「眞見道」的判斷。在陽明這一判斷已經確定無疑的情況下，蒙泉還要反推展開、證明，其論述重心應該說已經不在是否「見道」，而在於強調是否處於「欲罷不能」「末由也已」的工夫狀態。顏回正是因爲已經處於這樣的狀態，所以難以語人。關於「道體不可言」，吳震先生指出：「良知心體的呈現過程必是即用見體的過程，故道體存在也必然即其『用』才能顯其『體』，而此一過程是自修自悟

〔註21〕吳震著：《陽明後學研究》（增訂本），上海人民出版社 2016 年版，第 467 頁。

〔註22〕《論語•子罕》：「顏淵喟然歎曰：『仰之彌高，鑽之彌堅；瞻之在前，忽焉在後。夫子循循然善誘人，博我以文，約我以禮。欲罷不能，既竭吾才，如有所立卓爾。雖欲從之，末由也已。』」參看楊伯峻譯注：《論語譯注》，中華書局，2004 年，第 90 頁。

之過程，而非依靠語言、借助知識所能實現的。」〔註23〕如此看來，蒙泉從工夫上的「心態表現」來解釋顏子的「眞見道」，這是一個新穎而務實的視角。

從「心學道統」的線索上看，顏子「克己復禮」承接孔子「仁道」，爲「心學之源」的一脈相傳。孟子認爲顏子與禹、稷同道。陸象山提出「聖人之學」即心學，堯、舜、禹所授受的「人心惟危，道心惟微，惟精惟一，允執厥中」四句乃「心學之源」。蒙泉則明確地講：「隱居以求志，行義以達道，非有二也。志者，志此道；達者，達此道。窮達雖異，遇也，而道本致一，性無二也……舜惟精惟一，顏淵克己復禮，其道可知也。」（《燕詒錄》卷三）蒙泉何以將顏回「克己復禮」與舜「惟精惟一」相提並論，且爲同「道」？顯然，此道即「聖人之道」。考察「克己復禮」的出處，可知來自《論語》中顏迴向孔子「問仁」；在提出「心學之源」時陸象山又言「道心精一之謂仁」。綜合起來可知蒙泉語中深意：孔子「仁」道之學由顏回得其傳。

顏子之學，即「知幾」之學。作爲陽明良知學的重要傳人，孫蒙泉最爲突出的理論貢獻是發展出獨特的「良知幾學」思想，他常常以顏回爲例，闡釋其內涵豐富的「幾學」思想。眾所周知，顏回在孔門中地位特殊，「孔門四科十哲」中以「德行」居首。顏回因「有不善未嘗不知，知之未嘗復行」，合乎《易經》中「復卦」的「初九」爻辭「不遠復」，孔子給予「顏氏之子其殆庶幾乎」的評價，〔註24〕泉據此認爲，顏回獨得孔子「知幾」之許，把顏子之學確定爲「知幾之學」。顏回能做到「不遠復」中的「復」，是因爲他常「知」，此「知」即「有不善未嘗不知」的「知」，也就是「知之未嘗復行」的「知」，實質上具有「良知」之意。蒙泉指出：「學如顏子而曰有不善，此不善何從生？要之，氣稟習染，猶有渣滓未渾化在，雖齋默如愚，自不能無發露處，惟常知，故即復，然已不可謂之無失，但不遠耳。」（《燕詒錄》卷二）陽明講「妄心亦照」，顏回有不善，因有「妄心」，但其心體之明（即良知）仍可「照」見此妄，是爲「有不善未嘗不知」；顏子知有不善，不遠即能復得本體，於是「知之未嘗復行也」。

孔子稱讚顏回「其殆庶幾乎」，蒙泉從「幾」學的角度解讀爲：「顏子之學不遠復，直於幾上有無之間已靜定矣，無有閒思雜念。」（《燕詒錄》卷二）

〔註23〕吳震著：《陽明後學研究》，第 466 頁。

〔註24〕《周易・繫辭下》：「子曰：『顏氏之子，其殆庶幾乎？有不善未嘗不知，知之未嘗復行也。易曰：『不遠復，無祇悔，元吉。』」參看上海古籍出版社：《十三經注疏・周易正義》，上海古籍出版社，1997 年，卷八，第 88 頁。

此亦所謂顏回「心齋」與「坐忘」之義。「幾」如周敦頤所言在「動而未形，有無之間」，蒙泉講顏子「不遠復」是在「幾上有無之間已靜定」，即「有」不善則未嘗不「知」，就此「知」而「未嘗復行」（無），是爲「有無之間」的靜定於心。察幾於「有無之間」，是能夠得之於心的辦法。又如顏回的「不改其樂」，蒙泉引陳白沙「得其心，則樂不遠」以及王陽明「樂者心之本體」之說，將「樂」追索到「得其心」與「心之本體」，但又不止於「心」，他還從「動靜有無之間」的「幾」上作出闡發，認爲要做到「得其心」，必須察「幾」而致精之，這才會使得行無不慊於心，於是快足良知本體，是亦爲「孔顏之樂」。

以《周易》「復卦」以及《繫辭上》《繫辭下》中孔子贊《易》的內容爲主，結合《大學》「格物、致知、誠意、正心」與「止於至善」等命題，蒙泉以顏回爲例，對其「知幾之學」進行了較爲詳盡的闡發。他在《復沖宇顏督學》中說：

> 竊觀世情在人者不可必，抑吾所以待之，察於毫釐，幾不容昧。苟聲色於人己之較，牽己而從之，殆非所與於幾者也。《易》曰幾者「吉之先見」，即正時識取意耳；又曰「知至至之，可與幾也」，「知至」云者，本其體之常也。「至之」云者，言其功之適得吾體也。適得吾體，則心也意與物也渾然一於至善而無時不吉矣，亦即是先見之體不爲物所污壞耳，故知幾者，先天之學也。顏子「不遷」、「不貳」，豈有外於此哉？孔子贊《復》曰「顏氏之子，其庶幾乎」，則顏子之所爲學者可知也。僕日來自信知幾之外無學矣，然未能時時應手，則又見「至之」之難，未敢自望於知幾之藩籬也！（《燕詒錄》卷五）

「幾」有兩個重要特點，一者細微，故須「察於毫釐」；二者不容掩昧，必有先見，即《周易》所謂「吉之先見」者。何爲「與幾」呢？在於「知至至之」。蒙泉從本體與工夫上加以說明，所謂「知至至之」實際上就是「工夫合本體」，即復得良知本體。但這「至之」的工夫是很難做到的，像顏回那樣能夠「不遷怒」、「不貳過」，可謂「與幾」了。這「知幾」，是先天之學，蒙泉甚爲推崇，還提出「知幾之外無學」的論斷。

王龍溪也認爲顏子「不遠復」是「先天之學」，但他著重以「最初一念」的「才動即覺，才覺即化」來解釋：「顏子不失此最初一念，不遠而復，才動

即覺，才覺即化，故曰『顏子其庶幾乎』，學之的也。」〔註25〕大致上看，王龍溪講的「一念自反，即得本心」、「一念靈明」，與孫蒙泉的「知幾」、「幾不容昧」極為相似，義理也多有相通之處。若細加分別，蒙泉認為「知幾」是先天之學，此「幾」為良知萌動處，是在良知本體的意義上論「幾」；而龍溪認為「正心」是先天之學，他講的「才動即覺，才覺即化」是要落實到「心」體上的。良知與心的關係，蒙泉明確講過，心的本體是良知。因此，蒙泉知「幾」學比龍溪的一「念」工夫，其實更為深刻。

顏子之學為「知幾之學」，其具體表現包括「不遷怒、不貳過」，因此有「好學」之譽。蒙泉指出：「怒者易發而難制，過者易留而難化。顏子之心，虛靈不昧，未嘗不知，故於欲動未形、有無之間，已知而不復行矣。雖未嘗無怒，不至於怒之形，而遷動其心；雖未能無過，不至於過之形，而有貳其心。」（《燕詒錄》卷二）如周子所言，幾的特點是「動而未形、有無之間」，蒙泉結合孔子講顏回的「未嘗不知」「未嘗復行」來分析其「不遷怒」與「不貳過」：因為顏子的知「幾」，所以他總是能夠在怒的「動而未形」之際，覺知到此，此一覺知後「未嘗復行」，是為「不遷怒」。顏回的「不貳過」，與此類似。可見顏子之學關鍵在其「知」，此「知」接連著「未嘗不知」與「知之未嘗復行」。蒙泉的特殊理論貢獻在於發掘此「知」的發用對象、著力之處：動而未形、有無之間的幾。當然，此「幾」也正是「良知萌動處」，所謂「知幾」，還是屬於「工夫合本體」之路數。

知幾之學源自《周易》，蒙泉還以其中的「復卦」與「剝卦」，以及「道心惟微」之說，來說明顏回為學的「不遷怒、不貳過」是「止於一」，即「常定於道心」：「一者，道心之常；止者，常定於一。不遷、不貳，是止於一也。觀《復》之陽生，不俟於《剝》盡，則知顏之所以為學矣。」（《燕詒錄》卷二）可知蒙泉之意：顏回因為「常定於道心之常」，所以能夠做到「不遷怒、不貳過」。他又從《周易》卦象中尋求佐證。《周易》中的復卦只有「初九」一個陽爻，其爻辭言「不遠復，無祗悔，元吉」，《象傳》曰：「不遠之復，以修身也。」《周易》剝卦也只有「上九」一個陽爻，其爻辭言「碩果不食」，顏回不俟於《剝》盡，應還是就陽爻而言。考察卦象中陽爻與陰爻的相配，《周易》復卦、剝卦都是「五陰一陽」，陽少而微。前引蒙泉言「一者，道心之常」，

〔註25〕吳震編校：《王畿集》卷五《南雍諸友雞鳴憑虛閣會語》，鳳凰出版社2007年版，第112頁。

且道心惟「微」。因此可知蒙泉之所以引述《周易》中「復卦」與「剝卦」，應是看到了這兩卦中各有唯一陽爻，且不可謂不「微」，此「微」可與「道心惟微」之「微」相聯起來。《周易》復卦「初九」陽爻儘管是「微」，但是其辭爲「不遠復」，所謂「一陽來復」又能生生不息；《周易》剝卦「上九」陽爻亦「微」，但若不侯於盡，尚可存之養之。同時，「微」又是「道心」之象，故「定於道心之常」，於「微」處工夫得力，即可如顏回那樣不遷怒，亦不貳過。這個「微」，其實也就是蒙泉所重點講的「幾」之微。儘管「幾」是細「微」的，但它是天命之眞、人心之不可泯者。即便是常人，只要在此「幾」上立定修身，便可由《復卦》中的「頻復，厲，无咎」（六三爻）而「敦復，無悔」（六五爻），直到顏子的「不遠復，無祇悔，元吉」（初九爻），這是聖學進階之路，因此有志者當學顏子。

　　孫蒙泉與王龍溪都認同顏子在「本體」上已經有所成就，故而孔子教他克己復禮的條目。《論語・顏淵篇》記載：「顏淵問仁。子曰：『克己復禮爲仁。一日克己復禮，天下歸仁焉。爲仁由己，而由人乎哉？』顏淵曰：『請問其目。』子曰：『非禮勿視，非禮勿聽，非禮勿言，非禮勿動。』顏淵曰：『回雖不敏，請事斯語矣。』」〔註26〕克己復禮的條目「四勿」中提出表示禁止之義的「勿」字，就是要將視、聽、言、動等活動的「非禮」之處遏於將萌，這對「本體」之工夫程度有所要求。同樣是弟子「問仁」，因爲顏回的良知本體立得定，所以孔子只告訴他克己復禮的「四勿」，而對於資質學問較差的冉雍（仲弓），孔子的回答卻較爲繁多，可謂從存主說到流行，又讓他以人情自驗：「出門如見大賓，使民如承大祭。己所不欲，勿施於人。在邦無怨，在家無怨。」〔註27〕冉雍是算不上「知幾」的，因爲他對「幾」的察識不如顏回之精，其根源又在能否於良知本體的上用功得力。王龍溪也認爲：「顏子已見本體，故直示以用功之目；仲弓於本體尚有未徹，故先示以敬恕之功。」〔註28〕因爲同爲陽明弟子，他們繼承其師之說顏子「見道之全」，所以王龍溪、孫蒙泉在「本體」問題上對顏回的意見一致，而且蒙泉非常明確地指出此本體爲「良知本體」。

〔註26〕楊伯峻譯注：《論語譯注》，中華書局，2004年，第123頁。

〔註27〕楊伯峻譯注：《論語譯注》，第123頁。

〔註28〕吳震編校：《王畿集》卷五《與陽和張子問答》，鳳凰出版社，2007年版，第124頁。

但在顏子之學的工夫論方面，孫蒙泉與王龍溪出現意見分歧。蒙泉強調，孔子教育學生要「在實地用功」，也正是在此意義上，見出顏回的資質聰穎靈敏，擔得起「四勿」的「勿」字，所以孔子贊許「回也，其心三月不違仁」，孔門弟子中除顏回外「其餘則日月至焉而已矣」。（《論語·雍也》）如果採用《周易》「復卦」不同爻辭作比，顏回是「不遠復，無祇悔，元吉」，而其餘孔門弟子僅爲「頻復，厲，无咎」罷了。顏回無疑也是「在實地用功」的，顏子之學，學即是事，事即是學，因此孫蒙泉在《與友人書》中，對王龍溪「以空爲大法」的觀點提出明確批評：

> 答書「屢空之學變動不居，周流六虛，無方員之規矩，而天下之方員從此而出，此入聖之微機，無典要之大法」云。此本夫子稱顏子之忘貧耳，非其心忘乎貧則其空不屢，至於屢即見其學之所至，恐非以空爲學也，與「簞食瓢飲，不改其樂」意同。大抵聖門之教在實地上用功，事即是學，學即是事。子貢一生在貧富上學去驕諂，而夫子以樂與好禮進之，樂而好禮，空乎？不空乎？此格致誠正之實事。今以空爲大法，學者從何捉摸？是佛家之說偈語，非夫子之爲教也。龜山亦嘗如此論，豈玄談弄精魄，高明者之所易染乎？（《燕詒錄》卷四《與友人書》）

所謂「屢空」，出自《論語·先進》中記載孔子所言：「回也其庶乎，屢空。賜不受命，而貨殖焉，億則屢中。」蒙泉認爲孔子說顏回「屢空」的用意在於稱讚他的「忘」貧，此「忘」乃其心其學所達到的境界，學得其心，不僅可「忘」貧，還可「貧而樂」，即顏回的「簞食瓢飲，不改其樂」之意。「忘」與「空」有著很大的不同，儒、佛之辨也正在此等處。

「忘」是聖人之學（心學）的極高修爲，故而顏回有「坐忘」之典故。《莊子·大宗師》中記載顏回在忘仁義、忘禮樂之後，更進一步地達到「坐忘」境界，在對答孔子「何謂坐忘」的問題時，顏回曰：「墮肢體，黜聰明，離形去知，同於大通，此謂坐忘。」〔註29〕蒙泉認爲顏子之所以能做到「坐忘」，是因爲只有他存養到了完復心體，不再有閒思雜慮，而忘掉了個人的肢體、聰明，同於大通。孔子言「同則無好」「化則無常」，此「無好」「無常」也是「忘」之意。顏子肯在實處下工夫，所以比常人境界高得多，就此「忘」而言，蒙泉講：「凡人之心，終日茫茫蕩蕩，奔馳無定，殆不自知；纔一檢點，

〔註29〕孫通海譯注：《莊子》，中華書局，2007年，第141～142頁。

則平生放心，如聲色貨利等念頭，滅東生西，紛然不可收拾，先儒比之破屋禦寇，何等勞擾繫累，安能忘？故非百倍其功，存養到心體完復時，未有能忘者也。」（《燕詒錄》卷二）值得注意的是，《莊子》中顏回之坐「忘」，與《孟子》「勿忘勿助長」之「忘」，一就心體境界而言，一就修心工夫而論，兩者相互區別。

在心地上用功，此「心」析而言之，有道心、人心之辨。「道心惟微，人心惟危」，顏回於「道心」方面，能常存而不放，故「有不善未嘗不知」；「人心」方面，他又不隱匿己心之惡，所以「知之未嘗復行」。顏回竭才於博約之教，拳拳服膺而勿失，因爲心地上用功得力，所以他的心體是純全的。然而，蒙泉認爲，儘管顏回在孔門弟子中是佼佼者，但是他畢竟還是比不上孔子，因爲他還是會有「不善」之處呈露出來，所謂「動之不以禮，未善也」。孔子則能夠「從心所欲不逾矩」，無所執著，且無不善，境界要更高。心學境界上，孔子遠遠勝過顏回的緣由，蒙泉解釋爲：

> 夫子純而不已，其出之於心，雖至賾而不可詰，實未嘗謀之於心，而亦未嘗有違於心，雖夫子亦不自知之矣。「惟天之命，於穆不已」，夫子即天也。若顏子之「不遠復」，要之，相去遠甚。惟渣滓有未盡，故猶俟於守其「末由」之歎。亦惟顏子自知之，而非夫人之所能與知也。（《燕詒錄》卷二）

孔子「七十而從心所欲不逾矩」（《論語·爲政》），這是夫子一生修身的最高境界。蒙泉對此解釋爲「實未嘗謀之於心，而亦未嘗有違於心，雖夫子亦不自知之」，可知，蒙泉認爲孔子的「從心所欲」既「實未嘗謀之於心」，又「亦不自知之」，夫子之「心」超越了思慮之「謀」，且達到「不自知之」的「忘」；此外，孔子的「不逾矩」，即「亦未嘗有違於心」，可謂「心即理」。無欲其所不欲，無爲其所不爲，心體純而不已，達到「天」的境界。蒙泉感歎「夫子即天也」，尊崇孔子到了極致。相較孔子而言，顏回尚「渣滓有未盡」，跟「純乎天」的差距還很遠，於是只能發出「雖欲從之，末由也已」的感歎。

關於陽明的「顏子沒而聖學不傳」命題，王龍溪認爲，顏回在「見道」之時與「悟道」之後的表現有所不同，悟道後的狀態是「無虛無實，無階級可循，無途轍可守」，只能「默而識之」了。曾子與孟子雖然對聖學宗旨有所得，但也只在顏子悟道之前「可循可守」的「從之」階段，且未必「眞見道」，因此除了顏回，再沒人能夠發聖人之道的精蘊了，在此意義上可謂「聖學不傳」：

　　顏子「竭才」於「善誘」之教，洞見道體活潑之機，而難以開
口，姑以一言發之，謂之「如有」則非實也，謂之「卓爾」則非虛
也。「仰」「鑽」「瞻」「忽」，猶有「從之」之心；既悟之後，無虛無
實，無階級可循，無途轍可守，惟在「默識」，故曰「雖欲從之，末
由也已」，此真見也。曾子、孟子雖得其宗，猶爲可循可守之學，與
顏子所悟，微涉有跡，聖人精蘊，惟顏子能發之。觀夫「喪予」之
慟，其所致意者深矣，謂之「聖學亡」，未爲過也。〔註30〕

至於「聖人精蘊」的具體內容，尚未見王龍溪深入展開論說。孫蒙泉則以「致
知」（即致良知）爲先天之學，緊緊圍繞顏子知幾之學「不遠復」的特點，理
清從孔子、顏子、聖門群弟子，以及常人等工夫所達到的不同境界，對「顏
子死而聖學不傳」的命題解讀得非常細緻，他在《七書南屏丈八旬》中講：

　　致知之訣，信得是先天之學，是知也，天聰明也，不著聲臭，
不落方所，其爲心，其爲意，其爲物，隨所指而異名，皆此也。故
致其知而物格，而意誠，而心正，無餘事矣。若謂致知之外，又有
格與誠、正未了也，是未嘗實致其知，而不知良知之所以至也。孔
子贊《易》曰：「知幾其神乎！」《復》之「不遠復」，曰：「顏氏之
子，其殆庶幾乎！」顏子之學，復於未形有無之間，故無聲臭、無
方所，常吉而無失於凶，但未能無意耳。下此則發而後禁，故曰「顏
子死而聖學不傳」。夫「頻復」非不是學，然不至於「迷復」者鮮矣。
復者，復於無聲臭之體也，有一毫不自快足，非復也，猶迷也。《易》
曰「知至至之，可與幾也」，故必「至之」而後可以言幾。幾豈易知
哉？故「日月至焉」者，視顏子之不遠復，雖異而其至則同，均之
爲言復也，幾之無不透也。故聖門群弟子亦未可易而及。今日致知
之學，恐是視之大易，故多不得力。（《燕詒錄》卷五）

陽明「致知之訣」，其「知」蒙泉以之爲「天聰明」，具有無聲臭、無方所的特點，
此知（即良知）「主於身」則爲「心」，良知之感爲「意」，良知之著爲「物」，因
而只要做到了「致良知」，也必然物格、意誠而心正。由「致良知」發展到「知
幾」，一方面是因爲陽明有言良知「萌動處就是幾」，良知與「幾」有直接關係，
在良知萌動處用功，此時「致良知」即爲「知幾」，可見知幾是致良知的深入推

〔註30〕吳震編校：《王畿集》卷十六《別言贈梅純甫》，鳳凰出版社 2007 年版，第 452
　　　　頁。

進；另一方面，由於「幾」處於「動而未形、有無之間」，所以良「知」本體無聲臭、無方所。講良知之幾，實際上是把良知本體的「妙用流行」與致良知工夫的著力處（幾）融合起來，而顏子的「不遠復」，正是「工夫合本體」。顏子「有不善未嘗不知」，但畢竟還是出現了「不善」，蒙泉講他這是「未能無意」，遠不如孔子「隨心所欲不踰矩」的無有不善。因此，孔子評價顏回說「殆庶幾」（大概差不多），言下之意仍有不夠完滿、徹底之處。若用《周易》「復卦」各爻類比，以顏回的資質稟賦與好學用功，才得《復卦》「初九」爻，其辭爲「不遠復，無祇悔，元吉」，比顏回要差的孔門弟子大概只能得《復卦》「六三」爻（頻復，厲，无咎），再次之，得到《復卦》「六五」爻（敦復，無悔），實際上又很少有人能完全避免碰到《復卦》的「上六」爻，其辭爲「迷復，凶，有災眚」。

顏子既是「眞見道」而最爲接近聖人之道，但其「悟道」之後尚覺「末由也已」；就顏子已經做到的「不遠復」而言，知幾之學又是絕大多數人所不能企及的，蒙泉也「未敢自望於知幾之藩籬」！「幾學」高深莫測，蒙泉用「知至至之」展開對良知幾學的本體與工夫說明。如果說「知至」是良知本體之顯現，「至之」就是「復」其本體，復於無聲臭、無方所的本體，良知無絲毫不快足。顏子的知幾之學「不遠復」，是復於良知本體；其他孔門弟子的「頻復」「敦復」也是復於良知本體。換言之，都是致良知，都繞不開良知萌動之「幾」，也須以「知至至之」的「與幾」爲用功方法和目標，一定是在「至之」以後才可叫作「知幾」。

總之，對於陽明「顏子沒而聖學亡」論斷的解讀，王龍溪的闡釋重點在顏子「見道」「悟道」之後，因爲「道體」本身的不可言、不可循、不可守，且再無其他孔學傳人達到顏子所自修自悟的境界，所以在孔子和他去世後，「聖學」就難以爲繼。孫蒙泉繼承並發展了陽明良知學，並從《周易》中汲取思想資源，分析顏回「不遷怒、不貳過」以及「有不善未嘗不知，知之未嘗復行」、「欲罷不能」等工夫表現，從「幾學」的角度將顏子之學確定爲「知幾之學」，在此基礎上展開對「不遠復」、「知至至之」命題的全新闡發。蒙泉強調實地用功之難，大致按照聖學工夫的境界高低，把顏回排在孔子之後，其他孔門弟子、後學都不如顏回，也再無人用功得力如顏回，更不用說達到孔子「即天」之境，如此以證成其師「顏子沒而聖學亡」之論。當然，孔子並不自稱爲聖人，聖學並非在孔、顏之後就永不得興起。陽明從小就立志要學做聖人，終成「眞三不朽」，而有志於聖人之學者「必以顏子爲宗」。

第三章　王門中堅：良知學的定位

　　陽明良知學形成了一個思想體系，其內部關鍵概念、命題不斷完善與成熟，這成為探討王門弟子、後學良知學定位的背景。追問「身之主宰」而提出「心」的概念，並賦予其能主宰於身的定義。此「主宰」是一種「應然」（即人心應該能夠主宰其身）、「本然」（即人心本來可以主宰其身），而非「必然」（及人人之心一定能夠主宰其身）。在實際情況中，大多數人難以真正做到其心對身的主宰，正如成語有言「身不由己」，這便是指自身不由己心所主宰。所謂主宰的涵義，既是指對身體感官的控制，又是對這種控制的覺知。心在身之內，心發動為「意」，包括意念（認知）、意志（決心）。陽明又界定「意之所在」便是「物」，故而有「心外無物」的論斷。陽明良知學中的「物」包涵兩種狀態，一是物之「顯」，即心發動出「意」之所在；另是物之「隱」，即此心與物未及相接之前，兩者同處於「寂」（同歸於寂）。以本體、發用為分析框架，則物之「寂」更加近乎本體，而物之「顯」為「意」要求心有所發用。此「意」之本體為良知，在良知學理論體系下，有知而後有意，此知不外乎良知，因為「心自然會知」。陽明實際上逐漸明確將良知作為心之本體，從「心本體」到「良知本體」這可視為一種陸、王心學的內部發展理路，陽明弟子中的孫蒙泉不僅有關於「良知本體」這個問題的諸多論述，還在此方向上繼續推進出「真幾本體」說。

　　從良知的來源來看，其作為心之本體又可被稱之為「性」，性源於天，《中庸》所謂「天命之謂性」。所謂「心性之學」，亦走向「良知學」。天之理（天理）由性賦予到人心，在此意義上也可考察所謂「心即理」之說。陽明「心外無理」、「心外無事」、「心外無物」等論斷，既有本體、發用意義上一貫之

義，又特別強調在做工夫時須以心爲把柄、落點，有著力處。陽明有言「隨時隨地只在心上學」，他從強調心對身的主宰，說明心之發用成「意」、「物」，逐漸過渡到論述心的本體、明覺（良知），實際上是將「心學」推進到了「良知學」的深層次、新境界，此時講到做工夫，只需「致良知」三字。陽明「知行合一」說頗爲引人關注，其義解說紛紜，見仁見智。簡要而言，其一，陽明本意在於不可將知、行分作兩件事來看；其二，對知、行兩個概念的界定必須事先明晰，如在陽明良知學思想體系中，所謂「行」也包括「一念發動處即是行」之義。我們不可將知行合一中的「行」與其他各種對「行」的界定混爲一談。同時，知行合一中的「知」也有豐富的內涵，包括指本體之良知，以及見聞知識、反省覺知等等涵義。在引起大眾興趣、共鳴，以及接引學人方面，陽明良知學中的「知行合一」說、「王門四句宗旨」都有重要價值，其於良知學的傳播、應用作用很大。本章暫不作詳細論說。

第一節　良知學基本概念與命題

　　對於良知學理論體系的考察，一方面可從本體、工夫與發用三大領域加以辨析，另一方面，還可以從其基本概念（如心、良知等）與核心命題（如致良知等）進行闡明。

　　一、心是身之主宰，其本體爲良知。什麼是心？或者更具體一點說，什麼是人心？陽明先生說，心不是指心臟那一團血肉，而是指人身的主宰。我們的身體能夠視、聽、言、動、思，問題是身體爲什麼能夠做到這些？能夠讓人的身體做到視、聽、言、動、思的，或者說能夠主宰身體的，叫做「心」。哪怕是小孩子，他們也是用「心」主宰自己那個小身體的。比如小孩子會「怕生」，對陌生人心生了害怕，是怎麼也不願意靠近的。生理上，心臟確實能主宰人的身體。心臟停止運作，人就死亡。心臟還在正常運作，即是人在視、聽、言、動、思等方面有功能障礙，也不能說是死人。比如植物人，殘疾人，都還是生著的人。哲學上的「心」意義比「心臟」更爲豐富。心是身的主宰，並不意味著身一直被心所主宰。例如「心不在焉」時人會「視而不見、聽而不聞」等。如果心失去了對身的主宰能力，人就會出現各種問題。我們「心煩意亂」時會「手忙腳亂」，「心神不寧」時會「坐立不安」。當今社會，心失去對身的主宰會出現很多極端的事件。由於個人利欲所帶來的壓力，使得本

心迷失，心不能主宰身，做出害人性命的惡行來。陽明先生提出，心要主宰身，修身成家立業都要歸結到心的養成，這是很有現實意義的。常聽人說「身不由己」，其實這種情況孔子也有個說法，叫「知其不可而爲之」。這兩種說法有著本質的區別。「知其不可而爲之」，畢竟是「心知心爲」，心在面對現實之「不可」的情況下，仍然主宰著自己的「身」去做事情。

　　換一種說法，心應當是人的主宰，那麼人一生所經歷的事物與心的關係如何？關於這點曾有人以「心外無物」命題來請教陽明先生。當時他們在南鎭遊玩，一朋友指著岩石中開花的樹問：「天下無心外之物，如此花樹，在深山中自開自落，於我心亦何相關？」陽明先生回答得很妙：「你未看此花時，此花與汝心同歸於寂。你來看此花時，則此花顏色一時明白起來。便知此花不在你的心外。」其實，所謂的「無心外之物」，並不是說什麼「唯心主義」，否定事物存在的客觀性。揣摩陽明先生的意思，事物客觀「存在」的方式有兩種，一種是被人感知到了的情況，比如「你來看此花時，則此花顏色一時明白起來」。除此之外，還有一種可叫做「寂」的存在狀態，陽明先生說「你未看此花時，此花與汝心同歸於寂」。這個「寂」也是一種存在狀態，並且比「顯現」出來的那種存在狀態更爲深刻。就人而言，這個「寂」就是「喜怒哀樂未發」之「中」；就物而言，這個「寂」便是還未被人感知、經歷到的事物。良知也會有一種「寂」的存在狀態。

　　陽明先生說：「身之主宰便是心；心之所發便是意；意之本體便是知；意之所在便是物。」作爲身之主宰的心，其本體又如何追溯？或者說，我們的「心」是如何可能做到「知」的？陽明先生說過「知是心之本體，心自然會知」（《王陽明全集》第7頁），也曾講過「定」、「至善」、「天理」都是心之本體，但在更多時候，他講到「心」的本體是「性」。我們常說「天性」，「性」又來源於「天」：因爲「天命之謂性」。那麼，心的本體就追溯到了「天」。這個線索很重要，因爲通過這樣的追溯，「心」與「理」合二爲一。因爲朱子提出「理一本而萬殊」，事事物物都有自身存在的「理」，但它們又有著「一本之理」，這個「一本之理」無疑就是「天理」了。也就是說，在「天」這個層次上，「心」與「理」的本體就是一個。在「人」的層次上，人性與天理也是合一的，性就是天理。這個天理是人本性就有的，所謂「天理自在人心」。從本體發用的角度看，這便是「良知」。因此陽明先生說吾心之良知，就是天理。

　　二、良知的多重涵義。陽明心學最重要的一個概念是「良知」，這應當是

來源於《孟子》：「人之所不學而能者，其良能也；所不慮而知者，其良知也。孩提之童，無不知愛其親者。」孩童愛他們的父親母親，或者其他養育他，跟他親近的人，這是自然而然的。孩童不需要學習，也知道信任父母，見到、聽到、感到父母來了，就會去親近；同時也不需要思考，自然會知道愛戀父母。那麼孩童對父母自然的「愛」作為一種「意識」從哪裏來？王陽明指出「心之所發便是意，意之本體便是知，意之所在便是物」。也就是說，「意」從「心」來，是「心」的發動。心有愛父母，發動到父母就是「孝」。心是自然知道孝的，從這個「發動」的意義上講，心的本體就是良知。我們常說的「視而不見、聽而不聞」，也是因為心未主宰那看、那聽。用心看，用心聽，怎麼會看不見，聽不到呢。當然，如果用心看了後還是看不見，你也會知道你沒有看見。這個對「沒有看見」的「知道」也是良知。「知之為知之，不知為不知，是知也。」人之所以能夠知道自己到底是知，還是不知，也是因為有良知。也可以說，良知是需要「反求諸己」的。陽明先生在《答人問良知二首》中寫道：「良知即是獨知時，此知之外更無知。誰人不有良知在，知得良知卻是誰？知得良知卻是誰？自家痛癢自家知。若將痛癢從人問，痛癢何須更問為？」關於「良知之外，別無知矣」，有人可能會有疑問，難道人的見聞不是「知」嗎？對這個問題，陽明先生說：「良知不由見聞而有，而見聞莫非良知之用，故良知不滯於見聞，而亦不離於見聞。」可見陽明先生強調的是「良知」的根本性作用，人們應該要警惕「舍本逐末」。

其實「良知」與「性」作為心的本體，同是一個東西。什麼叫良知？「不慮而知」的就是「良知」；什麼叫「性」？「天命之謂性」。那就是說，心的本體因為是「天命」的（性），所以才能夠「不慮而知」（良知）。關於「性」與「良知」的問題，曾有個朋友問道：「佛家以手指顯出，問曰：『眾曾見否？』眾曰：『見之。』復以手指入袖，問曰：『眾還見否？』眾曰：『不見。』佛說還未見性。此義未明。」陽明先生回答道：「手指有見有不見，而之見性常在。人之心神只在有睹有聞上馳騖，不在不睹不聞上著實用功。蓋不睹不聞是良知本體。戒慎恐懼是致良知的工夫。」這個情況有點像索緒爾談到的「所指」與「能指」。對方伸出了手指，我們能夠看到，這是「所見」；對方藏起了手指，我們暫時看不到，但還「能見」。這個「能見」就是性，就是本體；而具體「所見」不過是一時現象。陽明先生的意思大概是，人要在自己的「能見」方面多下工夫，也就是「致良知」。拿一個常用的比方來講，良知如同鏡子，

能映照萬物。我們只有讓鏡子本身明亮，才能更好照見事物。這個鏡子本身的明亮，才是如實映照萬物的重點，這是「本體」；至於用鏡子照到什麼，這是「工夫」。如果鏡子本身有問題，就不能發揮它原本的作用。例如鏡子被遮蔽了，就照不到外界真實事物，只照見被遮蔽的東西。而良知如鏡，常被私欲遮蔽。私欲遮蔽得越重，人的良知越難以顯現，因此他看不到外界真相，他所知道的只是那遮蔽了良知的私欲。

　　人有良知，這沒問題。在陽明先生看來，草木是否有良知呢？有一次，朱本思問：「人有虛靈，方有良知。若草木瓦石之類，亦有良知否？」先生回答：「人的良知，就是草木瓦石的良知。若草木瓦石無人的良知，不可以為草木瓦石矣。豈惟草木瓦石為然，天地無人的良知，亦不可為天地矣。蓋天地萬物與人原是一體，其發竅之最精處，是人心一點靈明。風、雨、露、雷、日、月、星、辰、禽、獸、草、木、山、川、土、石，與人原只一體。故五穀禽獸之類，皆可以養人；藥石之類，皆可以療疾：只為同此一氣，故能相通耳。」（《傳習錄・黃省曾錄》）陽明先生借著「良知有無」的話題，談到了人與天地萬物的關係，認為它們「原是一體」，強調良知在人與天地萬物中的重要地位。良知一直都在，因為人心在，「天理」在，世界在。陽明先生把良知比作「太陽」。他說「良知之明，萬古一日」。這當然只是個比喻，說明良知的久遠，並不是說太陽不在了，良知就沒有了。倒是「天長地久有時盡，此恨綿綿無絕期」，也許良知的存在終歸取決於「人心」的存在。通過「良知」，溝通天理與人心的關係，是陽明先生的獨創。人心的良知，就是天理的「明覺」。

　　陽明「良知」概念具有多重意義。他創「良知」說為的是整治時弊，重振儒家的道德本體：「先儒解格物為格天下之物，天下之物如何格得？且一草一木亦皆有理，今如何去格？縱格得草木來，如何反來誠得自家意？」陽明以為，向外格物的錯誤，不僅在於求窮盡不可窮的事物知識，而在於這種向外求理，已把心與理分而為二，不能把所得的知識道理真正轉化為自我內心的本來意志，就不能在根本上達到「誠意」，也就不能真正地「正心」，這就使得聖人之學的「格物致知」，不僅不能達到其精神教化的目的，反而會成為促長私欲意見的手段。而治學的關鍵和核心，都在於誠意。「《大學》之要，誠意而已。」陽明要求誠意，必須致良知，體認得心理一體，體用一源。他認為，人是天地的心，而心的本體就是良知；良知明覺的境界，就是天地人我萬物一體的統一境界，這個境界的實現，則是知行合一的「致良知」。

　　就人們日常的經驗看，說一個人有無良知，並不是指一個人有無分辨善惡判別是非的能力，而是在已知善惡是非的情況下擇取或拒絕善惡的狀態。這種意義上的良知是一種道德感情。然而，這種道德情感還只是一種原初的意向而已，一種向上的道德衝動而已，它本身尚不能提供普遍的道德法則，如果只是聽任這種感情衝動而無普遍的道德法則，那我們不過是處在主觀任性的境地之中而已。一般而言，對於處在歷史情境中的具體個人來說，道德法則或是由沿襲傳統而來，或是出自神和上帝的命令，或是像康德所認爲的那樣，理性自己爲自己訂立普遍的形式的法度，或是其他。在陽明心學中，道德法則體現爲天理。良知就是心性合一，道德情感與法則合一之體。所以，陽明「良知」的概念有諸多意義。

　　良知乃是非之心。陽明說「良知只是個是非之心，是非只是個好惡，只好惡就盡了是非，只是非就盡了萬事萬變」，「心裏自然會知，見父自然知孝，見兄自然知弟，見孺子入井自然知惻隱，此便是良知，不假外求」。這說明，「良知」是內在的，先驗的。僅從個人角度看，它也是眞實无妄的，含有道德情感的意味：「爾那一點良知，是爾自家底準則。爾意念著處，他是便知是，非便知非，更瞞他一些不得。」陽明又把「良知」從一種道德情感昇華爲普遍的道德法則，由個人內在地生發，又是超越個人的境界，甚至能體現於事事物物，他以「良知」這一概念統攝了個人具體的道德情感和大眾普遍的道德法則，這種理論的架構有其重要合理性，做到了主觀與客觀的統一，或者說，二者本是一體。

　　良知是化生，主宰的根本。陽明還把良知提升到天地萬物的本體，與物無對的絕對高度，超越了一切的存在，達到宇宙生成論的高度，卻類似於「道」了。「成聖」是儒士修爲的最高目標，這在理論上被認爲是可行的，而在實際中卻遙不可及。陽明則以自己的心學理論來指導儒者的德性修爲。他說：「天命之性，粹然至善，其靈昭不昧者，此其至善之發見，是乃明德之本體，即所謂良知也。」既然「良知」是德性的本體，只要「致良知」就可以期望達到「明德」了。《大學》中說：「大學之道，在明明德，在親民，在止於至善。」修身齊家治國平天下的最終走向是「明明德於天下」，只要「致良知」，就近於「良知」的本源，這無疑是振奮人心的。

　　良知還是一種呼喚。在涉及到良知分析時，陽明的良知有兩種「傾聽」，對自己的傾聽和對常人的「傾聽」，對常人的傾聽就意味著：「此在迷失在常

人的公論與閒談之中」，而對自己的傾聽則是指通過自己找到自己，傾聽自己，從而發現自己的本真的能在。良知在這裡所起的作用就在於，通過它的呼喚，打斷此在對常人的傾聽，將注意力轉回到此在自身。「良知」本來就是先驗，天賦的東西，清澈地就像一面明鏡，寂然不動，天性完美無缺。現實社會中的一些凡愚小人之所以會產生惡念，是由於他們的「良知」受到了物欲的蒙蔽，使本來具有的良知不能顯現，發生作用的結果。當然，對「良知」呼喚往往也反映出某一時代的人性淪落。

總之，陽明的「良知」從本體意義看，它是先驗的是非準則；從心之條理而言，它展示為先天的理性原則；從成聖過程看，它構成了德性的本源。良知之大，可至天地萬物，古往今來；良知之微，在己之心，一意一念。此外，良知還具有自我實現生長的功能，良知不是一勞永逸地達到某種目的，它是生生不息，沒有止境的，每一日甚至每一刻都有新的良知產生。良知需要被當下把握；良知具有可依賴性，不依賴良知就會陷入「固、我」的境界，在陽明良知具有無窮的力量，上至天理，下至心性，良知無所不知，無所不包，這一點是由良知本身所具有的自我檢查和他查功能所決定的。

三、致良知是有根本的、快樂的學問。「致良知」學說是陽明先生的獨創，之前只有《大學》一書中的「致知」說。從「致知」到「致良知」，字面上看是增加了一個「良」字，但其意義重大。陽明先生就《孟子》「良知」之說，綜合《大學》「格物致知」的講法，創造性地提出了「致良知」。也就是說，《大學》中的「格物致知」在陽明先生這裡就是「致良知」。陽明先生說：「若鄙人所謂致知格物者，致吾心之良知於事事物物也。吾心之良知，即所謂天理也。致吾心良知之天理於事事物物，則事事物物皆得其理矣。致吾心之良知者，致知也。事事物物皆得其理者，格物也。是合心與理而為一者也。」(《傳習錄·答顧東橋書》)《中庸》裏說「尊德性而道問學」，其實也是「致良知」這一件事。而後人往往誤會「尊德性而道問學」是兩件事，說陸象山是講「尊德性」，朱熹是講「道問學」，其實他們同歸於「聖人之道」。「尊德性而道問學」的本來意思就是存心、致知不分為二的。因此，陽明先生說：「吾教人致良知，在格物上用功，卻是有根本的學問。日長進一日，愈久愈覺精明。世儒教人事事物物上去尋討，卻是無根本的學問。方其壯時，雖暫能外面修飾，不見有過，老則精神衰邁，終須放倒。譬如無根之樹，移栽水邊，雖暫時鮮好，終久要憔悴。」(《全集》第 113 頁)另有一天，(陽明)先生出遊禹穴，

看到田間禾苗問：「能幾何時，又如此長了。」范兆期在傍曰：「此只是有根。學問能自植根，亦不患無長。」先生曰：「人孰無根？良知即是天植靈根，自生生不息；但著了私累，把此根戕賊蔽塞，不得發生耳。」（《傳習錄·黃修易錄》）因此，陽明先生說，致良知「是學問大頭腦，是聖人教人第一義」。先生在《寄正憲男手墨二卷》中說到他平生講學，只是致良知三字。接下來的問題是怎麼做到「致良知」。陽明先生說：「良知只是個是非之心，是非只是個好惡，只好惡就盡了是非，只是非就盡了萬事萬變。」又說：「是非兩字，是個大規矩，巧處則存乎其人。」那麼「致良知」就是致「是非之心」，就是回到「好惡」本心。舉個例子，有一次董沄來信問：「某因海寧縣丞盧珂居官廉甚而極貧，飢寒餓死，遂走拜之，贈以詩、襪，歸而胸次帖帖然，自以為得也。只此自以為得也，恐亦不宜。」先生回答：「知得自以為得之非宜，只此便是良知矣。民之秉彝也，故好是懿德。又多著一分意思不得。多著一分意思，便是私矣。」（《全集》第 221 頁）因此，致良知在「道德實踐」中，不過就是回歸「做好事讓人快樂」的本心，有公正、自知的是非觀念。

致良知當然是一件快樂的事。先生說：「良知是造化的精靈。這些精靈，生天生地，成鬼成帝，皆從此出，真是與物無對。人若復得他完完全全，無少虧欠，自不覺手舞足蹈，不知天地間更有何樂可代。」（《傳習錄·黃省曾錄》）陽明先生說的「樂」不只是表面上的「喜怒哀樂」等情緒，更重要的是「心安」。有了這個「心安」，人才能有真正的快樂。現實的問題在於，人們往往因為私欲太重，內心越來越缺乏安全感，無處不在的「良知」使得它們提心弔膽，不可能過得坦蕩蕩。追求私欲，耍小聰明往往讓人獲得身心疲憊而扭曲。如陶望齡在《重修陽明先生祠碑記》中寫道：「夫自私用智，生民之通蔽也。自私者，存乎形累；用智者，紛乎心害；此未達於良知之妙也。」當然，致良知不是一蹴而就的事情，要因人因事而落到實處。先生說：「我輩致知，只是各隨分限所及。今日良知見在如此，只隨今日所知擴充到底；明日良知又有開悟，便從明日所知擴充到底。如此方是精一工夫。與人論學，亦須隨人分限所及。如樹有這些萌芽，只把這些水去灌溉。萌芽再長，便又加水。自拱把以至合抱，灌溉之功皆是隨其分限所及。若些小萌芽，有一桶水在，盡要傾上，便浸壞他了。」（《傳習錄·黃直錄》）因此，小孩子也是可以「致良知」的，如學灑掃應對等事。

總之，我們每個人都有良知，都可以致良知，「非不能也，不為也」；良

知「非無也，不應也」。相信很多私欲作祟讓你選擇困難的時候，良知會呼喚你。這時候，可能有些人不肯答應一聲罷了。常人不能沒有私欲，但它會阻礙良知的發用，所以需要去私欲，致良知。比如良知是太陽，本身可以普照天下，顯現萬物；私欲卻像是浮雲，它遮蔽住了日光，就留下陰影，使得事物不能正常顯現。我們的良知本可以像太陽那樣照亮事物，把河流還給河流，把石頭還給石頭。有人問，讀書主要是用來修身養性，學做聖賢的；但讀書又難免要去做科舉之事，怎麼才能免除這種功利心呢？陽明先生大概這樣回答道，只要你讀書的良知真切，即使去考科舉，也不會連累這顆向賢希聖的心，可以致良知。如果被科舉連累了本心，也是可以克服的。例如，讀書時，良知知道為了應試而死記硬背是不對的，那就克服掉；知道有速成的心不對，也立即克服掉。等等。如果能這樣，你每天也就是保持天理之心，與聖賢相對，不管怎麼讀書，都只是修身養性，怎麼會覺得累？那人又說，我這種資質平庸的人，如果讀書只為追逐名利，會被名利所苦；我也想拋開名利，但父母不答應呀，似乎也不現實。陽明先生回答說，很多人都把這事歸罪到父母、家庭上，其實不過是你沒有真正的志向。如果能夠立下志向致良知，作千件事、萬件事其實都是一件事。讀書、作文本身怎麼會讓你覺得累，是那讀書、作文相關的利益得失讓你疲憊呀。於是陽明先生也感歎道：「此學不明，不知此處擔閣了幾多英雄漢！」（《全集》第 114 頁）此話對後世極有警發。

良知具有一定意義上的絕對性、個體性與普遍性。陽明詩句有言「良知即是獨知時」，而且任何「知」都不外乎良知。他強調「獨知」時的良知，點明其「個體性」，即此良知是人人都具備的，在人的「獨知」之時可以覺察到。這對於個體建立信念、信仰，以及如何修身，都具有重要意義。信良知大多需要體驗為證，由證良知到信良知、修良知，都離不開個體的覺醒。在作為「根本之知」的意義上，良知獲得了一種普遍性。如果說朱子「理一本而萬殊」之說中有一個「根本之理」，那麼陽明良知學思想體系中的良知就是「根本之知」，並且，此良知是貫通人心與天理的，故他說良知是天理之「明覺」，「吾心之良知」即所謂「天理」。陽明用良知作為其思想體系中最核心的概念，他的「萬物一體」說與良知緊密相關。陽明以人的良知（人心一點靈明）為天地萬物的根源，如果天地萬物沒有人的良知便不成其為天地萬物，此「良知之外無天地萬物」說亦可謂其先前「心外無物」說的「升級版」，也標誌著良知學本體理論的成熟。

致良知與所謂「心即理」命題的關係，須由《大學》「致知在格物」來加以說明。陽明所言「致知格物」即「致良知」，也就是「致吾心之良知於事事物物」，而吾「心」之良知即天理，致天「理」於事事物物，則事事物物皆得其「理」，這樣看來便是「心」與「理」（包括天理、事事物物之理）合而為一。陽明致良知，是在「格物」上用功，此乃有根本的學問。所謂「在事上磨練」，越磨煉，良知越澄明，具體可表現為是是非非、好善惡惡，以及心安之樂。當然，致良知也要「隨分限所及」，要克制私欲，不以功利之心連累向聖希賢之志，千萬件事都可以歸結到致良知這一件事上。總之，良知學思想可注意從良知的概念定義、本體確立、致良知工夫等方面進行考察。陽明後學中，或有偏重本體的，或著重工夫，又或主張體用一源，等等。以本體、工夫、發用的分析框架，可對陽明弟子思想做一整體上的良知學定位，也將有助於我們對孫蒙泉的良知學進行深入研討。

第二節　蒙泉與龍溪論學

《燕詒錄》卷四中收錄蒙泉的《與友人論學》，其「友人」所指，我們通過對引文的來源考證，發現蒙泉這裡的所謂「友人」，實為王龍溪。作此文時，蒙泉與龍溪相交四十餘年，而龍溪年前送來他的《答友人論學》的刊本，蒙泉在披閱之後，一方面肯定其中多有發前人所未發之處，另一方面，他也提出一些不同意見。

一、自慊：見本體與實工夫。王龍溪主張「良知虛寂」，這是就本體而言。吳震先生指出，王龍溪常用「虛寂」一詞，強調良知「本虛」、性體「虛寂」等觀點，「因良知本體具有既『虛』且『無』之特質，故其存在既不同於一事一物，同時又能在萬事萬物之中『發用流行』。應當說，龍溪所言『良知本虛本寂』的觀點便是自陽明『良知之虛』的觀點繼承而來。」〔註1〕然而，這個良知本體怎樣才能見到、體認呢？蒙泉實際上不同意龍溪把「見本體」說得太輕易，他認為本體工夫（見本體）是很難的，要分不同稟賦的人，要分不同情況，採取不同的工夫路徑，大致有本體即工夫、工夫合本體這兩種路子。從格物致知的角度，他還提出「良知自慊」的說法，這相對於龍溪的「真見本體」，要更為切實可依。

〔註1〕吳震：《陽明後學研究》，第73頁。

蒙泉對於龍溪所言「眞見本體」的境界，做了非常細緻的「本體工夫」角度的分析，他主要區分了兩種層面的學習者，所適於採用的不同的工夫路徑：本體即工夫、工夫合本體。龍溪在其《答友人論學》的「答書」中有言：「眞見本體之貞明，則行持保任自不容已矣。」蒙泉則對龍溪所言「眞見本體」與「行持保任」（修行持守、保養責任）工夫的先後問題，提出不同意見。「見本體」的工夫很難，所以在大多數情況下，不可將此作爲首要去做成的事情。「見本體」是一種本體工夫，「眞見本體」是這個工夫做到了境界。蒙泉將做本體工夫的路徑大致分爲兩種，一種是「本體即工夫」，即所謂「知善而實有善矣，知不善而眞無惡矣，此良知之本體知行合一者也，亦即是生知安行者之行持保任」；因爲本體是至善的，若知善且眞實有此善，知不善且眞實無此惡，這是良知本體的自然狀態，也就是「知行合一」的本體。這種本體工夫適於「生而知之、安而行之」的人，這是他們這類人的修行持守、保養責任工夫，也就是「本體即工夫」的路子。另一種則是「工夫合本體」，乃蒙泉所謂「知善而務欲其有諸己，知不善而務欲其無諸己，亦良知之所自能，此學利困勉者之行持保任」。（《燕詒錄》卷四《與友人論學》）良知本體可知善，但人或有如良知被遮蔽、虧欠的情形，此時則心中未必實有此善，因此需要通過做工夫來「務欲其有諸己」。同理，知不善就一定也要通過做工夫來去除這個不善。總之，知善、知不善，以及務有善、務無不善，都是良知發用所能做到的，這種工夫適於「學利困勉者」（學知利行、困知勉行的人），這是他們這種情況下應做的修行持守、保養責任工夫。

適於不同層面的學習者（「生知安行」與「學利困勉」），本體即工夫、工夫合本體這兩種修習路徑是要區別清楚的。相通的是，爲眞見本體，都必須有行持保任的實功，工夫漸進，則本體漸明。這一過程如果反過來，就容易出現「懸空」的毛病，即懸想一個本體，恣肆縱情而不自覺已經偏離軌道，距離眞正的良知本體越來越遠。蒙泉引其師陽明所言「不行不足以爲知」來佐證，說明不做本體工夫（不行），就不能夠達到「眞見本體」（不足以爲知）。實際上，要想眞見良知本體，不可謂不難。如果有人說很容易直接見到良知本體，那大多是因爲他把格物看得太輕，而工夫沒有著落。因此，陽明後學中有所謂「言下直見本體」的，這未必是「見道」了，而恐怕是未曾眞實體認過，否則不會那麼輕易地說出這樣的話。因爲本體並非是「言下」（說話當下）都可直接見到的，必須要實地下過工夫，工夫下得越實、越深，本體才

見得越明、越透。換言之，要達到「直見」良知本體的境界，就必須要求自己的心性存養純密，完全復得本體。在這種情況下，良知本體的感應沒有絲毫黏連、停滯。但是，如果反求諸己的時候，發覺良知還有被拘束、遮蔽的情況，那就是還沒有徹底拔除病根。拘束、遮蔽良知的「病根」沒有被徹底拔除，那麼一旦行動起來，就難免會出現各種偏差、過失，而且事後反思察覺，會產生後悔。只要還有一絲一毫這樣的情況，這就不能算是真正見得良知本體。蒙泉非常注重致良知的實地工夫，他認為在真實踐行、體驗、認知過後，就會知道「見本體」是極難做到的。但也正因如此，良知本體工夫有著很大空間，修習者須持續努力，這樣的話，工夫也有著落。

王龍溪在《答友人書》中所提到的「本體之貞明」，是對良知本體的又一種特點描述。與龍溪相比，蒙泉對所謂「真見本體」的境界看得很高，他會更為強調著實下工夫，不斷接近這種良知本體的層次。蒙泉認為格物是致知的實下手處，不可將格物看得太輕，須以「自慊良知」為主。良知自慊，是他所認為的適於最大多數人（也包括資質稟賦極高明者）所可追求的狀態。也只有達到了良知的自慊，才能避免落入霸術或鄉愿之境地。比如，春秋五霸任私用智而「假仁義」，其良知非不能自知其非「真仁義」，只是未能自慊良知而已。又如，鄉愿之人矯揉、裝飾出來忠信廉潔，他們也並非不自知那種忠信廉潔其實就是作偽，他們的良知自然會知其虛偽，因此他們的良知也還是沒有「自慊」。蒙泉強調，格物是求「自慊於心之良知」，這可謂是他對其師陽明致良知說的又一種發揮。萬物皆備於良知，良知感應處即物所由來，所以格物與致良知不能分為兩件事，工夫所到達的境界、狀態，也有一定的內在標準：良知自慊。

二、直遂：良能乃良知之才。良知為「大本之知」。王龍溪提出心之知有根於良知的德性之知、以及學識之知，蒙泉強調這兩者都以良知為本，良知是道德知覺（知是知非）、學識之知（聞見知識）之所以可能的依據。關於良知與道德知覺的問題，吳震先生指出：「在陽明看來，良知既是『虛靈』的，又是『明覺』的，虛靈和明覺乃是良知的總體特徵；因其虛靈，故良知有別於一物；因其明覺，故良知是知是知非的道德知覺。而這種道德知覺又根源於心之本體。」〔註2〕所謂「道德知覺」主要是指「知是知非」，如陽明教法「知善知惡是良知」；而良知又具有「虛靈」的特點，所以他又不同於一般的

―――――――――――――――

〔註2〕吳震：《陽明後學研究》，第295頁。

善或不善，而是一種「至善」。或者說，人何以能「知是知非」？因爲有良知。由此可知，良知與道德知覺既是互相聯繫的，又處於不同層次。在道德知覺這一層次上，還有更多種類的知覺。蒙泉《與友人論學》中引龍溪答書中言「心之知，一也，根於良知則爲德性之知，因於識則不免假於多學之助」。（《燕詒錄》卷四《與友人論學》第三條）龍溪之意，心之知，既有根於良知的德性之知，又有「因於識」的聞見之知（要借助後天學習獲得）。蒙泉則指出，因於識的聞見之知，也根源於良知。良知是心之本體，蒙泉更爲徹底地把「心之知」（包括德性之知、聞見之知）都溯源到良知的深度。因此，求得聞見之知與德性之知，都不能離開良知；如果一定要對兩者區別對待，那就是一個「學問頭腦」的問題，即以哪個作爲「大本」。顯然，求德性之知，或曰致良知，才是學問頭腦。我們隨所見聞而致良知，行著習察，這是「大本立而達道行」；如果以求聞見之知爲主，儘管其知識、判斷也是良知的發用，但有「外求」的弊端。簡言之，德性之知是內，聞見之知在外，外不可無內，內有時則可無外。聞見之知識，也根源於良知，不外乎良知。如果說龍溪重在「心」之知，蒙泉則追根溯源，把德性之知、聞見之知都納入「良知」。

「良知直遂」說是蒙泉關於良知、良能問題的一種觀點，他提出：直遂而後爲良知，良能是良知之才。《燕詒錄‧與友人論學》中蒙泉引及龍溪之言「心之良知謂之知，心之良能謂之行。孟子只言知愛知敬，不言能愛能敬，知能處即是知，能知處即是行，知行本體本自合一」，可知他也是繼承其師陽明的「知行合一」說，龍溪將「知」解爲「心之良知」，將「行」解爲「心之良能」。因此，當他講「知能處即是知」其實就是指「知能處」就是「心之良知」；他說「能知處即是行」便是指「能知處」即是「心之良能」。簡言之，龍溪視良知爲「知能」，良能爲「能知」。蒙泉認爲這樣的講法還是有「二分」之嫌，所以他指出，孟子之所以言「知」（知愛知敬）不言「能」（能愛能敬），是因爲「知」中涵蓋了「能」，並無遺漏。即是說，孩提知愛知敬時已包括了能愛能敬，由此推之，心之良知也包括了心之良能，因此，蒙泉指出龍溪不應一分爲二地講「心之良知」與「心之良能」。良知就是知、行本體，有此良知便兼有了行（能）。無此「能」，也不可謂純得良知本體。可知蒙泉是較爲徹底地將知（良知）作爲本體的意義來闡述，他非常注重講「合」講「一」，孟子所謂良能合於良知，本體是一。王龍溪提出「本心之知」與「本心之行」，蒙泉認爲這種說法相較於其師陽明的「知行合一」說「反覺兩路」；王龍溪又

說「致是知行之工夫」，因其已提出本心之「知」與本心之「行」，也會讓人感覺「致」良知被分作了兩項工夫。因此，蒙泉批評龍溪於師門宗旨「似逐言詮」。

當良知與良能出現「脫節」的情況時，如何解釋？蒙泉以「良知直遂」說來作回應。如果良知本體被私欲隔斷，出現「知而不行」的情況，那就需要一個「良知直遂」加以解決。蒙泉提出「惟直遂而後爲良知」，他認爲良知本身就要求具備直遂的特點，因此當我們說有良知時，就當已經達到直遂了，於是便有「能」，儘管這種「能」連自己都未必知道。比如孩提有良知，知愛知敬，就是「直遂」良知，於是便有能愛能敬；反過來講，我們也是「因其已能，目之謂知；若不能，不得爲知矣」。在知、行因各種問題出現脫節的情況下，蒙泉提出「良知直遂」說，對其師陽明的知行合一理論進行了一種頗感有力的闡發。

良知與良能的關係，陽明後學中還有更多探討。針對《孟子》中的「孩提之童，無不知愛其親；及其長也，無不知敬其兄」，羅整庵認爲其中的「知、能」是「人心之妙用」，而「人心之天理」應該是「愛、敬」，「以其不待思慮而自如此，故謂之良。近時有以良知爲天理者，然愛敬果何物乎？程子嘗釋知覺二字之義云：『知是知此事，覺是覺此理。』……正斥其認知覺爲性之謬爾。」〔註3〕其中羅整庵的觀點，引發了他與歐陽南野的論爭。歐陽南野認爲「良知」應是指「道德知覺」，而非「見聞知覺」，他說：

　　　　某嘗聞知覺與良知，名同而實異。凡知視、知聽、知言、知動，皆知覺也，而未必其皆善：良知者，知惻隱、知羞惡、知恭敬、知是非，所謂本然之善也。……蓋天性之眞，明覺自然，隨感而通，自有條理者也，是以謂之良知，亦謂之天理。天理者，良知之條理；良知者，天理之靈明。知覺不足以言之也。〔註4〕

歐陽南野堅持其師陽明關於「良知與見聞」的關係論述（良知不由見聞而有，而見聞莫非良知之用），並有「良知爲眞識，而知覺當爲分別事識」的觀點，又言：「良知者，見聞之良知；見聞者，良知之見聞。……是致知不能離卻聞見，以良知、聞見本不可得而二也。」〔註5〕在這個問題上，歐陽南野與孫蒙

〔註3〕羅整庵：《困知記續》卷上，第70頁。
〔註4〕歐陽德：《南野集》卷一〈答羅整庵寄困知記〉，第14頁。
〔註5〕歐陽德：《南野集》卷四《答馮州守》，第38頁。

泉的看法基本上是一致的。

三、中和：良知體用一源論。對「意」與「物」概念的不同理解，使得「心本體」論走向「良知本體」。《大學》中「誠意」的「意」，以及「格物」的「物」，與「心」的關係如何？王龍溪認為，意、物的存在有待於心的發動。孫蒙泉則對此問題有著不同思路，他以「知」（良知）為本體，引入一個「感」字，基於「體用一源」的思想，指出有「知」即是「感」，而所謂「意」與「物」兩者都與「感」相關：感即是「意」，意即是「物」。在蒙泉看來，又因為良知「寂感具而體用一」，感與寂都是事物的存在狀態，而且良知又具有「不息」的特點，那麼意與物其實是無時不有的，並非如龍溪所論之意。關於意與物的問題，蒙泉認為關鍵在於「知」（良知），而非龍溪所謂「心」的發動與否。蒙泉以「知」為心之本體，有知即是感，「感即是意，意即是物」。換言之，知是「體」，感是「用」，有知即是感，那麼「有體即是用」，這是「體用一源」論的其中從體到用的一種論說面向。蒙泉的這種論述，不同於龍溪以「知」為「意之靈明」，而說「意者心之發動」、「物即靈明感應之跡」的說法。略言之，龍溪不如蒙泉那樣更為徹底地、時時將良知作為「本體」來看待，所以龍溪之意，「意」與「物」對「心」的發動與否是有所依賴的。蒙泉對此論表示質疑，他說：「有發動，必有未發動，方其未發動、未感應，是有無意、無物時耶？」（《燕詒錄》卷四《與友人論學》第八條）雙方論辯的核心，還是在於「心本體」與「知（良知）本體」的不同認識。蒙泉以良知為「體」，以知、感、意、物為良知之「用」。良知的本體若得「直遂」，那麼「即靜為感，即感為物」，可知「物」也是無時不「有」的。對於這種「存有」的理解，關鍵有二：首先是要明確「寂」（或講作「靜」）也是事物的存有狀態；其次，寂、感兩者都是良知所具有的，從本體的層面來說，他們是不可一分為二的。就這個良知「體用」關係的問題，蒙泉強調良知是無動靜的，「即體而言用在中，即用而言體在中」，這是高度概括良知體、用關係（體用一源）的兩句話，值得學者細細揣摩。

良知即是「性」，並非源於「性善」，這也是符合良知「體用一源」論的又一種論說方式。龍溪提出「性無不善，故知無不良，良知即是未發之中」等論點，蒙泉則指出，良知即是性，因其「不慮而知」，故孟子舉孩提知愛敬的例子，這是用來說明「性善」的，是良知的一種表現。而蒙泉所著重論述「良知本體」，這是在「性」的層面（未分善與不善）；性善之說，加一個「善」

字，並非完全等同於「良知」在「知」之前加一個「良」字。良知之「良」，與「良能」之「良」，兩者意義應當相近。《左傳·昭十八年》中有言「弗良及也」，孔穎達《疏》曰「良」是語詞，服虔又云「弗良及者，不能及也。良，能也」，可知「良知」之「良」之義，也有「能」的意思，簡言之，「良知」也是「能知」，而這種「能」，是超越於「思慮」的，即孟子所說「不慮而知」是良知。就蒙泉「良知即是性」的觀點來說，結合「良」字爲「能」的訓詁，我們可以講良知具有「本能」的特點，本能到底是善的，還是不善的，本能與善或不善，這兩者在不同層面，或者相對來說，「本能」在先，「善與不善」的觀念在後。王龍溪所講「性無不善，故知無不良」，給人一種印象是良知源於「性善」，性善在先，良知在後。蒙泉對此是持不同意見的，他實質上主張把良知放在性善之前。陽明四句教法中有言「知善知惡是良知」，是回答了「知善知惡」何以可能的問題，即「是什麼讓人具備知善知惡的能力」，或者「把知善知惡的能力可稱之爲什麼」，這種能力與其名稱，就是良知，故而在本體層面上，他是其實無善無惡的，這就是陽明所教「無善無惡心之體」。以良知爲「性」（非「性善」）之體，其發用（意之動）爲「有善有惡」，基於「體用一源」論，所謂「善、惡（不善）」（用）的存在既是與良知本體相關的，而其被「覺知」（感）也是良知的一種功能，良知是「知善知惡」的。

所謂「天泉證道」時，王龍溪與錢德洪就「無善無惡心之體，有善有惡意之動，知善知惡是良知，爲善去惡是格物」這四句請教於其師陽明，是爲「四句教法」。龍溪之學，給人以「直見本體」的感覺，我們通過蒙泉與之論良知是「性」還是「性善」的問題，對「四句教法」有了一種新的解讀角度，尤其對於龍溪的良知學思想，有著更進一步的瞭解。無論是陽明，還是其弟子、後學，其實都是同歸於「善」，《大學》所謂「止於至善」。問題的分歧出現在如何「止於至善」。無善無惡是「心之體」，這一句大家都無疑義，這是就本體層面而言。王龍溪主張良知本體虛寂，而且良知是「性善」的，所以他的路子是直入本體的工夫。錢德洪、孫蒙泉相較而言強調良知只是「性」，其有善有不善，或能善能不善，這就需要非常重視「爲善去惡」的實地工夫。

良知本體與發用的「一源」論，又使得致良知成爲工夫論的總括。在孫蒙泉看來，良知不只是《中庸》裏的「未發之中」，也是其「發而皆中節」之「和」，良知無不「中」，無不「和」，無分於內外、動靜而「一」之。王龍溪講「良知即是未發之中」，是「不見不聞、無思無爲」的本體。《中庸》裏有

言「喜怒哀樂之未發謂之中，發而皆中節謂之和」，蒙泉針對龍溪之說，提出「中節之和何所屬」的問題。他的觀點是，不論是未發之中，還是中節之和，兩者都屬於良知，即「良知無不中、無不和」，如周敦頤所謂「中也者，和也」之論。舉例來說，喜怒哀樂等情緒已經發了出來，這是「已發」，但這「已發」若是合乎良知而「中節」，這便又可見「未發」之「中」的作用。良知即是本體（未發之中），也關乎發用（中節之和）。蒙泉將良知本體提到「道」的高度，並且將致良知作為為學工夫的全部概括。如果說關於「意」「物」概念的理解，以及良知是「性」還是「性善」的不同意見，兩者都是從本體出發的論述路子，那麼將《中庸》的「中節之和」與「未發之中」打成一片，這又是從另一個方向論證良知的「體用一源」：「即體而言用在中，即用而言體在中」。體用一源的問題在陽明及後學的良知學思想體系中頗為重要，這種注重「一」、「合」的思維方式，也是陽明學實踐性品格形成的理論基礎。

四、格致：與朱子門路不同。以寂為體，以感為用，良知與寂、感的關係是「寂感具而體用一」。王龍溪認為「意」是寂、感「所乘之機」，蒙泉則指出「感」即是意，「寂」即是良知之體，也不需要「乘意而後有」。基於良知「寂感具而體用一」的特點，關於「良知」與「致知」，孫蒙泉著重講一個「不息」的問題。就本體而言，此「不息」就是「常感常寂」；就工夫來說，「不息」就是不息此知：「不息此知，則即其知之所感而意無不誠；即其感之所用，而物無不格。物格矣，意誠矣，知斯致矣，知致而心正矣。」（《燕詒錄》卷四《書類·與友人論學》第十二條）因此，蒙泉對龍溪「意則寂感所乘之機」的說法提出「背其師說」的批評。從工夫論上看，致良知的「致」，他論述為「良知見在」，所謂「見在」，也就是「不息」。良知的本體不息（不容須臾歇息），那麼，知、意、物就無時不有，而非如龍溪所言有待於心之發動。

感應不是「誠意」真脈路，而應說是「格致」真脈路。龍溪認為所謂「克己復禮」正是為善去惡，乃「誠意」日可見之行；蒙泉則指出，「誠意」須本於致良知（致知），如此以知「戒自欺而求自慊」，也因此《大學》釋「誠意」必言「慎獨」。在這個意義上，蒙泉強調所謂克己復禮是格物致知的實地工夫，如果不說格物致知而突然講到誠意，恐怕有些學者會感到無所把持依循，這也並非其師陽明宗旨。朱熹的格物之學，或求諸文字，或索諸講論，或察諸念慮，或考諸事為，龍溪認為這四者之中，陽明講格物，重「察諸念慮之微」，且以之為主腦。蒙泉則不以之為然，他指出其師陽明，與朱子的門路、發端

命意不同。朱子謂天下之物莫不有理，故即一物、求一理，這是「求理於外」，而不知「物」理本於良知。陽明則「以良知感應處爲物，惟求慊吾良知而物得其理，故千思萬慮只是求慊此良知，而無所苟於感應」。(《燕詒錄》卷四《書類‧與友人論學》第十四條) 可見，陽明與朱子對「物」的認知有所不同，陽明採取了一種避免「外求」的方式來「即物求理」，視「物」爲「良知感應處」，而求物之「理」，便是求「慊此良知」。

在這樣一種更爲注重「內求」的工夫論中，慎獨也不只是誠意，還包括格物、正心。龍溪在答書中提出「慎獨即是誠意，居敬持志即是誠意之功」的說法，蒙泉指出，其中所言「居敬持志」即是慎獨，而慎獨「卻是意之所由誠」，就工夫而言，《大學》中的「慎獨」應包括格物、誠意、正心。物不格，無以慎獨；意未誠、心未正，也不可謂之慎獨。在蒙泉看來，慎獨二字其實相當於「致知」，如其師陽明所謂「致知焉盡矣」之說。陽明後學中關於「慎獨」問題的探討頗多，蒙泉以慎獨涵蓋格物、誠意、正心的深層用意，如前所述，其實是將「慎獨」與「致知」約略等同來看，其中圍繞著一個「獨知」的問題。陽明有詩句曰「無聲無臭獨知時，此是乾坤萬有基」，在他看來，獨知近乎是良知概念的另一種表述。

內求諸己的「獨知」工夫修養到一定程度，便會生成一種「自信」。蒙泉強調，自信本心要與自我省察、反思、覺悟相結合，眞切地實致良知。針對龍溪答書中所謂「賢者自信本心，不動情於毀譽」之說，蒙泉又強調「特立自信，固素知定力，但才執著，便不虛；才自是，便拒善」，因此，在「自信」本心的同時，也要講究觀察以自反，深思以自覺，因爲「毀譽固多不實，而未必皆無由以致之，是惡可以不顧忌也？顧忌以要信於人固不可，顧忌以遷善改過而成信於己，此君子之所以成大善也」。(《燕詒錄》卷四《書類‧與友人論學》第十六條) 可見蒙泉非常注重「反求諸己」的道德修養工夫，這方面他比王龍溪更爲沉穩。

第三節　陽明後學良知學思想比較

「依良知」的說法可追溯到陽明所論，即「依著見成良知」，此良知實爲「知善知惡是良知」之良知，也相當於蒙泉所謂「依本體」。陽明曾講：「知得善，卻不依這個良知便做去；知得不善，卻不依這個良知便不去做，則這個良知便遮蔽了，是不能致知也。」(《傳習錄》下，第 317 條) 可見，陽明

是以「否定」的方式來講「依良知」的問題，他強調，如果「不依良知」去做的話，就會使得良知被遮蔽，便是不能致良知。而其中所謂「不依這個良知」中的「良知」，具體來說就是指「知善知惡是良知」的「良知」。可知陽明所講的「依良知」原本是有著較爲具體的內涵，而且是在良知本體發用（知善、知不善）的情況下，不得不「依本體」（蒙泉語）。因此，在一定意義上，陽明的「依良知」說，其實主要是走「工夫即本體」的路子，由做「知善、知不善」的工夫，而達到依從良知本體、不使其被遮蔽的狀態。

陽明後學歐陽南野更爲明確地提出「依著見成良知」說。他指出：「良知即是非之心，性之端也。性無不善，故良知無不中正。故學者能依著見成良知，即無過中失正。苟過中失正，即是不曾依著見成良知。若謂依著見成良知而未免過中失正，是人性本不中正矣。」〔註6〕跟陽明「依良知」說（依知善、知不善的良知）相比較，歐陽南野強調「見成良知」。值得注意的是，「見成良知」與「良知」有所區別，所謂「見成良知」一定是沒有過中、失正的，合乎性善本體；而「良知」有時會被遮蔽，所以歐陽南野其實與陽明的「依良知」說法是相通的。有所區別地理解關於「依良知」的各種說法的話，陽明從良知發用的角度，稱之爲「依知善、知不善的這個良知」；歐陽南野從性善、中正的角度，稱之爲「依著見成良知」。

與陽明先生共倡聖人之學的湛甘泉，對陽明後學中有關「依良知」的說法提出過質疑，他說：「今游先生門者，乃云『只依良知，無非至道』，而『致之』之功，全不言及。至有縱情恣肆，尚自信爲良知者。立教本旨，果如是乎？」〔註7〕如前所述，陽明「依良知」說是「工夫即本體」，並非沒有「致」（良知）的工夫。後學中若是在「工夫」方面不加留意，甚而只論良知「本體」，就本體而「依」本體，而非由工夫來「依」本體，這就會出現種種弊端，包括湛甘泉所提到的「縱情恣肆」、「盲目自信」等等。此外，陽明後學中也有學者對「依良知」說提出過質疑，如羅念庵所言：「以知覺發用處爲良知，至又易『致』字爲『依』字，則是只有發用，無生聚矣。」〔註8〕其中羅念庵所謂「只有發用，無生聚」，也就是沒有走「工夫即本體」的路子。按陽明原本之意，在良知「發用」（知善、知不善）時須做「依」的工夫，如此，「生

〔註6〕歐陽德：《南野集》卷九《答董兆時問（癸巳）》，第7頁。
〔註7〕黃宗羲：《明儒學案》卷十一《緒山會語》，第230頁。
〔註8〕羅洪先：《念庵集》卷三《與尹道輿》，第32頁。

聚」乃「即本體」。此外，陽明後學中也還有學者對「依著良知」說提出批判，王一庵指出此說的問題在於忽略「致良知」的「致」字，《王一庵語錄》中有言：

> 明翁初講致良知，曰「致者至也」。……觀此則所謂致良知者，謂致極吾心之知，俾不欠其本初純粹之體，非於良知上復加「致」也。後因學者中往往不識「致」字之義，謂是依著良知，推致於事，誤分良知爲知，致知爲行，而失知行合一之旨。故後只說良知，更不復言「致」字。〔註9〕

良知本體如何喚醒、呈現、挺立，這是需要去做工夫的，這個工夫是致良知，是一種「工夫即本體」的路子，若按王一庵的講法，也可謂「工夫至本體」。只不過，做工夫是「復本體」，不使其有所欠缺、遮蔽。簡言之，做這個工夫，是在低於良知本體的層面，所以王一庵說「非於良知上復加『致』也」。致良知中的「致」，突出一種工夫的路徑和方向，其實基本上有個預設是尚未達成本體狀態，而且認爲這種達到良知本體的狀態並非易事。如果有人認爲達到良知本體狀態是容易的，就會推論出「依本體」之說，這其實是一種可謂「本體即工夫」的路子。

「依良知」說之所以會受到眾多的質疑甚至批評，或可從文字訓詁中得到一種角度的理解。關於「依」字的訓詁，《說文解字》曰「依，倚也」，《廣雅》曰「依，恃也」，不難看出，《說文》、《廣雅》中關於「依」字訓釋偏於一定的「消極義」：倚、恃。對良知的所謂倚靠、憑恃，都是在本體完全呈現的基礎之上而言，否則有可能出現「虛」倚、「妄」恃的弊端。而與「依」字意思相近的「循」字，倒在字義方面比較妥當，《說文》曰「循，行順也」，強調所「行」爲「順」，那麼「循良知」之義，可謂「行良知而順」，這在表述上較「依良知」爲優，因爲「依良知」若有弊端，則會不「順」。循良知，有著某種對致良知工夫有效性的保障意味。

「循良知」說的提出，依然可追溯到陽明。他從《中庸》說起：「聖人率性而行，即是道。聖人以下，未能率性於道，未免有過不及，此須修道。修道則賢知者不得而過，愚不肖者不得而不及，都要循著這個道，則道便是個教。」〔註10〕此外，陽明另也提出過「循著良知發用流行將去，即無不是道」、

〔註9〕黃宗羲：《明儒學案》卷三十二《王一庵語錄》，第735～736頁。
〔註10〕王陽明：《傳習錄》上，第127條。

「學循良知」的說法。(《傳習錄》中，第 165 條) 簡言之，循良知其實是一種「本體即工夫」的路子。良知本體發用流行，是有所向的，循此即是工夫。吳震先生認為，「依良知」或「循良知」，「實為陽明晚年所提倡。……『依』字的確沒有『致』字所具有的那種積極意義。」在對致良知「工夫」的強調上，「依良知」說較弱些，而「循良知」之說就顯得更主動又慎重。

循良知的提法，還是歐陽南野闡發最多。蒙泉所言「依本體」(《燕詒錄》卷二《憶言中》)，不言明本體即良知，似為工夫埋下「伏筆」，倒也與「循良知」、「依良知」的說法也頗為近似。歐陽南野有言：「惟循其良知，無所倚著，即是真好真惡，即是王道，即是天則。此須立心之始，有著無著，一一分曉，則凡情自別，天則自見。」〔註11〕將良知視為「王道」與「天則」，如此可「循」之而無弊端。這與歐陽南野從性善、中正的角度講「依著見成良知」的意思，是相一致的。以「天則」說良知，也就是強調性無不善、良知無不中正。

關於循良知與致良知、養良知兩者的關係，歐陽南野認為「循良知而無所虧欠之謂致，致非有所推廣增益也。循良知而無所損害之謂養，養非無所充滿流動也。豈有二哉？」〔註12〕在歐陽南野看來，循良知與致良知在「良知無所虧欠」的意義上是相通的，兩者都沒有對良知本體有所「推廣增益」。如果說致良知是「工夫即本體」的方向，循良知可謂「本體即工夫」的路徑。而「養良知」是就循良知過程中，對良知本體「無所損害」而言。簡言之，循良知而無所增益即為致良知，循良知而無所損害即養良知。

因此，歐陽南野的「循良知」說，其實就是「直指良知本體之自然流行，而無所用力者，使人知所以循之」〔註13〕的意思。良知本體就有「自然流行」的特徵，所以「循」之而已，不增不減，既是致良知，又是養良知。循良知自然之本體，而無所加損，一毫人力不與焉，這就是能「致其良知」。吳震先生指出，歐陽南野所講的「循良知」不過是陽明「致良知」的另一種表達方式，並非略而不談「致」字工夫，並且他還論述道：

在為學次第的問題上，南野的看法是：首先要做到「循其良知」，不在良知本體上做任何加損，由此就能達到致其良知的目的。所謂致良知，重要的就是對良知本體的全盤信賴，不能以為本體有所欠缺，因而在本體上去做或

〔註11〕歐陽德：《南野集》卷三《答戚補之》第三書，第 27～28 頁。
〔註12〕歐陽德：《南野集》卷二《答陳槃溪》，第 4 頁。
〔註13〕歐陽德：《南野集》卷二《答陳明水》，第 2 頁。

加或減的工夫。〔註 14〕實際上，良知（本體）與致良知（工夫）之間的關係頗爲複雜，正如陽明所言「知行合一」之意，若是本體與工夫「合一」了，無論從本體說工夫（本體即工夫），還是從工夫說本體（工夫即本體），都無妨。否則，有的是偏於本體，工夫不到位而縱情恣肆；有的陷於工夫，本體不明而冥行妄作。在這個意義上，良知與致良知的問題，也還脫不開「知行合一」的命題。

聶雙江提出「格物無工夫」說。吳震先生指出其原因有二，一是因他主張「良知本寂」，而「物」是良知之感應，故「感上無工夫」，工夫必須靜養寂體，「便自能感而遂通」，也就達到了「格物」的效果；二是，如果「在感應之物上去做致良知工夫的話，就有可能犯朱子學的那種『捨心逐物』的錯誤。」如果基於「良知現成」，把良知視作已發，再去求未發之本體，又會導致「任情」「逸心」或「猖狂自恣」。〔註 15〕在這個問題，孫蒙泉主張不要把「格物」看得太容易，他還是承傳其師陽明「致知焉盡矣」的論斷，把格物工夫統合進致良知。

周敦頤「無極而太極」的思想模型，對陽明後學影響頗大。吳震先生指出，除王龍溪的「無善而至善」論之外，劉念臺及其友人陳龍正，陽明再傳弟子王塘南，均以周濂溪「無極而太極」說來解釋「無善而至善」、「無善無惡」，此外，耿天台更爲明確、集中地闡述說：「（無善）在《大學》命之曰『至善』，在《中庸》命之曰『未發之中』，周子《圖》命之曰『無極』。」〔註 16〕蒙泉先生也是借用「無極而太極」的思路，以「眞幾」爲無極，以良知爲太極，將其師陽明的良知本體推進到以眞幾爲本體的層次。錢德洪認爲「至善之體虛靈也。……心無一善，故能盡天下之善。……心患不能虛，不患有感不能應。虛則靈，靈則因應無方，萬感萬應，萬應俱寂，是無應非善，而實未嘗有乎善也。……心能盡天下之善，而不可先存乎一善之跡。」〔註 17〕以良知爲本體，總是要解決一個本體虛靈與發用應感的問題，蒙泉的良知幾學思想在一定程度上實現了對這個問題的突破，他以眞幾爲虛靈本體，維護良

〔註 14〕 吳震：《陽明後學研究》第 305～306 頁。

〔註 15〕 吳震：《陽明後學研究》，第 202～203 頁。

〔註 16〕 吳震：《陽明後學研究》，第 86～88 頁。《天台集》卷八《遇轟贅言》，第 890頁。

〔註 17〕 錢德洪：《復楊斛山書》，《陽明學大系》卷五《陽明門下》上，第 411～412頁。

知的實有性質，且以「幾」為一貫之處，也就不必再像錢德洪那樣糾纏於心之「無一善」但又須「盡天下之善」的問題。關於「心即理」命題，吳震先生指出，陽明所強調的是「脫離了『心』之主體，則『理』的存在失去了其存在的意義」，這一陽明學思想原則的延伸，必然會拒斥、否定朱子學的「定理觀」，而錢德洪所主張的「此心不可先有一善」，其理論依據正是「心即理」。〔註18〕蒙泉有言「天則惟幾定」，可視為是從「理」如何「定」的角度，將「幾」引入。

　　關於良知，聶雙江的定義是：「良知者，虛靈之寂體。」他又以體、用來分說「虛靈知覺」：「心之虛靈知覺，均之為良知也。然虛靈言其體，知覺言其用。體用一原，體立而用自生。致知之功，亦惟立體以達其用。而乃以知覺為良知而致之，牽己以從，逐物而轉，雖極高手，只成得一個野狐外道，可病也。」〔註19〕聶雙江堅持「體用一源」說，與蒙泉先生意見一致。歐陽南野則認為「知覺」與「虛靈」不可分為二：「夫知覺，一而已。常虛常靈，不動於欲，欲動而知覺始失其虛靈者。虛靈有時失，而知覺未嘗無，似不可混而一。然未有無知覺之虛靈，而不虛不靈，亦足以言覺，故不可歧而二。」〔註20〕關於「獨知」與「良知」的問題，王龍溪與劉半洲有過探討。劉半洲曾言「良知即是獨知時，此師門宗旨。」王龍溪回應道：「獨知無有不良。良知者，善知也。」針對「良知知是知非」的問題，王龍溪提出「良知無是無非」的觀點：「是非者，善惡之幾，分別之端。知是知非，所謂規矩也。忘規矩而得其巧，雖有分別，而不起分別之想，所謂悟也。其機原於一念之微，此性命之根，無為之靈體，師門密旨也。」〔註21〕可見其實在「幾」的問題上，蒙泉與龍溪均著意不少。龍溪認為「是非」就是「善惡」之「幾」，此「幾」有分別善惡、是非的功用，這是性命之根、無為靈體，但他沒有像蒙泉那樣再進一步進行理論建構，包括提出「真幾」說，展開對「知幾」之學的更多論述。

〔註18〕吳震：《陽明後學研究》，第141頁。
〔註19〕聶豹：《雙江集》卷八《答松江吳節推》，第59～60頁。
〔註20〕歐陽德：《南野集》卷四《寄聶雙江》第三書，第14～15頁。
〔註21〕王畿：《龍溪集》卷二十《半洲劉公墓表》，第1654～1655頁。

第四章　經典詮釋：思想發展脈絡

　　蒙泉先生的良知學思想來自於其家學、師傳、自修自悟，以及與師友論學所得，從經典詮釋的角度，可以對他良知學理論體系的諸多細節和發展脈絡進行一種細密的考察。蒙泉對儒學主要經典的融會貫通，是其最終發展出良知幾學思想的基礎。

第一節　陽明經學思想發微

　　陽明良知學研究的切入點非常多，從古文獻學角度進行一定程度的考察和系聯，20 世紀 90 年代孫欽善教授曾率先撰文討論，〔註1〕而且在孫教授所著《中國古文獻學史》書中，還專門設有一個章節介紹王陽明的古文獻學思想。〔註2〕此書影響頗大，2012 年戴曉紅等也繼續撰文論及陽明的心學體系與其古文獻學思想的關係。〔註3〕他們主要圍繞文道關係、訓釋考證等方面的問題展開對陽明思想的評判。隨著近年來國內、外陽明學研究的持續展開和不斷推進，在深入分析陽明心學理論體系的基礎上，我們對王陽明的古文獻學思想有了更全面、豐富的認識，對以往的某些觀點也有必要進一步加以說明。

　　一、經為載道之具，道則備於心。孫欽善教授在《中國古文獻學史》一書中首先論述了王陽明對「文道關係」的態度。〔註4〕「文」是由語言文字所

〔註1〕孫欽善：《論王守仁的古文獻學思想》，《古籍整理研究學刊》，1991 年第 2 期。
〔註2〕孫欽善：《中國古文獻學史》，北京：中華書局，1994 年，第 718～731 頁。
〔註3〕戴曉紅、李文學、黃斌：《試析心學體系對王陽明古文獻學思想的影響》，《蘭臺世界》，2012 年第 14 期。
〔註4〕孫欽善：《中國古文獻學史》，第 723 頁。

構成的文獻，在此所及儒學論述中主要指《四書》、《五經》這類的經籍文獻；但「道」卻不能等同於文獻所能揭示出來的思想內容。《老子》有言「道可道，非常道」，且不論讀者的理解能否盡合本義，古人立言所給出的也不過是關於「道」的意義指向，如果拘泥於文句解釋一定要得出個絕對、固定的眞理，恐怕難以達到。陽明並非否定文與道之間的聯繫，只是「道之全體，聖人亦難以語人，須是學者自修自悟。」〔註5〕「人心天理」之道被聖賢記在書中，如同寫眞以傳神，只能給人展示大概的形狀樣子，「使之因此而討求其眞耳；其精神意氣，言笑動止，固有所不能傳也。」〔註6〕因此，經籍文獻在本質上不能完全展現出全體的道，然而它可以作爲載道之具。此外，史書以記事的方式的方式來展現道，所謂「事即道，道即事」。從載道的功能上看，《五經》與史書是一致的，因此「《五經》亦只是史，史以勸善惡，示訓戒。」〔註7〕陽明把道的部分展現，勸善惡、示訓戒的功能，落實到了經籍、史書等文獻之中，他不但沒有鑿空發論，而且在治學實踐中儘量依據文獻來闡發其道，張建華指出：「從陽明對《大學》的疏解中，我們可以看到陽明總是在儘量地依據《大學》的本文來闡發自己的思想。」〔註8〕

　　經籍文獻通過記錄古人言論以承傳其有關於道的思想，而陽明爲維持古文獻的原初狀態，反對隨意刪節。他認爲：「古人言論，自各有見，語脈牽連，互有發越。今欲就其中以己意刪節之，似亦甚有不易。莫若盡存，以俟具眼者自加分別。」〔註9〕儘量保持古文獻的完整性和原初狀態，有助於我們盡可能準確地理解古人言論和思想。如果「以己意刪節」，一則因爲己意未必合於古人，二則在刪節後文獻基礎上進行的解讀容易產生偏差。也正是由於那些「以己意」和難以意料的人爲或其他因素，導致文獻傳播的不可控，有的就此失傳，陽明舉例說：「繪事之詩，不入於《風》、《雅》；《孺子之歌》，見稱於孔、孟。然則古之人其可傳而弗傳者多矣，不冀傳而傳之者有矣。抑傳與不傳之間乎！」〔註10〕經籍文獻在本質上固然是無法展現道之全體，但它作

〔註5〕　（明）王守仁：《王陽明全集》卷一，上海：上海古籍出版社，2011 年，第 27 頁。
〔註6〕　（明）王守仁：《王陽明全集》卷一，第 13 頁。
〔註7〕　（明）王守仁：《王陽明全集》卷一，第 11 頁。
〔註8〕　張建華：《從王陽明對〈大學〉的疏解看經典的解釋問題》，《内江師範學院學報》2008 年第 11 期第 36 頁。
〔註9〕　（明）王守仁：《王陽明全集》卷二十七，第 1100～1101 頁。
〔註10〕　（明）王守仁：《王陽明全集》卷二十九，第 1144 頁。

為載道之具，保持其完整性，珍惜其傳世的部分，對於理解古人本意，甚至於問學求道，都是很有必要的。

　　經為載道之具，道則備於心，至於「經、心、道」的關係陽明提出「《六經》者非他，吾心之常道也」的觀點，《稽山書院尊經閣記》中有云：

　　　　經，常道也，其在於天謂之命，其賦於人謂之性，其主於身謂之心。心也，性也，命也，一也。……《六經》者非他，吾心之常道也。故《易》也者，志吾心之陰陽消息者也；《書》也者，志吾心之紀綱政事者也；……蓋昔者聖人之扶人極，憂後世，而述《六經》也，猶之富家者之父祖，慮其產業庫藏之積，其子孫者，或至於遺忘散失，卒因窮而無以自全也，而記籍其家之所有以貽之，使之世守其產業庫藏之積而享用焉，以免於困窮之患。故《六經》者，吾心之記籍也，而《六經》之實，則具於吾心。〔註11〕

《六經》之實，是「吾心之常道」。經籍本質上是一種文獻記錄，不可視同於被記錄的對象。在陽明看來，文、道關係中還有一個「心」的問題存在，因為這個「心」因為是具足常道的，所以比起尚不能承載道之全體的經，更為重要。換言之，經籍的地位應當低於心體，其發用在於正心。陽明指出：「聖人述《六經》，只是要正人心，只是要存天理、去人欲。」〔註12〕他在《示弟立志說》中又說，《四書》、《五經》等聖賢書就是要教給人「去人欲而存天理」的方法，這正好滿足我們「去吾之人欲，存吾之天理」的需求。〔註13〕經之所以能起到「正人心」的作用，不僅因其為載道之具，還由於其「實」具於吾心。在「道」面前陽明把「心」的地位提到經籍文獻之上，但絕不至於「捨文求道」。在文、道關係中論述「心」的地位和作用，這是陽明心學理論體系下古文獻學思想的特色。

　　二、學貴心解，偏求文義無益。北宋理學家周敦頤倡言「文以載道」，對文與道做出區分，正如「有言者未必有德」，文為載道之具，知文卻未必得道。若以文明道，此過程中離不開「心」的環節，這是大概陽明所著重強調的。他並非否定文義訓釋，但終究還是要回到心體上，否則僅僅知道了文字涵義，即便做到博聞強記，也未必能夠形成自己的心得。如果偏執於文義的解釋，

〔註11〕　（明）王守仁：《王陽明全集》卷七，第283～284頁。
〔註12〕　（明）王守仁：《王陽明全集》卷一，第10頁。
〔註13〕　（明）王守仁：《王陽明全集》卷七，第290頁。

未達到心智靈明的狀態，仍然會出現「看書不能明」的問題，陽明指出：

> 此只是在文義上穿求，故不明。如此，又不如為舊時學問，他
> 到看得多，解得去。只是他為學雖極解得明曉，亦終身無得。須於
> 心體上用功。凡明不得，行不去，須反在自心上體當，即可通。蓋
> 《四書》、《五經》不過說這心體，這心體即所謂道，心體明即是道
> 明，更無二。此是為學頭腦處。〔註14〕

為學頭腦處在於心體變得明白，因為心體是具足道的，所以心體明白就是道
明白。心是知的本體，心自然會知。這個「為學頭腦」，陽明最終歸結為致良
知，徐孫銘指出：「這是從實證、現量體悟得來的根本學問，對其評價也應該
從實證的標準來檢驗、詮釋，方為究竟。」〔註15〕所謂實證、現量，強調所
學內容要切合自己本性的真實，為學求知的過程就是個人心性的不斷顯現與
靈通。心為身的主宰，這也就是要求學者由「口耳之學」轉進到「身心之學」，
從根本上解決「看書不能明」的問題。陽明在《與席元山》的書信中說道：「大
抵此學不明，皆由吾人入耳出口，未嘗誠諸其身。譬之談飲說食，何由得見
醉飽之實乎？」〔註16〕所謂身心之學就看書這件事來說，強調學者的主體性
和內心感悟，對外則可取長補短，為我所用。陽明說：「凡看書，培養自家心
體。他說得不好處，我這裡用得著，俱是益，只要此志真切。……今學者看
書，只要歸到自己身心上用。」〔註17〕原書有注，此條又載於錢德洪的《刻
文錄敘說》，知其頗為重要。看書是為著身心之學的建構。這種文獻釋讀理念
和方式或被稱之為「心解」。我們所要指出的是，所謂「心解」應該主要是指
達到一種心體明白的狀態，一種由於感悟體驗的心有所得，而非脫離文本闡
釋原則和規律的隨意發揮。

陽明有著深厚的古文獻釋讀功底與哲學思辨修養，他的「心解」融通了
文獻資料與深入思考，絕非「單憑胸臆穿鑿附會」。這是我們認識陽明古文獻
學思想所必須著重辨明的。此外，對儒學經籍的解讀不僅是「道問學」，也是
「尊德性」，求真與向善審美共存，張新民認為：「我們可以通過個人體驗性
的宗教式的閱讀，走進潛藏在經典背後的價值與意義的世界，而與其是真是

〔註14〕（明）王守仁：《王陽明全集》卷一，第16～17頁。

〔註15〕徐孫銘：《船山對陽明心學的批駁和誤讀》，見郭齊勇主編：《陽明學研究》（創刊號），北京：中華書局，2015年，第117頁。

〔註16〕（明）王守仁：《王陽明全集》卷五，第202頁。

〔註17〕（明）王守仁：《王陽明全集》卷三十二，第1291～1292頁。

假毫無關涉。」〔註18〕這也可以認為是陽明心解的另一層涵義。我們認為心具有先驗的道德本能，良知具有「隨時知是知非」的能力，但它本身是超越是非的，它首先是在內向克己的過程中顯現，而非以認知的方式實現。

《五經臆說》是陽明心解經籍文獻的典型案例，關於其寫作緣起，《年譜》中有云：「始知聖人之道，吾性自足，向之求理於事物者誤也。乃以默記《五經》之言證之，莫不吻合，因著《五經臆說》。」〔註19〕因為承載聖人之道的《五經》說的就是心體，而陽明先生的本性就具足了聖人之道，所以當他用《五經》來驗證，就會相互吻合。解讀經籍要靠各人以心體悟，因個人秉性天賦、聞道先後等不同，難免會出現一些具體細節性的分歧，即便是陽明先生也承認他的《五經臆說》「蓋不必盡合於先賢，聊寫其胸臆之見，而因以娛情養性焉耳。則吾之為是，固又忘魚而釣，寄興於麴蘗，而非誠旨於味者矣。嗚呼！觀吾之說而不得其心，以為是亦筌與糟粕也，從而求魚與醪焉，則失之矣。」〔註20〕得魚忘筌的典故出自《莊子》。陽明對《莊子》思想的吸收值得做更多探討，他的心解方式也應當說前有所承。不論陽明自作《五經臆說》，還是學者解讀陽明的《五經臆說》，都要求諸於心，自己心無所悟則仍是不得要旨。然而心即理，心外無理，此心同，此理不異。冀文珍提到：「從認知語言學中轉喻的觀點來看『心即理』，是指理在心中；『心外無理』，是言離開心的認知功能，便無所謂理。」〔註21〕在心體及其發用的意義上人無不同。因此各人對經籍文獻的心解在發生機制上是相同的，其結果應當是殊途而同歸。吳伯曜指出：「陽明雖然在《序》中表示《臆說》的觀點『不必盡合於先賢』，然而就這五篇《詩經》臆說的內容來看，實際上卻是『頗合於先賢』。」〔註22〕以心解的方式完成《五經臆說》，在陽明心學理論體系的發展過程中意義重大。這是他悟道之後嘗試對經籍文獻作出的一次新範式解讀，並逐漸過渡到了「致良知」的學說。

《五經臆說》沒有完整保留下來，陽明先生的大弟子錢德洪得其師遺稿《五經臆說十三條》，並記云：

〔註18〕張新民主編：《陽明學刊》（第六輯），成都：巴蜀書社，2012年，第404頁。
〔註19〕（明）王守仁：《王陽明全集》卷三十三，第1354頁。
〔註20〕（明）王守仁：《王陽明全集》卷二十二，第965～966頁。
〔註21〕冀文珍：《認知語言學「心」解陽明心學》，《青年文學家》，2010年第3期，第33頁。
〔註22〕吳伯曜：王陽明的《詩經》觀，《詩經研究叢刊》，2008年第01期，第118頁。

　　　師居龍場，學得所悟，證諸《五經》，覺先儒訓釋未盡，乃隨
　　所記憶，爲之疏解。閱十有九月，《五經》略遍，命曰《臆說》。既
　　後自覺學益精，工夫益簡易，故不復出以示人。洪嘗乘間以請。師
　　笑曰：「付秦火久矣。」洪請問。師曰：「只致良知，雖千經萬典，
　　異端曲學，如執權衡，天下輕重莫逃焉，更不必支分句析，以知解
　　接人也。」〔註23〕

這就是著名的「龍場悟道」，陽明先悟道，然後證之《五經》，覺得先儒對《五經》的解釋有不足之處，然後爲之疏解。對經籍文獻的解讀方面上的突破，是陽明悟道的後續重要事件。丁爲祥指出：「但是，『悟』雖然具有認知的作用，其本身卻並不是從認知的角度發生的；從根本上說，『悟』甚至也不是一種認知，而是一種有關生存的價值抉擇或人生信念的澄清。」〔註24〕正是經歷了一個「悟」的過程，陽明由之前的疏解《五經》，變爲「不必支分句析，以知解接人」。如果沒有心解體悟，只求符合經籍、成說的認知方式是不足爲憑的，因爲「古人立言，不過爲學者示下學之功，而上達之機，待人自悟而有得，言語知解，非所及也。」〔註25〕陽明在龍場悟道後，主張以「致良知」的簡易工夫，避免陷入繁瑣的經籍訓釋而心得不多。

　　對於文獻的訓釋、考證，陽明倒也並非完全排斥，而是將其放在相對次要的位置，這有著多方面的考慮。牛冠恒認爲：「王陽明不重訓詁，首先與明代訓詁學的衰落有關，其次在於他看到了訓詁學的弊端，再次在於他認爲訓詁有礙於他所主張的聖學、心學和實學，第四在於他認爲習道不用學訓詁。」〔註26〕爲謀科舉的訓詁、辭章之學過度發展不利於聖賢之學的承傳，這在陽明的《別三子序》開篇即指出：「自程、朱大儒沒而師友之道遂亡。《六經》分裂於訓詁，支離蕪蔓於辭章業舉之習，聖學幾於息矣。」〔註27〕這個觀點其實還可溯源到朱熹在《中庸集解・序》中所言：「然嘗竊謂秦漢以來聖學不傳，儒者惟知章句訓詁之爲事，而不知復求聖人之意，以明夫性命道

〔註23〕　（明）王守仁：《王陽明全集》卷二十六，第1075頁。
〔註24〕　丁爲祥：《覺悟、認知與生存境界——王陽明「龍場大悟」的發生學解讀》，《哲學研究》，2009年第11期，第46頁。
〔註25〕　（明）王守仁：《王陽明全集》卷二十六，第1072頁。
〔註26〕　牛冠恒：《王陽明〈論語〉學研究》，中共中央黨校2015年博士論文，第76頁。
〔註27〕　（明）王守仁：《王陽明全集》卷七，第252頁。

德之歸。」〔註28〕明德盡性爲聖學極爲重要之構成，在任何時代都不能忘此根本。陽明的弟子傅鳳志在養親，但是急於求成，想通過記誦訓詁、學文辭考科舉來謀得俸祿，反而因此得了重病。這件事情使陽明親身看到了訓詁辭章之學的弊端，對其形成看待文獻訓詁、考證之學的態度有所影響。

不僅在古文獻釋讀上偏求文義於聖學無益，而且就陽明心學理論體系來看，「知行合一」、「致良知」都不是只通過言語文義的窺測就能學習得來的，而且有時反而會造成阻礙，陽明指出：

> 凡古人説知行，皆是就一個工夫上補偏救弊説，不似今人截然分作兩件事做。某今説知行合一，雖亦是就今時補偏救弊説，然知行體段亦本來如是。吾契但著實就身心上體履，當下便自知得。今卻只從言語文義上窺測，所以牽制支離，轉説轉糊塗，正是不能知行合一之弊耳。〔註29〕

所謂「行之明覺精察處便是知，知之眞切篤實處便是行」，做到知行合一的情況下，行有明覺精察，知能眞切篤實，勝過多少言語文義！此外，學者若自己心裏不明白，只追求把書裏的文字意義弄清楚，由這些字面意思反而容易形成各種偏見，而且用這樣方式的所學越多，若沒有自己的心得主見，那麼偏見反而會越大，對「致良知」也會產生阻礙。陽明講：「學問最怕有意見的人，只患聞見不多。良知聞見益多，覆蔽益重。反不曾讀書的人，更容易與他説得。」〔註30〕良知是先天的，聞見是後天的，致良知是判斷聞見是非的一個內源性條件，它是根本，比求得言語文義更爲重要。

三、發明本心超越於訓釋經籍。王陽明的古文獻學思想與其心學理論體系，完全可以融通起來作出合理的論述。對經籍文獻的「心解」體悟既不脫離文義訓釋，又在一定程度上有所超越，例如陽明曾針對「效」、「學」二字的訓釋問題談到：

> 凡字義之難通者，則以一字之相類而易曉者釋之。若今學字之義，本自明白，不必訓釋。今遂以效訓學，以學訓效，皆無不可，不必有所拘執。但效字終不若學字之混成耳。率性而行，則性謂之道；修道而學，則道謂之教。謂修道之爲教，可也；謂修道之爲學，

〔註28〕 （宋）朱熹：《朱子全書・外編》，附錄一，書目著錄序跋題記，上海：上海古籍出版社；合肥：安徽教育出版社，2010 年，第 121 頁。
〔註29〕 （明）王守仁：《王陽明全集》卷六，第 232 頁。
〔註30〕 （明）王守仁：《王陽明全集》卷三十二，第 1292 頁。

　　亦可也。自其道之示人無隱者而言，則道謂之教；自其工夫之修習
　　無違者而言，則道謂之學。教也，學也，皆道也，非人之所能爲也。
　　知此，則又何訓釋之有！〔註31〕

《中庸》首章有云：「天命之謂性，率性之謂道，修道之謂教。」陽明以「道」
爲中心，把性、教、學三者都打通來理解，尤其是把「工夫修習」之學，與
「道」聯繫起來講，突出了主體能動性。以上所引陽明關於文字訓釋有三層
意思：一、字義明白則不必訓釋；二、互訓得通則不必拘執於用哪個詞；三、
以明道爲旨歸，超越訓釋。經籍文獻爲載道之具，對其言語文義的訓釋最終
是爲了明道。如果在某種情形下，捨文可以求得道，陽明應當不會予以否定。

　　陽明主張發明本心而對經籍文獻的所謂「心解」，在一定程度上超越了對
文義闡釋的不同路徑，因此心體相同則能包容文義解釋之間的差異。有朋友
指謫、非議朱熹書中觀點，陽明說：「是有心求異即不是。吾說與晦庵時有不
同者，爲入門下手處有毫釐千里之分，不得不辯。然吾之心與晦庵之心未嘗
異也。若其餘文義解得明當處，如何動得一字？」〔註32〕這裡陽明說到朱熹
對經籍文義解釋得好的，一字不可動，而他在《大學》原文方面又主張用「舊
本」，不認同朱熹所改過的本子。對朱熹所出文獻改或不改的態度，完全取決
於其觀點論證是否合理可信，但陽明無疑是對朱子思想已經作了非常充分的
吸收，深得其意。

　　訓釋經籍與發明本心都是爲著明道這一件事，陳立勝指出：「嚴格講來，任
何文本都不是神聖的，只有『道』才是神聖的，這一意識在宋明儒學中是非常
強烈的。而聖經之『道』最終是超越聖經文本的，是遍在的、公開的、平易的，
心體即是道體、性體。」〔註33〕宋明儒學強調的是道對經籍文本的超越，發掘
出了心體、性體與道體的重要聯繫。經爲載道之具，心體即是道體，如果說解
經之文義是「下學」，那麼心解悟道就是「上達」，這本是一件事，不應分作兩
截。或有學者認爲，陽明把心學貫穿到古文獻學中，開一代空疏學風，受到考
據學家的非議。但實際上，陽明本人在古文獻闡釋過程中的心解體悟方式，與
訓詁考證並不矛盾；其次，陽明所著力發揚的聖學重在德性義理，與知識性考

〔註31〕　（明）王守仁：《王陽明全集》卷六，第238〜239頁。

〔註32〕　（明）王守仁：《王陽明全集》卷一，第31頁。

〔註33〕　陳立勝：《儒學經傳的懷疑與否定中的論說方式——以王陽明、陳確的〈大學〉
　　　　　辨正爲例》，《中國哲學史》，2002年年第2期，第61頁。

證還是有所區別的。後來的考據學家有可能是沒有理解清楚陽明完整的思想體系，偏執「心解」一端，而誤將空疏學風歸源於陽明。

陽明並非鄙棄考證禮樂名物等知識，他所強調的是，即便是聖人也不可能對此生而知之，但聖人在德性方面是完善的，在此基礎上，知識性的信息可以多問而得：

> 聖人本體明白，故事事知個天理所在，便去盡個天理，不是本體明後，卻於天下事物都便知得，便做得來也。天下事物，如名物度數、草木鳥獸之類，不勝其煩，聖人須是本體明瞭，亦何緣能盡知得？但不必知的，聖人自不消求知；其所當知的，聖人自能問人，如「子入太廟，每事問」之類。〔註34〕

《大學》有云「知所先後，則近道矣」，聖人心體具足天理，知其所在，然後再去知曉天下事物，所謂「生而知之」是就德性而言，並非詳盡地知道萬事萬物的具體細節。禮樂名物亦有本原，根於心體所具足的天理，故而心體明白也是進行知識性考證的前提。

陽明本是極為反對虛浮、空疏的學風，而特別注重「實學」，他在與徐愛談到文中子擬經與後儒著述的問題時指出：「天下之大亂，由虛文勝而實行衰也。使道明於天下，則《六經》不必述。刪述《六經》，孔子不得已也。……孔子述《六經》，懼繁文之亂天下，惟簡之而不得，使天下務去其文以求其實，非以文教之也。」〔註35〕這種倡導「實學」的意見陽明不止一次提出，其涵義首先是要由口耳之學到身心之學。其次，文以求實，文以證實，陽明在務實的精神上與樸學相通。

經籍文獻作為載道之具，不僅包含知識性內容，更在明道盡性上具有重要價值，這是中華文明元典之樹常青的原因之一。陽明心學理論體系的完成，與其古文獻學思想的演進有較多關聯，作於龍場悟道後的《五經臆說》是陽明心解體悟經籍文獻的典型案例。他並非否定要對古人言語文義進行基本的訓釋與考證，實際上陽明對古文獻的整理工作秉持非常謹慎、務實的態度。訓釋經籍與發明本心都以明道為旨歸，陽明在其心學理論與實踐的發展過程中，把兩者通貫起來，形成了一位哲學家獨具特色的古文獻學思想。這種心解體悟的學習範式不應被誤讀，其價值仍可繼續挖掘。

〔註34〕 （明）王守仁：《王陽明全集》卷三，第110頁。
〔註35〕 （明）王守仁：《王陽明全集》卷一，第8～9頁。

第二節 《大學》詮釋：本體工夫

對《大學》之綱領（明明德、親民、止於至善）、條目（正心、誠意、致知、格物）的詮釋，於陽明良知學的形成甚為重要。蒙泉詮釋《大學》的過程，正是他承傳其師陽明「致知焉盡矣」之說，完成對「心體」過渡到「良知本體」的論證，並以「致良知」為中心，構建出《大學》綱領、條目的本體與工夫體系。無論是「工夫合本體」，還是「本體成工夫」，蒙泉實質上嚴格秉持了「體用一源」「知行合一」的陽明師教，而對朱子的「心具眾理」說不以為然。在良知本體如何確立，以及致良知工夫的如何展開的兩方面問題的論證上，蒙泉將出自《尚書》的「道心惟微，人心惟危，惟精惟一，允執厥中」四句，與《大學》的綱領、條目深度融合，以「精一之旨」再度充分論述致良知學說的經典理據，並最終導向其獨創的「良知幾學」。

一、重構《大學》綱領、條目之本體工夫。本體成工夫，以良知主宰、發見流行為知行合一的本體，統一《大學》的格致誠正。蒙泉指出，心性不為形氣所累，純是良知發見流行，則《大學》中的格物、致知、誠意、正心都獲得統一。《大學》中言「欲修其身者，先正其心」，蒙泉認為這裡談到「正心」的問題，就已經足夠詳盡，但是隨後為什麼還要繼續講到「誠意」、「致知」、「格物」（「欲正其心者，先誠其意；欲誠其意者，先致其知，致知在格物」）呢？這是因為我們的「心」得之於天，此「心」之初，「率性以為道」，不需要後天的學習、思考，憑著一種道德直覺，便會知到愛親、敬兄，這也就是良知的發見流行。此時，自有愛親、敬兄的「意」之誠，自有愛親、敬兄之事（物）之格。此時，只是一個愛親、敬兄，而格物、誠意、正心都包括在「良知」的發見流行之中。這是「知行合一」的本體，本來如此，於是就不能將格物致知當作「知」，又將誠意正心當作「行」。心之良知在作不得主宰的情況下，就會有私「意」萌發，不正之「事（物）」滋生。此時，知、意、物三者相因而病，故「心」也不得其正。仔細考察這個過程，心之不正，還是發端於意之不誠，而意之不誠，良知是能夠發覺的，良知能夠知道其中緣故。所以從本體層面上看，還是要從致（良）知入手，要讓良知作得主宰；良知作得主宰，便能格得其「物」（意之所在便是物），下了實地工夫，就會達到意誠，而心可得正矣！

工夫合本體，將《大學》中的誠意、格物、正心均納入致（良）知範疇。在對《大學》條目的詮釋中，按照「工夫合本體」的理路，蒙泉以「知」為

中心談體、用，總結爲：「心以知爲體，而意與物者，知之用。提醒此良知爲主，不使昏昧、放逸，則私意無所容，而不正之事無所隱，有以復於至善而心正矣。」（《燕詒錄》卷一，《憶言》第 24 條）簡言之，心之體爲知，知之用爲意與物，這就是《大學》條目中「心、意、知、物」四者的關係。蒙泉實際上對此四者進行了體、用的區分，也就是將「心、意、知、物」重新做了本體、工夫的層次梳理。所謂「工夫合本體」，也就是「知行合一」，心以「（良）知」爲本體；而意（心之所發）、物（意之所在）均爲知之用；格、誠、正爲工夫，統一於致（知）。具體地講，致（良）知就是提醒良知，使其作得主宰，不使良知或昏昧，或放逸。不論是「本體成工夫」還是「工夫合本體」，蒙泉都在秉承其師陽明「知行合一」的思想，強調知行不可分，論證《大學》條目「正心、誠意、格物、致知」一以貫之於「致（良）知」。

　　蒙泉在梳理《大學》「三綱領」「八條目」的內在聯繫後，歸結到其師陽明「致知焉盡矣」的說法，此「致知」實爲「致良知」，並與霸術、老釋區別開來。《大學》開篇爲「大學之道，在明明德」，蒙泉指出，大學之道以「明德」爲首，是因爲其「本於立己」，如「爲己之學」「身心之學」用意。而「立己之學」是要圍繞「明德」，展開爲心、意、知、物，最終達成「止於至善」的狀態。在這個意義上，蒙泉其實是就「本體」層面來論述其結構；他再從「工夫」上講，《大學》條目中的格、致、誠、正即是「明明德」之「明」的具體展開，這些貌似是不同的工夫，但是其實質都導向「止於至善」。而心之「至善」，是性之德，是「合內外之道」者。這還是工夫合本體的理路。蒙泉有言：「格致誠正以修其身，所以明德也。然非即家國天下之施，以自得於己，則無所用其修矣。齊治平以明明德於人，所以親民也。然非自心、意、知、物之微，以究於用，則無所要其成矣。」（《燕詒錄》卷十三，《答友論學書》）蒙泉將「明德」與「明明德」作了區分，他將「明德」主要定位於在己之「修身」；而「齊家、治國、平天下」，乃「明明德」之事，爲《大學》「親民」之義。「齊治平以明明德於人，所以親民也」，此事須從自己的心、意、知、物之微處入手，達到格致誠正、止於至善的狀態，否則其成功也是不足以視爲「王道」的，也可能停留在「霸術」層面。從另一方面看，修身「明德」已成，但無所用，便如道、佛之不能用世。這兩種情況，都不是「大學之道」。

　　在《答友論學書》中，蒙泉就《大學》「綱領」「條目」之間的關係進行細緻分析，但還未非常明確地闡明以良知爲本體的問題。簡言之，從「以心

爲本體」，到「以良知爲本體」，有一個過渡，兩者的銜接處，正是所謂「虛靈」者。因此，關於「良知本體」的稱謂，往往呈現出不同的言語表述。蒙泉指出：

> 夫曰心虛靈之位，就其主宰，有心之名；就其感動，有意之名；就其明覺，有知之名；就其動所向之事，有物之名。要之，其名之異者，隨所指也，而虛靈者，其體也，爲物不貳也。失於動而後有不善，而本體之知弗能欺也。故誠意者，自修之首也；致知者，誠意之則也；格物者，致知之實也。故格物以實致其知，以不妄於動，則復其本體，而身無不修矣。以言乎己謂之明德、止至善；以言乎人謂之親民、止至善，而《大學》之道舉矣。（《燕詒錄》卷十三《答友論學書》）

良知在心是「虛靈」的，以此虛靈良知爲本體，有主宰（心），有感動（意），有明覺（知），有動向之事（物）；動而不善，虛靈良知本體也能察覺，不欺此良知，便是誠意。因而，蒙泉以「誠意」爲修身的首要之事，立得一個「誠」字。陽明講「誠者，天之道也；思誠者，人之道」，其中的「思誠」就工夫而言，也當是「誠意」之義。不誠意，則無以通向良知本體，所以誠意的以致（良）知爲標準、原則，又落實到格物上。格物以落實致知，於是意不妄動，意誠則心正於「虛靈之位」，便是復於良知本體，而達成修身。《大學》中有言「皆以修身爲本」，就內而言乎己謂之明德，就外而言乎人謂之親民，兩者的境界追求最後都通向「止於至善」。

二、以「即心即理」質疑朱子「心具眾理」。蒙泉引朱子釋《大學》「明德」所言「人之所得乎天，而虛靈不昧以具眾理而應萬事者」，他指出，此「虛靈」即是「心」。按前引朱子所言，此心不昧則具眾理、應萬事。這也就可聯繫到陽明所謂「心外無理」「心外無事」（苟非虛靈，安得有理有事哉）。蒙泉試圖在融合朱、王，但他又敏銳地注意到兩者所不同之處，在護衛陽明心學立場上，他指出：

> 其實即心即理，即理即事，苟非虛靈，安得有理有事哉？謂之「具」，若兩物然，朱子以理在天下之物而管於吾心耳，故必格天下之物而後理明，理明諸心而後心盡，謂盡心屬格致，未及誠正，恐其旨與孔孟不同。（《燕詒錄》卷三，《憶言》第一二八條）

關於心與理的關係問題，朱子可謂認爲「心具理」，給人心與理爲二的感覺；

陽明認為「心即理」，明確堅持心與理為一的立場。蒙泉所提出的「即心即理」，相對於陽明的「心即理」，更為緊密地把心與理統一起來。如此，盡心即是窮理，也就是《大學》之「明明德」，且可從「心」入手。與陽明、蒙泉思路不同，朱子則認為，心所「具」之理卻「在」天下之物，簡言之，理在物，管於心。因此，先要去格物，然後明理，理明諸心而後心盡。在朱子這樣的次第下，盡心是從格物一路而來；蒙泉認為朱子這樣的次第恐怕與孔、孟不同，因為他沒有涉及誠意、正心。孟子曰「盡其心者，知其性也，知其性則知天矣」，天所賦予人者為心性，蒙泉承其師說以（良）知為心之本體，則盡心知性就是致良知，純是此良知發見流行，則物可得格、意可得誠、心可得正。因此，朱子的「心具理」要求向外格物，蒙泉承其師而發展出來的「即心即理」，是向內致（良）知，統合格物、誠意、正心。所以他指出「須精思力踐」才能得之於心，所謂「精思」可理解為「精一」之「精」，即致良知；所謂「力踐」，也不離格物的著實工夫。

《大學》有言「致知在格物」，伊川先生程頤云：「致知在所養。養知莫過於寡欲二字。」蒙泉指出，伊川所謂「寡欲養知」也是一種格物工夫。因為所謂「欲」，是指不正之意念；所欲之事即為「物」，就此「格物」，即是使其不正者歸於正；既已歸之於正，則「欲」必「寡」。因此，寡欲就是蒙泉之師陽明所謂格物，只是伊川並未悟盡、道破。在這個意義上，蒙泉對朱子《遺書》中所言「今日格一件，明日又格一件」，以及「一草一木皆有理，須是察」的說法表現出懷疑的態度，他說：「豈先生學問日新，後來自不同歟？抑記者之誤歟？」（《燕詒錄》卷二，《憶言》第 48 條）我們知道，陽明早年格竹失敗，後來又作《朱子晚年定論》，他對朱子之學由信從而生疑。蒙泉此「疑朱」論頗類其師陽明，但也試圖做些調和解釋。

在蒙泉看來，《大學》三綱領中的「明德」即是「虛靈不昧之心」，朱子言其「具眾理而應萬事」，正是因為《大學》條目中的意、知、物，都備於心，所以言正心必誠意，必致知，必格物，所謂正心，不過是復其本體所有，因此不必如朱子所言：窮天下之物之理之後再合之於心，才是所謂「致知」。此心靈覺之良知，無窮盡、無方體，協調天地、裁成民物，而盡吾性不過是此心靈覺運用不窮。求端用力，不出於知微之顯，也即「道心惟微」，所以致吾良知以謹於微（明德），則遠近無不得其正（親民）。良知可用世，體現為親民、格物，這就不同於釋氏的只得明心見性。蒙泉由此總結道：「心學之源，

開自堯、舜，傳之孔、孟，以至周、程而下，流派日遠，不無少異，幸有先覺，上溯孔、孟之傳，辨異歸同，以詔來學，誠吾道大幸！」（《燕詒錄》卷三，《憶言》第 129 條）此處蒙泉沒有明言「先覺」者爲誰，綜合考察其治學路徑，他所謂「先覺」者應包括白沙與陽明。

三、由「精一之學」導向獨創「良知幾學」。《大學》的格物、致知、誠意、正心，是對《尙書》「惟精惟一」工夫的詳密發揮與闡明。蒙泉以「道心惟微」的「微」爲本體，此本體發動之後有「人心惟危」。如周子所言，「幾」在「動靜有無之間」，則從這本體到發動的過程中，必有對「幾」的察覺、感知，這是需要後天另加學習、思考的。蒙泉所言之「幾」，其實就是「良知之微」。於是就本體發動後所指向的事物去致（良）知，通過格物（格其不正以歸於正），則惟「危」的人心泯滅，即由「危」而「正」，便歸復與道心之「微」的本體。此時，人心與道心合一，工夫合本體，這也就是「執中」的意思。蒙泉大力讚美陽明「挈出致良知爲統領，誠發先賢所未發，千古一大快也。但今之學者未能虛心體驗，尙疑良知爲未足，而猶欲有所幫補，其不知於精一之旨何如也。」（《燕詒錄》卷四）蒙泉之意，陽明以「致良知」爲《大學》格、致、誠、正的統領，那麼《大學》條目中的「致知」其實也包含於「致良知」中。我們可以認爲陽明改造了《大學》條目中的「致知」，以統合格物、誠意、正心，只不過蒙泉在論述過程中，時時將《大學》條目的「致知」與陽明的「致良知」，區分得並不是很明顯。

陽明學以良知爲本體，而良知如何「本體化」的問題，蒙泉在詮釋《大學》條目格致誠正過程中，引入《尙書》的「道心惟微，人心惟危，惟精惟一，允執厥中」，實際上將良知的本體與「道心」相聯繫起來，將致良知的對象對準「人心」，將致良知的要旨歸向於「惟精惟一」（精一），將致良知的工夫合本體視爲「允執厥中」（執中）。他以自己的理路解決了良知本體化的經典依據問題。關於這方面的問題，蒙泉在其所作《兵部左司務管子行墓銘》中也有較爲集中的論述：

> 《大學》言「明德」而列之爲心、爲意、爲知、爲物，蓋即此虛靈不昧之體，隨所指異名，一渾然於至善而已矣。而其明之也爲格致、爲誠正，亦自不欺此虛靈之體，隨所在異名，一止於至善而已矣。不欺此虛靈之體者，良知之所以精也；而止於至善者，良知之所以復其體也，一也。故此四者精一之節度也，皆所以致其良知

也。師云「致知焉盡矣」者，此也。知致則身修而家國天下理矣，

此之謂大學之道。(《燕詒錄》卷七，《兵部左司務管子行墓銘》)

上引一段實爲蒙泉對「大學之道」的精要詮釋，提出「精良知」與「一良知」的觀點，「明明德」即致良知，致良知最終到達的狀態是「止於至善」。圍繞著良知本體與致良知的問題，蒙泉指出，良知的本體即虛靈不昧之體，也即是「明德」，而復得良知本體的狀態就是「止於至善」，這是歸「一」；不欺良知的虛靈之體，這是「精」。特別值得注意的是，蒙泉多次提到「不欺此虛靈之體」，其實就是「不欺良知」，這也是「精良知」。可見，不只是針對於《大學》「八條目」，蒙泉在「三綱領」的詮釋中，還是緊密結合《尚書》中的「惟精惟一」之句，此「精一之學」，對致良知學說理論框架（本體論、工夫論）的構建甚爲重要。

毫無疑問，陽明的「致良知」學說，與《大學》條目中的「致知」有著非常大的聯繫，但到底是根據怎樣的思路、邏輯，從「致知」發展爲「致良知」。對於這個問題的解決，我們從蒙泉的《大學》詮釋中可以找到較爲完整的論證過程。首先，需要說明良知如何成爲本體，即論證「良知本體化」。蒙泉首先根據其師陽明對《大學》「致知焉盡矣」的論斷，從工夫入手，將正心、誠意、格物統合到「致知」，其統合的深層依據是心的「虛靈」之體，於是，正心便是復於心體虛靈，意之誠否亦瞞不住心之虛靈，並落實在格物上。其次，心的虛靈之體如何導向良知？因心之虛靈而明德、明理，不同於朱子所謂「心具眾理」說，蒙泉提出「即心即理」，對理的把握不必外求，即心得理，並將其本體化，良知本體至此呼之欲出。再次，心有「道心」、「人心」之分，又須以「道心」爲體，「人心」爲用，其工夫呈現爲「精一」。蒙泉以「道心惟微」爲良知本體，尤其注重道心之「微」乃良知本體工夫的關鍵處，這爲其創立「良知幾學」打開了通道。

第三節　《尚書》詮釋：精一之學

對於《尚書》的詮釋，蒙泉提到最多的當然是出自《大虞謨》的「人心惟危，道心惟微，惟精惟一，允執厥中」。所謂「精一」之旨，直接關乎聖學之要。關於「惟精」，蒙泉認爲其「只是察乎人心、道心之辨，而不使之或雜，驗之吾心，其於危、微之介，不俟格天下之物以求理於外而後明」。((《燕詒

錄》卷二，《憶言》第 66 條)）精的工夫，在「心」上做，具體而言就包括：
分辨人心、道心，使得道心大公不雜入人心私欲，在人心的「危」與道心的
「微」之細小區別處，注重內心的澄明、覺知、主宰，這種情況是不需要等
到格盡天下之物後才能做到的。所以蒙泉堅定地承傳「心」學，在「心」上
用功，那麼所謂「致」（致知和致良知中的「致」），就是「致吾心之知」；格
物中的所謂「格」，就是「格所知之物」。《大學》中講「致知在格物」，蒙泉
也提出「物格則知致」。以《尚書》「道心」和「人心」中的「心」爲媒介，
蒙泉將其聯繫到《大學》中的「致知」與「格物」，這是一個基本的論證思路。
至於「心」與「知」、「物」的關係，陽明講過「心自然會知」，以及「心中所
發便是意，意之所在便是物」等等。「精一」的工夫以「率性」爲學，蒙泉說：
「道以率性爲主，學以聞道爲難，危微精一，三聖授受之微言，固性學之宗
也。然不知所以精，則危者雜，微者不可見，非率性以爲學，而道不可得而
聞。」（《燕詒錄》卷五，《與友人書略》）蒙泉將「危微精一」作爲「性學之
宗」，或與其對程子「定性」說的思想汲取有關，並且他在《中庸》詮釋中也
極爲重視「率性」的問題，提出「率良知而行」的觀點。因此，我們從經典
詮釋的角度，可以梳理清楚蒙泉良知學思想的各種思想來源和邏輯關係。

　　聖學相傳心法，主張「致一」工夫，自得於心，一於「道心」。《尚書》「精
一」之旨爲心學之訣，蒙泉指出要想由其有所得，工夫都在於自身勉行，有
得於心，如此便不管如何論述都不離此訣。就如堯言「執中」，舜言「精一」，
孔子言「格致誠正」，都是關於詳密工夫的不同說法；至於立教主張，也有不
同講法，如孔子說求仁，孟子說集義，周子主靜，程子定性，蒙泉認爲他們
也有著一以貫之的東西，這就是「一於道心」：一於道心之謂「中」，一於道
心之謂「仁」，一於道心則行無不慊而爲「義」，一於道心則無欲而爲「靜」，
一於道心則無內外、無將迎而爲「定」。（《燕詒錄》卷三，《憶言》第 117 頁）
針對「道心」做「致一」的工夫，便可求仁得仁（孔子），集義得義（孟子），
主靜得靜（周子），定性得定（程子），蒙泉認爲這就是孔、孟、周、程的聖
學心法相傳。

　　陽明以「致良知」承傳《尚書》「危微精一」的心學宗旨爲「精一之學」。
蒙泉強調，出自《尚書》的「危微精一」（「人心惟危，道心惟微，惟精惟一，
允執厥中」）就是「心學宗旨」，孔子對其進行發明，展開爲「格物、致知、
誠意、正心」（出自《大學》）。陽明有言「良知者，心之體，發動爲意，意所

向爲物，總不出乎良知，致知焉盡矣」，可知他將「良知」作爲心的本體，進一步深化，故所謂「致知焉盡矣」即是講的「致良知」，而「所謂致其良知，物格、意誠、心正而止於至善也。故第之爲心、意、知、物，體用似析矣，而不外於心之良知，統之所以有宗也。序之爲格、致、誠、正工夫，似漸矣，而不外於致其良知，會之所以有元也」（《燕詒錄》卷五，《與督學顏沖宇》）蒙泉以「心之良知」統宗心、意、知、物；又以「致其良知」會元格、致、誠、正工夫。蒙泉自信其師陽明的「良知」與「致其良知」，就是《尙書》的「精一之學」。

《尙書·大虞謨》中此四句可作進一步的分析：執中爲堯所開心學之源；「危微精一」之說則是舜之所命予禹。蒙泉所言「精一之學」在論述中融會了堯、舜、孔子三者的思想，並指出：「堯、舜以道心爲中，以精一爲執中；孔子以格、致、誠、正發明精一之節度。」（《燕詒錄》卷六，《書生員朱子漸卷》）無怪乎蒙泉在其所作《惜餘》詩中有言「聖訣辨危微，精一開心傳」，他著重於「精一之旨」於心學承傳的理論價值。蒙泉通過對《尙書》的詮釋，尤其是其中的「精一」與「執中」之說，豐富了源自《大學》的「致知」內涵，並終於導向「致良知」的提出和論證。關於這段「心傳史」的思考，蒙泉也在其《默坐感述》詩中作了集中闡發：

> 三聖心授受，萬古開先天。重華教無窮，益之以三言。後聖並祖述，道化相昭宣。率由彌宇宙，此學何愚賢。道窮悲尼父，作經標眞詮。格致而誠正，精一何偏全。危微辨此心，心外無別傳。濂洛揚其波，混混逢源泉。流傳寖以遠，毫釐寧極研。卓哉大負荷，亦爾門路偏。心理分合間，後學滋牽纏。賜也徒能憶，一貫尚疑然。旅生千載後，孰能聞道先？至人挺貞會，力將斯道肩。良知宗四目，精以一之焉。金玉振其響，轟然作經年。詎惜良工心，妄作好自專。嘐嘐狂自附，恍惚語稱玄。居然無忌憚，色取謂行權。一號眾聽嘩，莊周卜生緣。念此不成寐，中夜理無弦。息交歸澗濱，寒泉日涓涓。塘空鑒我心，香引濂溪蓮。（《燕詒錄》卷十，《默坐感述》）

上引詩歌中，蒙泉所言「格致而誠正，精一何偏全」，對「精一」與《大學》條目「格致誠正」的關係作了說明，他以「惟精惟一」來涵蓋「格物、致知、誠意、正心」；而「危微辨此心，心外無別傳」就更爲突出堯、舜、孔子這「三聖」的心傳學訣乃後世心學思想之源。用「良知宗四目，精以一之焉」這兩

句，蒙泉總結了其師陽明在堯、舜、孔子以來的心學傳承過程中的重要貢獻。所謂「良知宗四目」，具體而言就是指以「心之良知」統宗心、意、知、物；而「精以一之焉」，便是指以「致其良知」會元格、致、誠、正工夫。蒙泉有詩句自述其對陽明良知學的繼承曰「孳孳繹師旨，弱年已踰耄」，且他還有所發展，由「精一之學」走向其「知幾之學」，在《書懷》詩中蒙泉說：「心法仰相因，授受古之道。危微精則一，執中斯允蹈。性靈幾自神，知之無不到。精一匪外求，毫釐詎容眊。盡性總知幾，勿欺爾愧愧。」（《燕詒錄》卷十三，《書懷》）其中「性靈幾自神，知之無不到」兩句，開始點出從「（良）知」到「幾」的變化，言其「自神」時已有「本體」層面的涵義；又言「盡性總知幾」，則是從工夫論的方面論「知幾」之學。性乃道之所植根，而道之幾甚微（道心惟微），故知幾之學實為不易工夫。《尚書‧商書‧太甲下》曰「有言逆於汝心，必求諸道；有言遜於汝志，必求諸非道」，蒙泉據此指出：「以道觀其是非，善惡未嘗不明，但逆則生於有我，必以在我之為是，在人之為非，不由於道故耳。」（《燕詒錄》卷二，《憶言》第八十九條）心是變動不居的，這正是「性靈」的表現，故人皆有欲。但聖人之心融化到極純，純於道心，如《詩經》中所謂「惟天之命，於穆不已」，且不自知，這是孔子所能達到的境界，比顏回的「不遠復」還要境界高明，因此顏回對孔子有「雖欲從之，末由也已」的感歎。

第四節　《孟子》詮釋：行慊於心

內心深處用功，察惡須盡，從此心不可昧處，從良心泯滅不得的入手，蒙泉的《孟子》詮釋最終導向良知幾學。孟子主張，人由其所不忍達之於其所忍，即為仁，如能充無欲害人之心而仁不可勝用；由其所不為，達之於其所為，即為義，如能充無穿逾之心，而義不可勝用。蒙泉極為推崇《孟子‧盡心下》中所言「人能充無受爾汝之實，無所往而不為義也。士未可以言而言，是以言餂之也；可以言而不言，是以不言餂之也」，但他又指出：「學者之自察充類之盡，雖辭受取予，已裁之於義，而於其所辭受之物，微有羨心，即是見利，心體上著不得一毫。」（《燕詒錄》卷一，《憶言》第四條）通過「充類」的方法，可將仁、義由己推人，蒙泉更為突出的是「義」的方面須「用其極」。在義利關係的問題上，他看到了「義」的外在性，所以他說，儘管辭

受取予已經合乎義，但是如果內心深處對「利」還是有所羨慕，這依然是未能除盡的惡。因此，他所講的「察惡須盡」，正是做工夫到了內心深處。在蒙泉看來，這內心深處，自有「天然不容昧之靈覺」，果能從此心「不可昧處」著實用功，達到無爲其所不爲、無欲其所不欲之境界。此心的「不可昧」處，其實就是良知之幾。另外，蒙泉又引孟子所言「人能充無受爾汝之實」，並指出其中的「實」字，「便是良心泯滅不得的，雖貪昧隱忍，其心已放，而實則慚忿，則求其放者，非心之所自能耶？充之，便是由人乎哉？」（《燕詒錄》卷一，《憶言》第四十一條）所謂「良心泯滅不得的」，也是良知。

打通《孟子》、《尚書》、《周易》、《中庸》所蘊含的思想，蒙泉總結孟子之學爲「行慊於心」，工夫便是只求慊心。他說：「孟子之學，只是求放心；求放心，只是集義；集義只是無行不慊於心。無行不慊，便是道心之微。能將此心常爲之主，即是窮理盡性至命。工夫到至命，亦在熟之而不已焉耳。」（《燕詒錄》卷一，《憶言》第八條）求其放心的途徑是集義，集義要合內外，故蒙泉提出「無行不慊於心」。此時的「心」因合乎義，又能自慊，便以人心通道心，大概也是「執中」之義。工夫只求慊心。在給兒子孫汝賓的書信中，蒙泉鼓勵他立聖人志，要做聖賢路上人，並對《孟子》之學有所總結，強調「士須立己，工夫只求慊心」，他多次引用孟子所言「行有不慊於心，則餒矣」，來說明「所行必自慊心，便是集義，而其勿忘勿助，是調停工夫事也。孟子之學，此數語是吃緊口訣，又直指求慊心，可見處則曰『無爲其所不爲，無欲其所不欲』，如此而已矣。」（《燕詒錄》卷五，《寄汝賓兒》）如果要總結蒙泉的《孟子》詮釋特色的話，這個「慊心」的問題自然是重點。

通過詮釋《孟子》中的「慊心」，蒙泉論及《周易》的「窮理盡性至命」與《尚書》的「道心惟微」等。《周易》中有言「和順於道德而理於義，窮理盡性以至於命」。如蒙泉所言，無行不慊便是「道」心之微，自慊於心便是有得（德），求其放心於集「義」，這些都是「和順於道德而理於義」的，所以他說「能將此心常爲之主，即是窮理盡性至命」。就《孟子》詮釋而言，蒙泉論述「求其放心、集義、行慊於心」，有著內外合一的特點；他將其與《尚書》「道心」聯繫起來，也是在說明人心與道心之合；《周易》的「窮理盡性至命」還是在「此心常爲之主」的情況下得以統一。從《中庸》中的「聰明睿知」談起，蒙泉又言：

　　聰明睿知，即孩提之愛敬，不慮不學而能者，良知也，赤子之

　　心也。此心即仁義之性。孟子云，無惻隱之心，非人也。又云，惻

　　隱之心，仁也。可見矣。觀盡其心者知其性，知其性則知天，心即

　　是性，性即是天，又更明甚如此。只求盡心而知性知天，無別項工

　　夫矣。然所爲盡心者，非戒慎恐懼以完養此聰明睿知，更何用力？

　　孟子謂「求放心」、「不失其赤子之心」者，盡之矣。師「致良知」

　　之訣，蓋本諸此。（《燕詒錄》卷三，《憶言》第一百二十七條）

《孟子》所言「赤子之心」就是仁義之「性」，其中包括「惻隱之心」爲仁。
因此可以講盡其「心」者，知其「性」，心即是性。至於如何「盡心」，蒙泉
指出，無非是通過《中庸》裏的「戒慎恐懼」來完備、存養此「聰明睿知」。
這與孟子所謂「求放心」、「不失其赤子之心」說到底是一個事。

　　蒙泉論斷，其師陽明「致良知」之訣，也本之於此。結合《大學》詮釋，
他說：「孟子指孩提之愛敬爲良知之所自能，而學問之道惟不放此心。夫心之
不放者，格、致、誠、正之盡其功也。」（《燕詒錄》卷六，《天眞精舍志》後
序）而且，良知無終始，無動靜，《孟子》中所謂「必有事」，即戒懼一念不
息的致良知工夫。這一方面他也繼承了陽明的思想，只講「勿忘勿助」是不
夠的，因爲其內涵與抓手還是需要「必有事焉」。蒙泉把這「事」講得更爲具
體，那就是常存「戒慎乎其所不睹」、「恐懼乎其所不聞」的念頭。

　　關於立聖人之志，蒙泉提出「孟子論三聖，行一不義、殺一不辜而得天
下不爲。此直指所以爲聖之根本。學者必如此立志，方是有求爲聖人之志。」
（《燕詒錄》卷二，《憶言》第五十三條）立志的問題，所繫甚大，爲學之最
先要領，就像種樹植根，需要盡早加以辨別、明確，包括以否定的方式來確
定志向，如《孟子》中提到的「其所不欲，其所不爲」，蒙泉指出：「此一念
是天性自然，誠能順而充之，無爲其所不爲，無欲其所不欲，則火燃泉達，
本立道生，盛德大業，惡能量其所至也。」（《燕詒錄》卷四，《答副郎牛諱若
愚》）我們注意到，蒙泉此處強調「無爲」與「無欲」是針對於「其所不爲」
和「其所不欲」的，畢竟還是在「其」人的層面，並非如老莊從「道」的視
角所提出的「無爲」、「無欲」。儒學之「無爲其所不爲，無欲其所不欲」的基
礎，還是人之天命與心性，肯定人性的價值，並且積極入世。因而，作爲聖
人的根本，在於行無不義、不殺無辜之仁，不以得天下而擾亂其堅持道義是
非之心。蒙泉有言：

　　孟子論三聖處多，合而觀之，乃知聖人之心只知道義之是非，

不知外物之輕重，非□貨利，一有較計之私，便是徇外。如學伯夷，
不學其所以爲清，而先防其隘；學柳下惠，不學其所以爲和，而先
防其不恭。即此要完全的心，便是毀譽之根，不可與適道。(《燕詒
錄》卷二，《憶言》第五十四條)

學伯夷之清，也須先防其狹隘，因爲伯夷他不念舊惡，胸懷未嘗不是寬廣的。
學柳下惠的和，也要先防其不恭。孟子所崇尚的，還是歸於中正之道。「聖人
之心」以「道義是非」爲最重要，具有本體的完滿性，並且不得有絲毫的功
利計較。

　　孟子以「助長」爲大害，因爲其心作僞日久，聖人也不能化而入矣。孟
子所謂「集義」是指行無不慊於心，而心又是神明不測的，容易放掉，而難
以存養，所以即便我們以存心爲事，也不能不忘；而因爲會忘，所以又要操
持之，難免用力去把捉，這就又容易出現助長的毛病。因此孟子講「勿忘勿
助長」，一方面是因爲心的神明不測，易忘；另一方面，心的操存把捉，又容
易出現助長的弊端。在這樣的情況下，就需要引入「必有事焉」來解決「忘」
與「助長」的問題。如果能勿忘所「有事」，那麼就勿忘好了；如果此時也沒
有急於求成之意，也不會有助長的弊病。因此所謂勿忘、勿助長就可以是同
一種狀態，兩者不存在分離的情況。因此，蒙泉懷疑伊川先生程頤所云「勿
忘勿助之間」，或是記載有誤，伊川不會說出其中的「之間」一詞。他也懷疑
湛甘泉所言「天理有正中處」的說法，或也有人爲刻意安排的痕跡，不是天
理的自然。

　　在《孟子》詮釋中談「知行合一」的問題，蒙泉提出：能是良知之才，
直遂而後爲良知。蒙泉就《孟子》中「不學而能」的良能，與「不慮而知」
的良知，提出良知包涵良能的觀點。當我們說孩提「知愛」，一定是其不學而
自能愛了；說「知敬」，也一定是不學而自能敬了。「知」裏包涵了「能」，若
不能，則不是知。我們不能說一個不能做到「愛」、「敬」的人，眞的「知愛」、
「知敬」。因此孟子說「良知」，其實就包括了「良能」，並無遺漏。顯然，蒙
泉以「良知」爲本體，所以論定良知包涵良能，他反對王龍溪分開來說「心
之良知」與「心之良能」。《傳習錄》有云「知而不行，已被私欲隔斷，不是
知行的本體了」，蒙泉指出：「無隔斷，未有知而不直遂者。然惟直遂而後爲
良知，蓋不自知其能，而自無不能者也。孩提之愛敬，直遂其知而已，故不
須更言能。」(《燕詒錄》卷四，《與友人論學》) 良知是本體，若得直遂，自

然有其良能。蒙泉強調一個「良知直遂」的問題，這也正是對本體與工夫的打通。

第五節 《中庸》詮釋：引出真幾

陽明所提出的「致良知」，其中的「良知」出自《孟子》，而「致知」乃《大學》「八條目」之一。所以相比較而言，《中庸》與良知學思想的聯繫似乎並不如《大學》、《孟子》那樣直接和明顯。然而，蒙泉在詮釋《中庸》時仍然以本體、工夫為理論框架，將《中庸》的「聰明睿知」等同於「良知」本體，以戒慎恐懼與慎獨為一個工夫，並提出「率良知而行」說。尤其值得注意的是，蒙泉提出「獨知乃天然不容昧之真幾」，從《中庸》「慎獨」導向其獨創的「真幾」說，且具有本體層面的意義，而又基於「良知不息而無未發」的觀點，蒙泉也將「良知」學引向「真幾」說。前者就「真幾」的「不容昧」而言，後者又針對「真幾」的流行不息。因此，蒙泉的《中庸》詮釋儘管在良知學的本體與工夫方面展開不很多，但是對他最終構建「良知幾學」具有重要意義。

一、聰明睿知亦本體。《中庸》有言「唯天下至聖，為能聰明睿知」，此「聰明睿知」，蒙泉指出就是「虛靈知覺」。什麼是「虛靈知覺」？蒙泉引《論語・子罕》所記孔子曰：「吾有知乎哉？無知也。有鄙夫問於我，空空如也，我叩其兩端而竭焉。」這並不是孔子謙虛或違心的話，他恰恰在指示我們如何去求知。求知之道，在於保持心的「虛靈知覺」，沒有先入之見，沒有偏見，且「知之為知之，不知為不知」。總之，心是空空如也的狀態，也就是虛靈知覺的狀態。蒙泉指出：「夫虛靈知覺之謂心，空空如也，何嘗倚於有所知乎？有所焉，不得其正矣。」（《燕詒錄》卷六，《知說》）陽明講過「良知不滯於見聞，而亦不離於見聞」，蒙泉一方面提出虛靈知覺之心不倚於有所知，同時又提醒到若倚於有所知則心不得其正。陽明有「良知不離見聞」之說，蒙泉則主張「心倚於有所知則不正」，蓋心之正與不正，良知皆可察覺；而良知流行不息，必有所察覺，所以說良知不離見聞。心有所倚（心不正）即虛靈知覺受到蒙蔽，此蒙蔽仍可被良知察覺、突破。據此也可知，致得良知，心便可正。將「良知」稱之為「心虛靈之位」，又見於蒙泉的一封書信中：

> 夫曰「心虛靈之位」，《中庸》謂之「聰明聖智」，孟子謂之「良

知」，經文則謂之「至善」，皆言體也。就其主宰，有心之名；就其
感動，有意之名；就其明覺，有知之名；就其動所向之事，有物之
名。要之，只是這個心，一個至善。(《燕詒錄》卷十三，《答友書》)

上引材料中蒙泉所謂「經文」，指《大學》的內容。稱《大學》爲「經」，足
見其重視，這應與蒙泉在天泉樓得陽明親授有關。〔註36〕蒙泉以體、用爲框
架，對《中庸》、《孟子》、《大學》等經典中的核心概念進行梳理與整合，可
見經典詮釋在其良知學的承傳、創新過程中的重要作用。就「體」而言，《孟
子》所謂「良知」，《大學》「止於至善」中的「至善」，《中庸》所謂「聰明睿
知」，三者都居於「心虛靈之位」。就「用」而言，有「主宰」之用而名之爲
「心」；有「感動」之用而名之爲「意」；有「明覺」之用而名之爲「知」；有
「動所向之事」則名之爲「物」。如果說蒙泉將《中庸》裏的「聰明睿知」置
於本體層面，那麼其工夫便是戒懼慎獨。

　　二、戒懼慎獨工夫同。存天理與遏人欲是一件事，戒懼和慎獨也是一個
工夫。針對《中庸》中的「君子戒慎乎其所不睹，恐懼乎其所不聞。莫見乎
隱，莫顯乎微。故君子慎其獨也。」蒙泉不同意朱子將「戒慎恐懼」以「存
天理之本然」，與「慎獨」分作兩項。他認爲「存天理」與「遏人欲」不是兩
件事，戒懼與慎獨是一個工夫。蒙泉說：「此心之體不著見聞，故謂之獨，謂
之隱微。君子之戒懼，正惟存此體而已。有不善未嘗不知，知之未嘗復行，
所以存之也，此戒懼之實也。」(《燕詒錄》卷二，《憶言》第六十一條)因爲
「道不可須臾離也，可離非道也」，故須於不睹、不聞之處亦保持戒慎、恐懼，
這是爲了「存天理」之本然(道)。基於陽明的「心即理」和蒙泉的「即心即
理」說，所謂「存天理」也不離「心之體」，而此心之體也是處於一種不見、
不聞的「獨」、「隱微」狀態(「莫見乎隱，莫顯乎微」)，故君子須「慎其獨」。
簡言之，慎獨是在心體上做工夫，因「心即理」或「即心即理」，此慎獨也即
是「存天理」。所謂「欲」是人心之所發不正之「意」，遏人欲於將萌，也莫
過於不睹、不聞之處。存天理多一分，人欲便少一分，如陽明所言「天理、
人欲不並立」。因此，如果一定要說存天理的工夫在戒懼，而遏人欲須慎獨，
那麼慎獨與戒懼也不可分。戒懼與慎獨也被蒙泉導向其「良知幾學」，他說：

〔註36〕參看蒙泉在《燕詒錄引》中所言：(陽明)「先生引至天泉樓，授經文至『致
　　　　知格物』而止，示之曰：『學問宗旨全在此四字。』」可知蒙泉所謂「經文」
　　　　必是《大學》綱領、條目之類的內容。

　　《中庸》「戒愼恐懼」只是操存，令此心不放；其曰「不睹不
聞」，蓋言獨也，其實此「獨知」乃天然不容昧之眞幾，無聲無臭，
不容加損者也，必順適此體，而後戒懼始無弊。故不睹不聞，亦是
無聲無臭意。（《燕詒錄》卷三，《憶言》第一百零七條）

因爲戒愼不睹、恐懼不聞，正是一種「獨知」，不僅同於「愼獨」，而且深入
到本體層面，具有本體意義，蒙泉稱之爲「眞幾」，其特點是天然不容昧、無
聲無臭、不容加損。必須順和適應這個「眞幾」本體，然後才可以認爲戒愼
恐懼的工夫沒有流弊。蒙泉所提出的「獨知乃天然不容昧之眞幾」非常重要。
如果說他之前所作的經典詮釋是爲了論證良知如何作爲本體的話，此時，他
更傾向於將「眞幾」作爲自己的「良知幾學」理論體系的本體。

　　戒愼恐懼工夫，也表現在「禁於未發」。無論未發、已發，其實是良知「體
用一原」。《禮記‧學記》中有言「大學之法，禁於未發之謂豫」，《中庸》中
也有言「喜怒哀樂之未發謂之中」，宋儒李延平「教學者看未發之前氣象」，
蒙泉認爲，此「未發之前氣象」即《中庸》「不睹不聞」，因爲是未發之前，
所以明目而視，無所見；傾耳而聽，無所聞。此時「志氣精專，精神翕聚，
天理常勝而物欲不行，其禁於未發之道歟？即《中庸》戒愼恐懼是也。」（《燕
詒錄》卷三，《憶言》第一百一十九條）將《中庸》的戒懼與「未發」聯繫起
來，正是因爲其與「愼獨」是一個工夫。然而，《中庸》所謂「未發」（喜怒
哀樂之未發謂之中），也並非無「知」，此「知」爲本體，無知則斷滅本性。
本體之知即是良知，此良知常炯然，不睹不聞時也保持炯然狀態而不改變，
這就是所謂「未發」狀態，爲良知之體；而「已發」，則是良知炯然有所感應，
出現感應之跡，也就是有良知之用。蒙泉堅持良知「體用一原」的立場，就
致良知來說，不可分未發、已發。因此，蒙泉不同意先儒「有知即是已發」
的說法，他認爲「此良知性靈也，有此生則有此知，雖昏蔽之極，未嘗滅息，
是無未發時矣。」（《燕詒錄》卷五，《與督學顏沖宇》）基於「良知不息而無
未發」的觀點，從「流行不息」的特點出發，蒙泉後來將「良知」學引向「眞
幾」說。

　　三、率良知而擴充之。《中庸》性命之學是內外、天人合一的。蒙泉認爲
子思作《中庸》，之所以首先講「天命之謂性，率性之謂道」，是因爲順此「性
命之學」是「立大本而行達道」，即便據此達到極高境界、取得輝煌成就，也
只是性命本分中事。此性命之學是最爲緊要的，教以修道（修道之謂教）不

必強施行於世人。《大學》「格、致、誠、正」以及「止於至善」都屬於《中庸》內於己的性命之學，此學也涵蓋了施於外的齊家、治國、平天下，這是「內外合一」。由「天命」而「率性」也是「天人合一」，即如《尚書》「人心惟危，道心惟微，惟精惟一，允執厥中」中的「執中」。《論語・堯曰》中也記載堯對舜說：「天之曆數在爾躬，允執其中。四海困窮，天祿永終。」蒙泉認爲其「語內未嘗有外，言人未嘗遺己，盡己未嘗違天，此性體之自然，合內外天人而一之者也」。（《燕詒錄》卷之三，《憶言》第一百三十一條）《中庸》「內外合一」的性命之學，與霸術、禪學均不同，不可不辨。儒者識得性體不分內外，爲「王道」；而行「霸道」者，有「遺內」的問題，即有假以仁義之名，實爲私利謀取功業；修「禪學」者，或有「遺外」之弊，不問世事，以求一己解脫。霸、禪都是「不識性體」而爲自私自利之事。因此，蒙泉提出「辟異端而黜霸圖」的主張。

以良知爲性體，率良知而行。蒙泉就《中庸》「率性之謂道」，指出其中的「性」即《孟子》所謂「良知良能」，如孩提之無不知愛親、敬長，可知孩提並不以親、長爲外，又不以愛敬爲內，其本性如此，良知如此。所以孩提只是「率良知」而已，自然會愛其親、敬其長。這種「赤子之心」是天命之自然善端，常感應流行，故「率」之而已。可見，蒙泉由性命之學無內外，而過渡到致良知也無內外。關於「率良知」說，蒙泉有言：

> 觀孟子指良知良能爲是人之性，必即孩提之無不知愛親，無不知敬長，以驗其性之本來，則知親長非外也，愛敬非內也，率吾之良知而已，親長之矣。率吾良知親吾親，以及人之親；長吾長，以及人之長。即「知皆擴而充之」之謂，求以自遂其心。於是制田里、教樹畜，有養之政焉；立學校、聯師儒，有教之政焉。於是有慶賞刑威之典，有軍師征討之命，皆自吾良知之不自己者而時出之，無所不用其極而已，非有所爲也。（《燕詒錄》卷之三，《憶言》第一百三十一條）

率良知，也就是擴充良知，以求自遂於心。比如，率良知由親「吾親」而擴充爲親「人之親」；長「吾長」，以及「人之長」。以此良知推己及人，於是有養民、教民之政，有慶賞刑威之典，有軍師征討之命，等等。這些都是「率良知」而行的結果，並不再摻雜良知以外的只爲圖謀一己私利之心。其實，「率良知」就是蒙泉在《中庸》詮釋過程中所自創的一種「致良知」表述方式。「率」

主要有「率領」、「遵循」之義，從「天命（於人）之謂性」的意義上看，性是由天所賦予人，人不得「率領」天，人當是被「率領」。因此，所謂「率良知」，應理解爲「遵循」良知。但若只是「遵循」，或嫌於被動，故又須「知皆擴而充之」。值得注意的是，蒙泉還提出「良知之不自己而時出之」，這無疑又深入到良知本體層面，突出其「不自己而時出」的特點，「不自己」即「流行不息」；「時出」即「不容昧」。流行不息與不容昧，又都是蒙泉所謂「眞幾」的特徵。當我們考察蒙泉「良知幾學」本體（即「眞幾」）的來源時，不可不瞭解到《中庸》詮釋所提供的思想資源。

第六節　《周易》詮釋：幾與知幾

《周易》被譽爲「群經之首」，在中國傳統文化中的地位極爲重要。《周易》詮釋在蒙泉「良知幾學」的形成過程中起著非常重要的作用，我們有專門的章節論述，包括《周易‧乾卦》中的「知至至之，可與幾也」，以及《周易‧繫辭下》中的「知幾其神乎？君子上交不諂，下交不瀆，其知幾乎，幾者動之微，吉之先見者也，君子見幾而作，不俟終日」，和「顏氏之子，其殆庶幾乎？有不善未嘗不知，知之未嘗復行也」，等等。此外，在《周易》詮釋中，蒙泉還引述了其他幾個卦象，與其良知幾學結合起來。比如，《周易‧復卦》中的「一」畫，蒙泉認爲就是「幾」，也就是指人在應酬過後，無所聽、無所見，達到一種「至靜」的狀態，在這種狀態下，心並不是枯死、寂滅的，蒙泉稱之爲「此心一念之靈不可磨滅者」。至於他所引述的《周易》中「《復》之一畫」，應當是指其中的「初九」爻。《易經‧復卦》卦辭曰：「亨。出入無疾，朋來无咎。反復其道，七日來復，利有攸往。」其《象傳》曰：「復，亨；剛反，動而以順行，是以出入無疾，朋來无咎。反復其道，七日來復，天行也。利有攸往，剛長也。復其見天地之心乎？」又，《周易‧復卦》中「初九」爻辭爲：「不遠復，無祗悔，元吉。」其《象傳》曰：「不遠之復，以修身也。」此《復卦》「初九」爻之一畫，蒙泉將其提升到極高境界，他說：「天地之四時行、百物生，非此一之流行乎？唐虞三代君臣所以兢業不忘者，惟此一幾字。」（《燕詒錄》卷一，《憶言》第三十八條）蒙泉對《周易‧復卦》的卦象、爻辭，都有所發揮，特別針對於修身方面，其中的「不遠復」思想很有其實用性。

此「一畫」之妙，不只在《復卦》中，也在《周易・剝卦》之上。蒙泉有言：「人欲橫流中，是非一念之公未嘗磨滅，其《剝》之上一畫乎？從此反之則爲《復》，從此養之則進於聖賢。」（《燕詒錄》卷二，《憶言》第五十二條）可見蒙泉除了將此「一畫」（《復卦》初九爻）解釋爲「一念之靈不可磨滅者」，還視其爲「一念之公未嘗磨滅」，這「一念之公」（《剝卦》）與「一念之靈」（《復卦》）都以「一念」爲中心。王龍溪對於「一念工夫」的論述也很多，但蒙泉所講的「一念」自由其特色，最終導向「良知幾學」，即「一念之靈不可磨滅者」，這有著本體層面的意義。「一念之公」是就發用而言，面對私欲橫流的問題，保持心體的廓然大公也須從「一念」入手。

就《周易》詮釋而言，蒙泉注重講「一」的問題。他又引《周易》「一致而百慮」的命題，此言出自《周易・繫辭下》子曰：「天下何思何慮？天下同歸而殊塗，一致而百慮。」蒙泉指出，其「一」是「一於理」，只不過這「理」是「時中也，此心自然之條理也。求諸此心而自慊焉，則無不中節矣。如男女授受則不親，嫂溺則援之以手，將焉取衷哉？」（《燕詒錄》卷三，《憶言》第 124 頁）在「理」的問題上，蒙泉強調其「時中」的特點，而「理」的來源又是「此心自然之條理」，因此不可「外心以求理」。求理於心的內在標準應是「自慊」。蒙泉所主張的「即心即理」，有兩個向度：即心而「自慊」，即理而「時中」。他之所以強調求理於心的「自慊」，是因爲理的外在表現複雜多樣，而要找到一貫的東西，就只有「自慊」於心了。

陽明先生論學，曾有明、照的說法。其言聖人之心如「明」鏡，只是一個「明」，則隨感而應，無物不「照」。蒙泉又以《周易・噬嗑卦》詮釋「明」的問題。在《贈南京少司寇敘》中，蒙泉引《周易・噬嗑卦》的《象傳》：「頤中有物，曰噬嗑，噬嗑而亨。剛柔分，動而明，雷電合而章。柔得中而上行，雖不當位，利用獄也。」其中的「雷電合而章」即有明斷訟獄之意，蒙泉有言：「明有六蔽，勢與利，搖於外；怠與忽、疑與怒，動於中。夫性體止也，止則生照，內外攻取，則無以精權別而同好惡矣，故無蔽，無弗明也，斷可識矣。古之君子則惟明之貴，而非用明之貴焉。」（《燕詒錄》卷十二，《贈南京少司寇敘》）人心之明，所受到的遮蔽大致有六種：權勢、利益、怠慢、輕忽、懷疑、憤怒。心體能「知止而後有定」，才可因「明」而生「照」。心體無所遮蔽，則無所不明，無所不照見，這對於斷案當然是有很大幫助的。然而，蒙泉又特別強調「古之君子則惟明之貴，而非用明之貴」，他更重視「明」

之體，其所謂「用明」其實主要就是指「照」。蒙泉承傳其師陽明的思想，故而對《周易‧噬嗑卦》中「雷電合而章」的詮釋，仍然體現了「本體即工夫，工夫合本體，體用一原」這些主張。

第七節 《論語》詮釋：心地工夫

孔子自道「述而不作」，注重對前代思想文化資源的繼承和發展，他在晚年又作了大量文獻整理工作，給後學留下寶貴的儒學經典。對經典文獻的詮釋，基本上伴隨著中國古代思想史的發展，是很難繞過去的。儘管《論語》不是孔子本人所作，但弟子親炙於師日久，其書較為集中地展現了孔門之學。王陽明與孫蒙泉對有不少涉及《論語》詮釋的內容，從中我們可以管窺其經學思想。

一、王陽明論孔學特點。經典詮釋伴隨著中國古代思想史的發展。從《論語》詮釋中可以理清王陽明心中的孔門之學，這事關陽明對前代的繼承，以及心學體系的構建。從《論語》詮釋中可見，陽明著重強調孔門之學是：身心之學凸顯主體，聖人氣象寬洪包容，孔顏之樂自得自信。王陽明的弟子集成《傳習錄》，以及陽明往來書信等，其中包括不少陽明對《論語》詮釋的文字。這些內容有助於我們理清陽明心中的孔門之學，而他所強調的孔門之學的特點，也事關陽明心學思想體系的構建。

《傳習錄》一書與《論語》頗多相似之處。書名中的「傳習」二字就出自《論語》。以陽明為師的聶豹在《重刻傳習錄序》中說：「《傳習錄》者，門人錄陽明先生之所傳者而習之，蓋取孔門『傳不習乎』之義也。匪師弗傳，匪傳弗覺，先生之所以覺天下者，其於孔門何以異哉？夫傳不習，孔猶弗傳也。」〔註37〕可知聶豹把《傳習錄》視為承傳陽明先生之學說並覺醒天下人的重要一環，這在實質上就猶如《論語》對於孔門之學的重要。從編纂上看，《傳習錄》和《論語》皆非陽明、孔子親筆，兩書均成於其弟子之手，它們在編書過程中必定有所損益，因此在書中個別地方有可能出現與陽明、孔子本意不很完全相同的內容，這是不可否認的。再加之古書流傳過程中出現了不同版本，其一字、一詞之差，可能會極大影響文本解讀。《論語》流傳時間

〔註37〕 （明）王守仁撰，吳光等編校：《王陽明全集》，上海：上海古籍出版社，2011年，第 1758 頁。

很長，版本情況複雜，最近發掘的南昌西漢海昏侯墓還發現了新材料，極有可能是失傳的《齊論語》。這將又一次刷新學界對《論語》的認識。寧波大學鄒建鋒博士目前在進行一項「《傳習錄》版本比較研究」工作，其中也有新發現，例如我們常見到的一般版本《傳習錄》中寫作：「問《律呂新書》，先生曰：『學者當務為急。』」〔註38〕而鄒建鋒博士發現南大吉本多出「本原」二字，寫作「學者當務本原為急」，有無「本原」二字，文意區別很大。結合後文來看，有「本原」二字的《傳習錄》南大吉本應當是對的。

　　從一定意義上講，《論語》一書可以認為是孔門弟子對其師孔子思想的一種詮釋方式，《傳習錄》也是陽明弟子對陽明學的一種理解和呈現，兩者均不能完全等同於孔子、陽明原本思想的全貌。而《傳習錄》《文錄》中記載的王陽明對《論語》的詮釋也是這樣的道理，它們可能並不能完全等同於孔學原意、全貌，甚至還會有些不同於先儒的《論語》詮釋。因此，評判《論語》詮釋的水平和價值，在不嚴重違背孔學原意的前提下，應當重點看詮釋者是否提出了新的方法，以及論述出了重要的、產生影響的新思想。

　　陽明在其著述中頻繁引用《論語》，這既表明他對儒家經典文獻的認同、重視，又是為了承傳聖人之學，引經據典、淵源有自，取信於人。當然，陽明等大儒對經典中的字句早已爛熟於心，他們在往來書信、日常對談等各種場合也有引用經典中的話來表達己意的，這種「引經據典表達己意」的方式，對他們來說是自然而然的，已經不需要對經典原文作更多詮釋。像《論語》這種儒家基本文獻及其內容，構成了當時讀書人的共同知識背景和交流話題，王陽明也不例外。牛冠恒先生指出：「長期以來，人們提到王陽明，往往把他與心學相聯繫，人們只知道王陽明是心學大家，卻少有人知道王陽明這個心學大家的心學思想是從《論語》等典籍中體悟出來的。」在此，他更進一步地總結說：「王陽明《論語》學是具體而微的陽明學，通過《論語》學，可以更好地把握陽明學的核心和內涵。」〔註39〕因此，我們對陽明學展開紮實的研究，就應當深入到以經典詮釋為主線的儒學發展歷史背景之中，更為具體、細緻地考察經典與陽明學的關係。李春強先生認為：「王陽明詮釋《論語》的基本出發點是為了彰顯自身的陽明心學，是為架構自身的『心學』理

〔註38〕　（明）王守仁撰，吳光等編校：《王陽明全集》，第 22 頁。
〔註39〕　牛冠恒：《王陽明〈論語〉學研究》，中共中央黨校 2015 年博士論文，第 115頁。

論體系服務的，屬於典型的『六經注我』模式。」〔註40〕從《論語》詮釋的角度，可以首先考察王陽明對孔門之學的基本看法，包括其學習對象、方法和境界等，這些問題的理清，有助於對陽明學產生、發展的儒學背景做出更爲清晰的闡釋。

陽明強調孔門之學是身心之學，挺立出學習者的主體性。針對《論語‧述而》中的「子曰『德之不修，學之不講，聞義不能徙，不善不能改，是吾憂也。』」陽明在《答羅整庵少宰書》中說：「道必體而後見，非已見道而後加體道之功也；道必學而後明，非外講學而復有所謂明道之事也。……講之以身心，行著習察，實有諸己者也，知此則知孔門之學」〔註41〕道德修養，及其學習、講論，都要基於自體之身心，也就是要「有諸己」，簡言之，如果不能確立自身的主體性，不能自我主宰，最終是不可能悟道、見道的。即便在日常生活中，那些不能挺立主體，不具自主意識的人，就會如孟子所言：「行之而不著焉，習矣而不察焉，終身由之而不知其道者，眾也。」〔註42〕朱熹對此發揮不多，而陽明有志於聖人，對自身的要求自然不同於普通的眾人，在「行著習察」方面保持心的「明覺」的狀態，這也是本然的良知。另外，陽明在做《論語》詮釋時，也引用到了《孟子》，可知他對儒學經典是貫通的，他對孔門之學的理解也呈現出歷史發展的維度。

孔門之學是身心之學，這不僅得到陽明大力倡揚，弟子後學受其影響也表示深刻認同。徐愛說：「愛因舊說汨沒，始聞先生之教，實是駭愕不定，無入頭處。其後聞之既久，漸知反身實踐，然後始信先生之學爲孔門嫡傳，捨是皆傍蹊小徑、斷港絕河矣！」〔註43〕徐愛必須通過「反身實踐」才能對陽明之學深信不疑，尊爲「孔門嫡傳」。聶豹在《重刻傳習錄序》中說：「孔門之傳，求仁而已矣。孟子曰：『仁，人心也。』孟子之求心，即孔門之求心也。然心無形而有知也。知外無心，惟知爲心；物外無知，何知非物？」〔註44〕聶豹像陽明那樣，從「求心」的角度，把孔、孟貫通起來，強調孔門身「心」之學承傳不輟。《山東鄉試錄》中亦有云：「求古人之志者，必將先自求其志，而後能辨其出處之是非；論古人之學者，必先自論其學，而後能識其造詣之

〔註40〕李春強：《明代〈論語〉詮釋研究》，揚州大學 2014 年博士論文，第 64 頁。
〔註41〕（明）王守仁撰，吳光等編校：《王陽明全集》，第 85 頁。
〔註42〕（宋）朱熹撰：《四書章句集注》，中華書局，2012 年版，第 357 頁。
〔註43〕（明）王守仁撰，吳光等編校：《王陽明全集》，第 12 頁。
〔註44〕（明）王守仁撰，吳光等編校：《王陽明全集》，第 1758 頁。

深淺。」〔註45〕因此，陽明所述孔門身心之學，既是強調學習者的主體性，也是一種工夫方法。

對學習者主體性的凸顯，使得陽明對經典文獻採取一種為我所用工具化的態度，而不是盲目尊從絕無懷疑。陽明認為孔子之所以整理、講述《六經》，是為著更高的目標：正人心，存天理、去人欲。孔子刪《詩》《書》等，一方面是為了避免後學沉溺於繁多文獻之中，另一方面，他做的工作主要是「正」不正，也就是把文獻中不合正道的內容刪去，留下的即便少，也無不應當是有助於「正人心」的文字。陽明認為這是「孔門家法」，他說：

> 聖人述《六經》，只是要正人心，只是要存天理、去人欲，於存天理、去人欲之事，則嘗言之；或因人請問，各隨分量而說，亦不肯多道，恐人專求之言語，故曰「予欲無言」。若是一切縱人欲、滅天理的事，又安肯詳以示人？是長亂導奸也。故孟子云：「仲尼之門無道桓、文之事者，是以後世無傳焉。」此便是孔門家法。世儒只講得一個伯者的學問，所以要知得許多陰謀詭計，純是一片功利的心，與聖人作經的意思正相反，如何思量得通？〔註46〕

不僅如此，陽明還認為儒學經典文獻可以是極為簡易的，這符合孔子「吾道一以貫之」的精神。在談到「思無邪」的時候他說：「《六經》只此一言便可該貫；以至窮古今天下聖賢的話，『思無邪』一言也可該貫。此外更有何說？此是一了百當的工夫。」〔註47〕陽明認為，以「思無邪」一言以蔽之的《詩經》在流傳過程中已經漸失原貌，不是孔門舊本。關於《詩經》存鄭、衛之聲的問題，他不同意朱熹「惡者可以懲創人之逸志」的意見。據此可知陽明對孔門之《詩》學的基本判斷：孔子確實刪過《詩》，其目的是「正人心」。

作為教育家的孔子，提出了重大的教學理念，並切實踐行，取得「弟子三千，賢人七十二」的成就，這對王陽明的教育思想也有影響。王勝軍指出：「陽明終其一生，仍然是在取法孔子、追尋孔子的足跡，實現了宋明儒學在教育方法上的重大轉向……心學運動推動當時的教育由外向的、知識技能的教育，開始轉向（內）在的、身心性命的教育。」〔註48〕當然，陽明在承傳

〔註45〕（明）王守仁撰，吳光等編校：《王陽明全集》，第952頁。
〔註46〕（明）王守仁撰，吳光等編校：《王陽明全集》，第10頁。
〔註47〕（明）王守仁撰，吳光等編校：《王陽明全集》，第116頁。
〔註48〕王勝軍：《優入聖域：王陽明、孔子教育方法之比較》，《貴州師範大學學報》（社會科學版）2014年第06期，第29頁。

孔子教育思想的基礎上，也會在具體方式方法等方面有所損益，形成「心學」特色。

陽明所著重提出的，是孔門兼容並包的特點。因為孔子能包容，所以有教無類、因材施教、循序漸進、隨才成就。《論語》中記載了很多孔子與弟子的對話，例如對於「問仁」，針對不同的學生，孔子有不同的回答，可見孔門之教，考慮到學生資質、提問背景等情況的不同，而言人人殊。陽明認為，儘管孔門弟子才氣不同，但老師能夠包容，因材施教，所以各有成就：「聖人何等寬洪包含氣象！……聖人教人不是個束縛他通做一般，人之才氣如何同得？」〔註49〕這種做法本質上對學生的愛護、尊重和理解，在培養學生主體個性的同時，最大限度地為成就學生而盡到老師職責。我們稱孔子為「萬世師表」，這是很合適的。

隨才成就是一方面，才力大小又不可不辨。陽明認為孔門之中也沒有符合「中庸至德」的人，因此退而求其次，以「狂者」為得。錢德洪在《刻文錄敘說》中提到陽明先生燕集群弟子在天泉橋，歌詩相答。此情此景：

> 先生顧而樂之，遂即席賦詩，有曰「鏗然捨瑟春風裏，點也雖狂得我情」之句。既而曰：「昔孔門求中行之士不可得，苟求其次，其惟狂者乎？狂者志存古人，一切聲利紛華之染，無所累其衷，真有鳳皇翔依千仞氣象。得是人而裁之，使之克念日就平易切實，則去道不遠矣！」〔註50〕

「鏗然捨瑟春風裏，點也雖狂得我情」，陽明的這兩句詩所用的典故，出自《論語》中著名的「子路、曾皙、冉有、公西華侍坐章」，毋庸贅言。當時也有弟子特意請教王陽明，為什麼孔子那麼賞識曾皙，而不是子路、冉有、公西華？陽明首先結合《論語‧子罕篇》的「子絕四：毋意，毋必，毋固，毋我」作出回應：「三子是有『意』『必』，有『意』『必』便偏著一邊，能此未必能彼。曾點這意思卻無意必……三子所謂『汝器也』，曾點便有『不器』意。」〔註51〕這裡又引出一個「器」與「不器」的問題。《論語‧為政篇》有云「子曰：『君子不器』」。《論語‧公冶長篇》記載「子貢問曰：『賜也何如？』子曰：『女器也。』曰：『何器也？』曰：『瑚璉也。』」可知陽明認為，不僅子路、冉有、

〔註49〕（明）王守仁撰，吳光等編校：《王陽明全集》，第118頁。
〔註50〕（明）王守仁撰，吳光等編校：《王陽明全集》，第1747頁。
〔註51〕（明）王守仁撰，吳光等編校：《王陽明全集》，第16頁。

公西華是「器」，子貢也是。只有曾皙能夠近於「君子不器」的境界，沒有「意必」的毛病。

二、孫蒙泉以德之本體爲仁。圍繞著「心」來做工夫，蒙泉在《論語》詮釋中提到：以自得於心爲德，以德之本體爲仁，以藝爲心思所寓，滋養休息此心。《論語・述而》中記載孔子有言「志於道，據於德，依於仁，游於藝」，如能眞正地以道爲志，在求道過程中必有所得，得之於心者，蒙泉認爲就是「德」。但是此「德」是否合乎道呢？蒙泉指出：「仁則其德之本體，不依於仁，德非其德，未可據之以爲安也。遊藝是涵養遊息，使工夫不倦處，蓋藝是古人心思之所寓，以此爲遊，則感動觸發有會通處，所以滋息吾心。」（《燕詒錄》卷三，《憶言》第一百三十條）他強調志道、據德、依仁、遊藝都只是一個工夫，此工夫以「仁」爲本體，以得之於心（德）爲據，爲使此工夫不倦，須讓心思有所涵養遊息，故「游於藝」。陽明詮釋《論語》時也談到「自得」的問題，蒙泉所謂「得之於心之爲德」的觀點，值得注意。

司法實踐中，蒙泉也強調要以「仁」爲本體，主張用法「惟明之貴，而非用明之貴」。在《燕詒錄》卷五中有一處他引用《論語》中「如得其情，則哀矜而勿喜」的話，以此來說明在司法過程中的至誠惻隱之心的重要性，因爲只有這樣的話，法才是用來達成吾心的。他在代作的《贈南京少司寇敘》中說：

> 夫性體止也，止則生照，內外攻取，則無以精權別而同好惡矣，故無蔽，無弗明也，斷可識矣。古之君子則惟明之貴，而非用明之貴焉。《語》曰：「如得其情，則哀矜而勿喜。」豈不以得情之爲能明而喜之者，利於殺也，失之忍矣！哀則欲生之矣，而有不生者，法也，非我也。故喜則視民猶二，雖繁法曲防，將愈匿情以逃於法之外，霸之民也。哀則不嘗若已矣，孰忍遁其情以背於德，堯舜其治也，公寧無愼於斯乎？（《燕詒錄》卷十二《贈南京少司寇敘》）

上引材料中蒙泉所謂「性體止也」，應是指《大學》中的「止於至善」，且「知止而後有定」，所以他又講「止則生照」。照是明之用，能明則照。在體、用的問題上，蒙泉一貫主張「體用一原」；但就司法而言，他還是秉承孔子「無訟」的精神，以謹愼的態度斷案，儘量避免爭訟之事的發生，推崇堯舜之治。

在《禮記》詮釋中，蒙泉引述書中的「悉其聰明，致其忠愛」，說明司法官員須以至誠側怛之意，行於法之中，法既不廢，刑故則無小，宥過則無大。

他在《汪西潭巡撫湖廣敘》中指出：「皋陶邁種德，德優於聖，猶慮夫殺不辜。而堯曰欽恤，舜曰明允，禹曰協中，亦不以皋陶淑問而忘交儆。夫克念者，聖益聖，而罔念者，聖之憂也。」（《燕詒錄》卷十二）蒙泉又引《孔子家語》「刑佀也，刑者，成也。一成而不可變，故君子盡心焉」〔註52〕，可見在法律實踐中，「念」的問題也極為重要。「克念者，聖益聖，而罔念者，聖之憂」，一念之間，關乎司法的公正與否。其實不只是司法方面，立法、執法等問題上，也同樣存在「克念」和「罔念」的問題。良知對意念的道德直覺在關鍵時刻往往發揮重要作用，能讓良知作主宰，便是仁心法官。

三、孔顏之樂及其工夫境界。在諸多弟子中，顏回是深受孔子喜愛、欣賞的。「孔顏之樂」常為後學所津津樂道。陽明在《論語》詮釋中多次提及顏回。例如《衛靈公篇》「顏淵問為邦」章，有弟子請教為什麼孔子的回答是「行夏之時，乘殷之輅，服周之冕，樂則韶舞。放鄭聲，遠佞人。鄭聲淫，佞人殆」。陽明指出，顏迴心的本體德行修養足夠，他問為邦，那麼夫子就答以制度文為層面上的東西。德行、制度這兩者結合才是完善的。〔註53〕又如，說顏回好學，重點是指他好「心學」，在德性之「知」上所下的工夫深。聞見之知，只是「知之次」；首要的是本體的「知」：知所不知，不知為不知，當知則必知。這一點被陽明提到了「聖學真血脈路」的高度：「孔子無不知而作，顏子有不善未嘗不知：此是聖學真血脈路。」〔註54〕王玉彬指出，陽明對《論語》中的一些字詞作了新解，「從而把那些具有知識性的內容回轉為德性之內容」；再次，「陽明將禮樂制度、名物事為、功業效驗、聲聞得失等外在事物落為第二義甚至第三義的層面，以此突出良知之學的內在性、主體性、自足性，從而以對『尊德性』的無上推崇體現出與朱子之學的巨大差別。」〔註55〕顏回在「孔門四科」中德行排第一，主要原因也是他是孔門弟子中，在「德性之知」方面做得最好的。顏回善於回到自身去反省、推知、發揮，又能夠知行合一，所以做到「不遷怒、不貳過」，「三月不違仁」，不違如愚，顏回可謂是「自得」了，被孔子多次稱讚。

〔註52〕 案：參看《孔子家語・刑政》：「孔子曰：『聖人之治化也，必刑政相參焉。太上以德教民，而以禮齊之。其次以政言導民，以刑禁之，刑不刑也。化之弗變，導之弗從，傷義以敗俗，於是乎用刑矣。顯五刑必即天倫，行刑罰則輕無赦。刑、佀也；佀、成也。壹成而不可更，故君子盡心焉。』」
〔註53〕 （明）王守仁撰，吳光等編校：《王陽明全集》，第43頁。
〔註54〕 （明）王守仁撰，吳光等編校：《王陽明全集》，第118頁。
〔註55〕 王玉彬：《陽明心學視域下的〈論語〉詮釋——以朱熹〈論語集注〉為參照》，《海岱學刊》2015年第01期，第51頁。

　　然而，陽明也指出，顏回篤行好學，向孔子問難少，使得老師不能更多發揮，因此對於孔學的展開是幫助不夠的。孔子當時，不信其學的人其實為數不少，更有甚者對孔門之學持消極冷漠和不友好的態度。子貢說「我不欲人之加諸我也」，孔子則回應他說「非爾所及也」。不僅是孔子及其門下弟子面對過一個如何「自信」的問題，而且在陽明學傳播初期，也有不信其說的，這不足為怪，更不足為憂。對於陽明學所遭受的誤解、誹謗，也應當清楚這些都是外來的，不可完全掌控，最好的解決辦法如陽明自述，還是反求諸己：「讒謗自外來，聖人也難免，人只貴於自修。」〔註56〕嘉靖初，御史程啟充等奏議彈劾陽明學，陸澄本想為之爭辯，卻被其師王陽明勸阻道：「惟當反求諸己，苟其言而是歟，吾斯尚有所未信歟，則當務求其是，不得輒是已而非人也。使其言而非歟，吾斯既已自信歟，則當益致其踐履之實，以務求於自謙，所謂『默而成之』『不言而信』者也。」〔註57〕陽明先生說過，良知無非就是一個是非之心。在面對各種是非的時候，惟其能夠致良知，自信心就會自然重建起來。

　　總而言之，從陽明的《論語》詮釋中可以看出，他對孔門之學的主體挺立、寬宏包容、自得自信尤多闡發。由經典詮釋的角度，不僅可以看到陽明心學對孔門之學的承傳與創新，更應當引起當代學者的思考和借鑒。孫寶山先生認為王陽明：「他在詮釋方法及內容上確立了以心解經的新典範，打破了朱子對《論語》乃至《四書》詮釋的學術壟斷，對明代中後期乃至清代初期的儒學經典詮釋產生了廣泛而深遠的影響。」〔註58〕陽明學在社會轉型時期，不論是近代化，還是現代化，都能提供豐富的思想資源和有效的實踐價值。包括陽明學在內的國學現代化總還是繞不過《論語》這樣的「經典」，而《傳習錄》相當於王門之《論語》，兩者所一以貫之的內容，正蘊涵聖人之學不變的精神。孫蒙泉多有對顏回「知幾之學」的論述，我們另有專門章節論述。

　　此外，對於《詩經》和《禮記》，蒙泉也是較為重視的，他指出：「學《詩》，學禮，不捨過庭，凡近高明，天人理俗之殊向，猶諄諄焉誦之。」（《燕詒錄》卷十一，《朱鶴汀光訓堂記》）在《詩經》詮釋中，蒙泉談到理、氣關係。他引《詩》「天生蒸民，有物有則。民之秉彝，好是懿德」，說道：「夫物則者，

〔註56〕　（明）王守仁撰，吳光等編校：《王陽明全集》，第117頁。
〔註57〕　（明）王守仁撰，吳光等編校：《王陽明全集》，第210頁。
〔註58〕　孫寶山：《王陽明的〈論語〉詮釋》，《孔子研究》2014年第01期，第60頁。

民秉之彝，則不待於外求；所好者彝德，則不以從欲爲安。此從氣上指出個理，須知理、氣本一滾事，其相勝之幾，只繫於一念，特其志先立乎其大，則流行之爲氣，主宰之爲理。」（《燕詒錄》卷三）可見蒙泉之學還是講「致一」，他著重打通理、氣之間的分別，強調兩者的緊密聯繫。

　　有關「三禮」的引證，蒙泉還在《雙河世祠記》中引《曲禮》中的「君子將營宮室，宗廟爲先」，提出：「禮者，理也，命於天而性於心，所不自己者也。惟其不自己，故求以遂其心，而禮制出焉。」（《燕詒錄》卷七，《雙河世祠記》）陽明曾說「禮字即是理字」，而蒙泉「禮者，理也」的論斷更爲明確，並將其與「天命」、「心性」聯繫起來，言其具有「不自己」的特點，故爲求遂其心而產生禮制。蒙泉高度重視其孫氏家族的「慎終追遠」，並以之教育後人，他指出整修孫家世祠的意義在於「思以安其身，則思其身之所自出，思以貽子孫謀，則思祖宗之覆育乎我者，何如也？是心也，率而由之謂之道，勉而循之謂之教。聖人制禮，雖庶人皆得祭其先，所以順性命之理，而教之孝也。」（《燕詒錄》卷七，《雙河世祠記》）蒙泉之意，率由「思祖宗覆育乎我」之心（性），即爲「道」，勉而循之即是「教」。這是對《中庸》「天命之謂性，率性之謂道，修道之謂教」的一種「個性化」解讀。此外，蒙泉在給陳五山的中也論及《周禮》，提出「《周禮》固周公致太平之書，而馬政不嫌於詳備。夫豈不義而爲之？蓋威莫貴於常伸，而國莫危於忘戰。」（《燕詒錄》卷十一，《贈五山陳憲副擢苑卿序》）總之，經典詮釋對於我們瞭解蒙泉良知學思想有著非常重要的作用。

第五章 知行合一：身心修養實踐

陽明學的一大特點在於注重社會實踐，其「知行合一」、「在事上磨練」等說法多爲人稱道。蒙泉先生承傳陽明良知學，在身心修養的方法以及治國理政的實踐等方面，都下過切實的工夫。他們的學問與事功緊密相連，足見良知學的發用和效驗。

第一節 修心工夫簡論

每個人都帶著使命來到世上。《中庸》裏面講「天命之謂性」，成就自己的天性，何嘗不是一種人生使命？心性狀態，對於人生而言尤其重要。然而，由於今天處於社會轉型時期，人心似乎存在更多問題，包括：時常感到紛擾不安、困惑迷茫，也有的人另立私心，沉墮於功利心、邪心之中而不能自拔。茅總講，最大的寶藏是我們的心靈。人心之所以會出現種種問題，也是因爲只知外求，從而輕賤了自己的內心。其實，人心最可貴，它本來就是一座大寶庫。人心中本有至善、天理、良知與快樂，這些都極爲重要，不應被遺失、淡忘。

《三字經》上說：「人之初，性本善。性相近，習相遠。」其中的「習」也可以理解爲人會產生一種「習心」，這個習心發動出來的意念，會使本心受到遮蔽。如果繼續按照這個習心去爲人處事，有許多不妥當的地方，甚至於做出惡事。這都是因爲失去本心的緣故，所以我們需要克服習心，從意念上開始，落實「爲善去惡」的工夫。

什麼是「心」？陽明先生說，心不是指那一塊血肉，「身之主宰便是心」

「凡知覺處便是心」。簡言之，心是指主宰一身、能夠知覺的東西。心主宰著身，也與身相互依存：「無心則無身，無身則無心。」除了主宰功能之外，心還自然地具有知覺功能，這就是所謂「不慮而知」的良知。可知陽明先生主要從功能的角度來講「心」。心為什麼會具有主宰、知覺功能？它的本原又是什麼呢？或者說，心這座寶藏裏原本就有哪些珍貴之物呢？我們認為，人人心中有至善、天理和良知，心的主宰與知覺功能與此相關。《大學》開篇就講：「大學之道在明明德，在親民，在止於至善。」心的本體就是至善！知道至善只在我心，本不在外，那麼心志就安定了，這就叫做「知止而後有定」。心之本體，那有不善的？但是心發動出了意念，就難免會有不善之處，在此處著力，就是所謂「誠意」工夫。然而，我們講的「至善」，也不是只停留在心所發動出來「意」的層面，它存在於心的本體之中。因此，如果一直都是刻意地去好善去惡，也還不夠徹底。

心這座寶藏裏還有一個「天理」。陽明先生說，天下沒有心外之理，心在物即為理。為什麼要講「心即理」呢？因為世上有人分心與理為二，這就會出現許多弊端。比如春秋時期有些諸侯打著「尊王攘夷」的旗號，背地裏行的是霸道，他們都是為著各自的私心。他們的所作所為，宣稱是追求天理，但內在動機是不合公道大義的，所以孟子會說「春秋無義戰」。有些人只要外面做得好看，表面上合理，實質卻與心全不相干，導致分心與理為二，那麼他們的作為，實際上就會變成了霸道之術，他們自己卻還不知道，或者在自欺欺人。這是很可怕的事情。因此，陽明先生讓人們知道心與理要合一，為人處事除了外在合理之外，也要在內心做工夫，理得，並且心安。

天理自在人心。沒有私欲遮蔽的心，就是純乎天理的心，發動出來的意念，也就是至善的。心發動時，對天理的明覺即是良知，所以我們可以說，良知也是心的寶藏。修心是一個發掘我們自身內在寶藏的過程。首先，應專注當下，讓心真切。實際上，過去與未來的事，想得太多沒有什麼用處，反而會讓心更加分散了。當下的心，才是我們最有可能把握住的，也才是我們面對過去、未來最為堅實的基礎。當下為善之心真切，見善即遷，有過則改，就是真的工夫。

其次，要在事上磨練。修心不是避世圖清靜。如果以厭惡外界事物的心態，另外去求所謂的清靜，反而讓人變得驕傲、懶惰。只有當你以不厭外物的心，鬧中取靜地來涵養自己，才會比較好。我們似乎總是很忙，有做不完

的事情，心不停地在追逐外界的千千萬萬事物。怎麼才能夠在忙忙碌碌中也安頓下自己的心來呢？陽明先生說，心就像我們自身的君王，眼、口、耳、手等官能就像朝中大臣，各有分職，各盡本分，只要讓心統帥五官就行了。具體的事情，有具體、合理的處理方法，我們不需要一次次把心「黏連」過去。如果眞能做到這樣的話，再多事情也不會讓心慌亂。反之，心不是做統帥，而是「越俎代庖」，不僅會讓它疲於奔命，而且事情也並不能一件件做好。

心不動，隨它事情千變萬化，我們也能應付自如。那麼怎麼能夠做到不動心呢？這就還是要回到「心即理」的狀態。因爲心之本體是不動的，天理也是沒有動的，心即理，二合一，就不動了。我們遵循天理處事，即使應酬再多、事變再複雜，心也能夠不爲所動，因爲有事無事，「理」一直就在那裡。孟子說個「不動心」，也是在說個「義」。因爲能夠做到「集義」「取義」，平日裏的所作所爲都合乎義理，那就自然可以達到不動心的境界了。義者宜也，心得其宜之謂義。當行爲不合乎義理的時候，心能知覺，這時就動了。可見，是不合理的私欲作怪，使心不安。心即理，事亦即理，心與事都合於一個「理」，所以能夠達到內外不分的狀態，只是此時心仍是不動的。

工作也是在修心。如果在工作過程中產生了對錢的貪心，它成爲了一種負累，又可以怎樣避免呢？我們認爲那還是要去找回自己心中寶藏，保持工作的初心，努力做到敬業、盡本分、義利合一。因爲達到心即理的狀態了，所以就算涉及到錢的問題，也不會讓心受累。即便是心爲錢所累了，也總能在某個時刻覺察出來，此刻的覺察，正是「命根」，當下就要克掉它。如果輕易放過這種覺察之處，又能從哪裏入手來修心呢！再次，修心要克己。克己就是克服自身對外在名利等事物的過分貪欲，是爲了找回「眞己」，恢復心的本體。當然，克己也是爲己，陽明先生甚至講：「人須有爲己之心，方能克己；能克己，方能成己。」人有一個軀殼，有一個眞己，眞己是軀殼的主宰，名利則是軀殼之外的事物。爲己，爲的是這個眞己！眞己就是心的本體，是天理。名利是些軀殼外面的東西，它們還沒有軀殼本身重要。但就算是爲了自身軀殼，也用得著主宰它的眞己。

最後，修心應該是一種快樂、光明的體驗。爲什麼說修心是快樂的呢？因爲心即理，而人心本來就對義理有一種喜愛，義理自然能夠讓心快樂。只是如果心被私欲遮蔽和牽累，與理分開了，心才開始變得不快樂。所以心這座大寶藏裏還藏著義理的快樂。陽明先生自述「吾心光明」。心的光明，既來

自於聖人以天地萬物爲一體的仁愛與信心，也應當如同明鏡照物。在這個意義上，修心就像是打磨心靈這面鏡子。讓心光明，照亮此生。

　　對於陽明良知學的入門者，可先修習著名的陽明「四句宗旨」，或稱王門「四句教法」。陽明先生教導弟子說，以後教授門徒務必謹守「四句宗旨」：「無善無惡是心之體，有善有惡是意之動，知善知惡是良知，爲善去惡是格物。」大弟子錢德洪認爲應當理解爲：「心體是天命之性，原是無善無惡的。但人有習心，意念上見有善惡在，格致誠正，修此正是復那性體工夫。若原無善惡，工夫亦不消說矣。」王畿則持不同意見：「此恐未是究竟話頭。若說心體是無善無惡，意亦是無善無惡的意，知亦是無善無惡的知，物是無善無惡的物矣。若說意有善惡，畢竟心體還有善惡在。」兩人各有道理，不知孰是孰非，只得去向陽明先生求正。先生說：「我今將行，正要你們來講破此意。二君之見正好相資爲用，不可各執一邊。我這裡接人原有此二種。利根之人直從本源上悟入。人心本體原是明瑩無滯的，原是個未發之中。利根之人一悟本體，即是工夫，人己內外，一齊俱透了。其次不免有習心在，本體受蔽，故且教在意念上實落爲善去惡。工夫熟後，渣滓去得盡時，本體亦明盡了。汝中之見，是我這裡接利根人的；德洪之見，是我這裡爲其次立法的。二君相取爲用，則中人上下皆可引入於道。若各執一邊，眼前便有失人，便於道體各有未盡。」既而曰：「已後與朋友講學，切不可失了我的宗旨：』無善無惡是心之體，有善有惡是意之動，知善知惡的是良知，爲善去惡是格物』，只依我這話頭隨人指點，自沒病痛。此原是徹上徹下工夫。利根之人，世亦難遇，本體工夫，一悟盡透。此顏子、明道所不敢承當，豈可輕易望人！人有習心，不教他在良知上實用爲善去惡工夫，只去懸空想個本體，一切事爲俱不著實，不過養成一個虛寂。此個病痛不是小小，不可不早說破。」（《全集》第 133 頁）可見，陽明心學的「四句宗旨」也是爲「鈍根」之人所行的方便法門。

第二節　心之發動能量

　　所謂「百善孝爲先」，古人特別重視「孝」，逐漸形成了一本以「孝」爲主題內容的書，唐朝皇帝還親自爲它作過注解，這本書就是《孝經》。《孝經》第一章《開宗明義》中就說：「身體髮膚，受之父母，不敢毀傷，孝之始也。立身行道，揚名於後世，以顯父母，孝之終也。夫孝，始於事親，中於事君，

終於立身。」從這些話中我們注意到，孝是從「事親」（照顧至親）開始的，但「事親」的開始又是什麼呢？卻是爲父母而照顧好自己的身體！所謂：「身體髮膚，受之父母，不敢毀傷，孝之始也。」父母最爲擔心的，在很多次通話中念叨的，難道不就是我們是否照顧好自己的身體嗎？因此，孝這件事情的本質，應該是既對我們自己好，又讓父母放心。這是孝的初心，也是孝的眞諦。孝，應該是父母與子女之間的相互成就，達成一種人生的圓滿。孝和慈，不僅是古聖先賢對如何處理好親子關係的回答，也是經過人類歷史、個人經驗所證明的、符合人性的基本價值。我們從自身出發，做到了孝，自然也會感召出來慈，最終達到彼此的成就。如果說有哪一種孝，不是給你帶來與至親關係的更好狀態，不是讓彼此過得更好，那麼這種所謂的孝，也許並不是眞正的孝。

當我們說孝，最重要的，是在說一顆誠心。這顆誠孝的心，也是一種意念，它能給你帶來很大能量。只要我們別忘了孝的初心，各種孝的行爲自然會做出來、能完成，包括《孝經》中講的事親、事君與立身，等等。反過來講，如果只從表面上看，有些人也在事親、事君，甚至有所成就，達到立身的境界，但我們還要問問他：那顆孝的初心還在嗎？如果沒有了誠孝的心，哪怕說要去事親，去工作、發展和成就，本質上都不是眞孝！孝重內在，而非外求。因此，一定是我們先懷著孝心，再去事親，去工作和成就，而非相反。這樣看來，即便在外工作，也是在做孝的事情：因爲我們誠孝的心一直都在。孝的心在哪裏，孝的行爲就在哪裏。我們在家，可以憑著孝心事親；我們在外，也可以懷著孝心工作，只不過是用了不同的方式來事親。「兒行千里母擔憂」，母親並不會因爲兒女在千里之外，就沒有了擔憂，沒有了能傳達千里的關愛方式。子女何嘗不也是這樣？一定要有心！只要有心，總能找到更好的、更對的方式來成就心意。簡單地說，孝無非就是替父母著想。根據自己家庭情況，看怎麼做是對父母生活最好的，同時也讓自己過得幸福，這本應該是同一件事。例如，父母在農村，我們在外工作，也許最好的孝心表達，就是讓在農村的父母生活條件更好，因爲父母更習慣老家的生活方式，貿然接到城市的陌生環境，他們一定過得更自如、更開心嗎？把父母接到了城裏，子女是否又有足夠的時間、精力照顧呢？反過來說，盡孝就一定要讓兒女回到農村嗎？父母會希望兒女繼續貧窮地艱難生活嗎？等等。每個家庭都有各自的具體情況，兒女爲了盡孝，這些事情該怎麼判斷、選擇，以及具

體怎樣做，以便真正完成孝行，歸根到底，還是需要有一顆誠孝的心去溝通，真正地替父母著想。而不是膚淺地理解孝的真諦，導致父母、子女都不能彼此成就。

人的心態、意念是會產生能量的，孝的心和念頭就是一種強大能量。你是否還記得第一次離家出遠門？那也是一件需要勇氣和能量的事情，但我們做到了。當我們離開父母，學會獨立生活，學習成長、發展事業，其實往往也與父母有關。在這個過程中，父母其實是給了兒女能量的，只是兒女未必都能意識到。而當我們在外，感到疲憊，沒有能量的時候，喚醒自己這顆誠孝的心，就會連通父母，獲得無窮能量。也許是為了求學，為了不辜負父母對兒女成才的期望，我們第一次去到了離家很遠的城市，這是我們孝心所發出的能量。也許是為了發展事業，為了改善家人的生活條件，我們忍受長途旅行的煎熬，來到陌生的城市努力工作，這也是需要孝所發出的能量。當「成才」與「事業」這兩件事都做得好了，達到一定成就，則符合《孝經》所說的孝「終於立身」。但是我們不要忘了，「立身」的過程中，孝心的發動與持續，始終源源不斷地提供著學習、工作、生活的能量。擁有這種能量，兒女的一切成就都是圓滿的；沒有這種能量，人生就會缺憾，甚至出現「子欲養而親不待」的悲劇。總之，孝作為一種生命能量，實際上也在成就著兒女。如果真能找到自己那顆誠孝的心，自然會發出能量，支持你的學習、工作和事業。

第三節　知行合一的法寶

生於餘姚的明代大儒王陽明，能文能武，既是著名思想家，又立下了卓越軍功。「知行合一」思想，可以認為是他能夠建立「三不朽」功業的法寶之一。龍場悟道後，陽明先生受邀主持貴陽書院，在答學生問之際，開始論述「知行合一」。然而，我們要知道：孔門之學是陽明的致良知、知行合一等學說的重要思想資源。國學大師章太炎就認為，陽明希望大家勇於改過而促進為善的思想，與孔門大儒子路有一定淵源。子路有知錯之勇，別人告訴他的過錯，子路反而很高興，這是「知恥近乎勇」。子路又有行動之勇：聞斯行之，終身無宿諾；陽明則貴「敢」：敢直其身，敢行其意。因此，章太炎認為陽明的知行合一學說是對子路之術的轉進。

　　提出「知行合一」，陽明先生是爲了補偏救弊。因爲世上有的人有時會把知、行分作兩件事去做。有的人懵懵懂懂地任意去做事，一點都不懂得思考、反省和觀察，這就只是「冥行妄作」，也就是「學而不思則罔」，因此要跟他們講一個「知」，才能讓他「行」得對；另有一種人，只是茫茫蕩蕩懸空地去思索，一點都不肯著實去躬行、實踐，這也就是「思而不學則殆」，所以還要跟他們講一個「行」，以便讓他們「知」得眞。此外，還有的人認爲一定要先知了，然後才能行，但到頭來終身不行，也終身不知。陽明先生的弟子中也有過於「好靜」的毛病，需要用「知行合一」加以補救。之前爲了解決學生被雜事紛擾不能心定的問題，陽明教人靜坐反觀自心，以收斂爲事。但這樣長久地靜坐下去，有些學生卻產生了對清靜的偏好，不能從「靜」裏面出來，那他就不能應對實際的事情了，甚至厭惡世事的毛病，溺於虛空。簡言之，陽明的「知行合一」是對症下藥。

　　什麼是「知行合一」呢？我們先來看陽明先生講的「行」是指什麼。陽明說：「凡謂之行者，只是著實去做這件事。」至於「知」，陽明認爲「以知識爲知，則輕浮而不實」，他所強調的是：「本心之明即知，不欺本心之明即行也。」因此，陽明所講「知行合一」的基本意思就是：不欺本心著實去做事。不欺本心，保持本心之明，自然就會「知」，這就是「良知」：人天生就有的，不需要考慮就知道的。比如地球上的水向下流，這是水自然就知道的，水不需要在向下流的時候再「考慮」一下。我們假定水在某種情況下沒有向下流，那一定是有什麼東西阻擋住。克服了阻擋，水依然往下走。人，也是如此。良知就如同水知道向下流，這是「知」；但是這個「知」也許有時會被阻礙、遮蔽，那麼就需要以「行」去克服掉，以恢復本心之「知」。

　　無論從本原還是發用上看，「知行」都應當是「合一併進」的。我們還是用「水」作例子加以說明。從本原上看，水自然向下流，這既是它的「知」，也是它的「行」，因爲一到了地勢有高低落差的地方，它不需要別做他想，自然就往下走了。這時候我們便可以知道，水本身就是「知行合一」的。從發用的角度看，水如果出現不往下流的情況，一方面，這並不意味著水就沒有了往下流的「知行」，只是被暫時遮蔽、阻礙住了；另一方面，水發揮它「知」往下流，並隨時進行往下流的「行」，比如浸潤周圍、滲透入地等，即便有時是緩慢的、不明顯的，但水無時不刻不在做它「知行合一」的工夫！

　　現實中很多人之所以會出現「知而不行」的情況，陽明認爲其根本原因

在於「知行本體容易被私欲隔斷」，但這並不能否定「知行合一」道理。如果一定說有些人「知而不行」，那這些人其實是「未知」。比如說有些人似乎知道應當孝順父母，但卻沒有去盡孝。那麼這些人其實是未曾真正知孝的，所以不能付諸行動。如果他們真正找到了自己本有的孝心，自然就會知道怎麼去做，即便有各種具體的困難、阻礙，他也會像水一樣，孝心、孝行合一併進。因此，找到「本心」很重要，本心自然能知能行。另外，講一個「知」，何嘗離得開「行」呢！「知」如果沒有「行」來展現，就不是真的知，真的知是要他「本心之明」。例如，我們說某人知孝，那一定是他已經有了孝的行動，這才是「真知孝」。更深入地講，表面的行動也未必都能推知他是否「真知孝」，例如演員扮作孝子，在檯面上展現出種種孝的行為，但這個演員真的知孝嗎？未必。還是要看他是否也找到了他自己「孝的本心」。如果他的這個「孝」的本心光明了，不僅作為演員的他在檯面上能演好孝子，回到真實的家庭生活中的他一定也是一個孝子。

知行並進而收合一之功，知與行交養互發、內外本末一以貫之。我們再以「知湯乃飲」來說明這麼道理：我們一定是有了想喝湯的心才「知」道去喝，這就是「意念」，就是「行」動的開始；湯好不好喝，一定要等到入口嘗（行）了才能「知」道。所以總結起來就是：「行之明覺精察處，便是知；知之真切篤實處，便是行。」

一念發動，就是行了。陽明把人起念頭也算作是「行」，這是為了告誡某些人：有不善的念頭產生，這就是行了，因此不要說「只是想想，並沒有去做」這樣的話。既然「一念發動處便即是行了」，我們更要注意徹底去除那些不善的念頭，不讓一絲一毫的惡念潛伏胸中。對於善念，也是同樣的道理。我們都有孝心，如果能行孝，那就可以稱之為「知孝」，而不是只認得孝這個字，聽說了孝的道理；然而，我們如果發起了孝的念頭，這是「知」，也就是一種「行」了。正如古人所言，毋以善小而不為，勿以惡小而為之！

陽明心學有著非常務實的精神，實現了對言語層面的超越。「知」「行」其實是用來說同一件事的兩個不同的詞，重點是在這「一件事」上下工夫。這一件事情做好了，單說「知」，單說「行」都無妨，最終都會達到「知行合一」境地；如果這一件事做不好，不管單說「知」、「行」，還是也把「知行」作一個說，只要是沒有「合一」地去做，恐怕都會有各種或大或小的問題。

作為一種操作辦法、一種修養工夫的「知行合一」，其目標是「存天理」，

或者說，知行合一是「存天理，去私欲」的工夫。但我們要清楚，陽明講知行合一，是爲了補偏救弊、對症下藥。事實上，我們在做事情、下工夫的時候也不能忽視對「知」「行」的深入剖析，能知所先後，辨其體用。當然這與「知行合一」是不相矛盾的。

　　龍場悟道之後，陽明先生在貴陽開始講論「知行合一」，當時聽講的大都是從中土流放而來的人，他們沒有心存偏見，所以很能接受這個思想。後來，貴州當地文化程度不高的少數民族也漸漸地樂意來跟陽明先生學習「知行合一」。可見「知行合一」思想所具有的普適性。然而，等到陽明先生離開貴州，回到中土後與受教育程度高、聞見廣泛的士大夫說起「知行合一」時，反倒不那麼容易地被接受、認同。因此陽明先生有所感慨：知識見聞越多，越容易遮蔽良知；反而是不曾讀書的人，良知明白，一說就通。也許有人進一步問，良知每人都有，只是致良知這件事做不到，無法「知行合一」，古語有言「知之匪艱，行之惟艱」。先生說：「良知自知，原是容易的。只是不能致那良知，便是『行之惟艱』。」關於這個問題，先生又說：「此須識我立言宗旨。今人學問，只因知行分作兩件，故有一念發動，雖是不善，然卻未曾行，便不去禁止。我今說個知行合一，正要人曉得一念發動處，便即是行了。發動處有不善，就將這不善的念克倒了。須要徹根徹底，不使那一念不善潛伏在胸中。此是我立言宗旨。」（《傳習錄‧黃直錄》）可見陽明先生說「知」、「行」的關係強調的是「合一」，不是「是一」，「知是行之始，行是知之成」，良知是「知」，致便是「行」，致良知就是「恢復良知」，知行是不可分割的一件事情。黃宗羲在《文成王陽明先生守仁傳》中說得好：「先生以聖人之學，心學也。心即理也，故於致知格物之訓，不得不言『致吾心良知之天理於事事物物，則事事物物皆得其理』。夫以知識爲知，則輕浮而不實，故必以力行爲工夫。良知感應神速，無有等待，本心之明即知，不欺本心之明即行也，不得不言『知行合一』。」

第四節　理爲主宰不動氣

　　陽明先生晚年親自確定下來其學說的「四句宗旨」：「無善無惡是心之體，有善有惡是意之動，知善知惡是良知，爲善去惡是格物。」大意是說，人心本來是沒有善惡之分的，但是因爲難免受到後天環境的影響，使得人心發動

出來意念，於是知道哪些事物是善，哪些事物是惡，而我們做爲善去惡的格物工夫，正是要恢復到心的原本狀態。這個「四句教」的講法，陽明弟子王畿曾提出質疑，他說既然心的本體是「無善無惡」的，那麼由心所發動出來的「意」，就應該還是「無善無惡」的，而且，心自然會知的「良知」，以及「心外無物」的「物」，也都應該「無善無惡」才對。但陽明先生另一個重要弟子錢德洪卻很不認同王畿的說法，他們各執己見，沒有定論，於是專門找了個機會去請教老師，這就是著名的「天泉證道」。

陽明先生回應王畿、錢德洪所問，強調他們兩個的意見要相互取用、相輔相成，不可偏執一端。陽明心學的「四句宗旨」，對少數慧根深厚的人，可以用王畿的四個「無善無惡」來講透；但就絕大多數人而言，甚至包括像顏回、程顥這樣資質特佳的儒者，他們都不敢說能夠做到眞正地、透徹地領悟這四個「無善無惡」，何況那些處於中等資質上下的普羅大眾呢！陽明弟子王畿是悟性很高的，他可以用這四個「無善無惡」來修養自我，但絕不可以指望用它來接引、教導大多數普通學生。因爲，世上絕大多數人受到習俗感染，心中難免多多少少地有善有惡，這是常態。因此我們需要針對這絕大多數人，告訴他們要在良知上做工夫，憑良知做事，踏踏實實地爲善去惡；如果相反，只跟他們講人心原本無善無惡，導致大家不去著實爲善、改掉惡習，否則，就會貽誤，甚至害了他們！因此，陽明先生特意叮囑這兩位重要弟子錢德洪和王畿，告誡他們：「無善無惡是心之體，有善有惡是意之動，知善知惡是良知，爲善去惡是格物。」這個「四句宗旨」的講法，以後千萬不可再更改了！

爲善去惡，即是陽明心學工夫。某一天，弟子薛侃在花園裏除草，他有感而發，說天地之間「善難培，惡難去」。陽明先生指出，他這種看待善、惡的想法，都是因爲局限於自己的個人立場，所以難免會有錯。天理自在人心。心的本體是「無善無惡」的，也就是說，從自然天地的角度看待各種花草，它們都是沒有善惡之分的。上天不會認爲，花是善的，草是惡的，或者反過來說，草是善的，花是惡的。恰恰是我們人類在社會環境中，基於自身欲求，構建出了某種「善惡」觀念，例如，你如果想看花，那麼就會認爲花是善、草是惡；但如果需要用到草呢，你又會反過來覺得草是善、花是惡。可見，我們所說世界萬物的善惡，其實都是由於人類自身的喜好與厭惡。這不是合乎天理的「至善」，所以難免會有錯。

善惡是相對的，也是有局限性的。佛家似乎也認識到了這一點，也講無

善無惡。然而，佛家是要破執著的，他們教人既不執著於善，也不執著於惡，善、惡都不管。因此我們就不能用佛家的「無善無惡」觀念，來維護家庭關係、經營管理企業，等等。現實人類社會中的種種善惡幾乎不可能不存在，如果毫無執著、置之不理，怎麼能夠解決絕大多數人的問題呢？與佛家不同，儒家的「無善無惡」思想，卻不妨礙我們積極入世、建功立業。陽明先生指出，聖人的「無善無惡，只是無有作好，無有作惡，不動於氣」。也就是說，我們作為人，一定存在著對於善、惡的知覺，哪怕是自欺欺人，也還有知覺；除非變成像「植物人」那樣，才會沒有知覺。這種知善知惡的能力，是為人的根本。儘管知善知惡，但是我們還可以達到一種「無善無惡」的境界：不再需要刻意地為善去惡，而是自然而然地去做，這整個過程中，並不產生善或惡的意念。因為所作所為合乎天理，而不是出於私欲，這樣就不會產生過度的喜歡或厭惡的情緒，也就是不會動氣。這種狀態，既在表面上看起來是無善無惡的，又在實際中做到了為善去惡。所以動不動氣，是做「為善去惡」這個工夫時，會進一步碰到的問題。

人心隨時都有可能發動出意念，這意念流行為「氣」，配合覺知的善惡，於是就產生各種私欲、情緒。陽明先生講，當我們心中有善有惡，那就是這個「氣」動了。既然「氣」不能不動，那麼還怎麼做到不動氣呢？這應當說是一個發生、發展兩個環節中的問題。簡言之，動氣這件事，「人心豈可無，但不可有罷了」。什麼叫「不可有」？即是不以私意助長，不讓心體受累，始終要保持內心「廓然大公」的狀態。還是以前面所舉的除草之事為例，如果草的存在對我們有妨礙，也可以按理去除掉它，偶而沒有除盡的，就不必牽腸掛肚，為心所累。心有所累，一定是還有私意；私意未盡，就會動氣，動氣就是惡。

在事上磨練，能一直不動氣固然是好；如果動氣了，怎麼辦？陽明心學裏倒是有一個專治動氣的方子：提醒良知。當我們動氣的時候，哪怕是極度生氣之時，只要想起「良知」，讓良知覺察、明白過來，這個「氣」馬上就會被遏制、消解，就像白天太陽一出來，妖魔鬼怪就會自動消失。提醒良知，這是需要勇氣的。如果在關鍵時刻及時提醒良知，用它來解決動氣的問題，會非常有效。不論在動氣之初、生氣過程中，還是事後悔悟，只要真切地守護良知，我們肯定能在為善去惡這個工夫上大有進益。可以說，良知是解決情緒問題的靈丹妙藥，只要我們踏踏實實地致良知，就會變化氣質，成為一

個溫和友善的人。君子溫潤如玉，是他自己修身工夫到了。

另一個解決動氣問題的辦法是「反求諸己」。因為我們的動氣，往往伴隨著對環境的抱怨，或者對別人的責怪，這時的不良情緒讓我們只看到了他人的惡，而忽視自己的不善。動氣時，如果我們能夠適當地把注意力移向自身，也許就會發現：自己也未必就沒有任何不對之處。越覺知、發現自己還有做得不夠好的地方，越不會有時間、精力去指責別人，也就更不會動氣了。

上古時期的舜有個同父異母的弟弟叫作象，象多次試圖害死舜，但舜最終還是感化了舜。舜之所以能讓象改邪歸正，關鍵就在於他不把關注重點放在象的邪惡方面。試想，如果舜一直想著要怎麼糾正像的邪惡之處，抓住象的壞處、缺點不放，以象的性格，說不定他還會變得更為暴烈危險。《論語》裏面講「不使不仁者加乎其身」，其實也是在講我們面對不仁不義的人、事的時候，應當更多地回到自身來解決問題，不受「惡」的影響，存天理，不動氣。

第五節　致良知思想的政治實踐

從「知行合一」發展到「致良知」，其間貫串著「靜坐體悟」。正德五年，陽明先生39歲，此時他離開貴州龍場，前往江西任廬陵知縣。途中經過湖南的漵浦、辰州、常德等地。這段旅途中，陽明先生反思自己在貴陽所講過的「知行合一」，產生一種「紛紛異同，罔知所入」的弊端，於是就要解決一個如何能真正進「入」心學的問題。路過湖南常德之際，陽明先生便多教學生靜坐，使其自悟心性本體。這期間有多首詩歌是詠「靜坐體悟」的詩歌。陽明先生在龍場之悟以後，仍然教人靜坐入定、悟見性體。這種「靜坐體悟」對後來（正德十四年（1519）以平寧藩為標誌）「致良知」的提出有著重要影響。錢德洪在《陽明先生年譜》中對此有清晰論說，他指出，陽明「始教學者悟從靜入，恐其或病於枯也，揭『明德』、『親民』之旨，使加『誠意』、『格物』之功，至是而特揭『致良知』三字，一語之下，洞見全體。」所謂「洞見全體」，就是「靜坐體悟」心體的目標和效果。

任職廬陵知縣，這可認為是陽明「致良知」思想的實踐。正德五年三月十八日，到任江西廬陵知縣後，陽明先生的第一件事就是頒佈《告諭廬陵父老子弟書》，肅清綱紀，勸農春耕；之後當地不幸又遭災疫，陽明先生派遣醫

生下鄉治病，設法減輕百姓苦難。四月，爲防盜賊，再次頒佈《告諭廬陵父老子弟書》，建立保甲制度；六月，爲防火災而擴寬火巷，等等。錢德洪評價陽明先生到廬陵任知縣「爲政不事威刑，惟以開導人心爲本」。不止於此，陽明致良知思想的落實，至少包括三個方面：一，喚醒作爲人心本體的良知；二，運用良知「知善」的作用，導人向善；三，良知也能「知惡」，故對「惡」有所預防和管控。以《告諭廬陵父老子弟書》中的「整頓詞訟」爲例，其中有云：

> 廬陵文獻之地，而以健訟稱，甚爲吾民羞之。縣令不明，不能聽斷，且氣弱多疾。今吾與約，自今非有迫於軀命、大不得已事，不得輒興詞。興詞但訴一事，不得牽連，不得過兩行，每行不得過三十字。過是者不聽，故違者有罰。縣中父老謹厚知禮法者，其以吾言歸告子弟，務在息爭興讓。嗚呼！一朝之忿，忘其身以及其親，破敗其家，遺禍於其子孫。孰與和巽自處，以良善稱於鄉族，爲人之所敬愛者乎？吾民其思之！〔註1〕

從以上《告諭廬陵父老子弟書》中不難發現，陽明先生的「以開導人心爲本」實質上就是在喚醒廬陵當地百姓的良知，良知是心之本體，這也暗合《孟子》所言「四心」：羞惡之心（甚爲吾民羞之），惻隱之心（且氣弱多疾），是非之心（非有迫於軀命、大不得已事，不得輒興詞），以及辭讓之心（務在息爭興讓）。「良知」的說法源於《孟子》，這種本是「不慮而知」的良知，在後天社會現實環境中會因爲雜「慮」而被遮蔽、昏沉。對廬陵百姓講明「四心」（惻隱、羞惡、辭讓、是非），助其體認良知，這是從本體上做工夫。

知善知惡是良知。作爲良知的發用，就「知善」而言，陽明先生教化百姓所採取的策略是愼重選用當地德高望重的鄉賢（里正三老），他們是「知善」的，並以此勸人向善。因此，致良知的實踐，必然包括對善的引導，《大學》裏面講「止於至善」，也許我們可以說，致良知是最簡單、最微小的善，也是最深刻、最偉大的善。良知也還有「知惡」的作用，因此陽明先生在廬陵縣令任上，也做了大量的「制度建設」工作，以「法治」來守住底線，對付惡之人、惡之事。例如對於民間的冤情，如果鄉老作虛假報告，是要受到處罰的；又如保甲制度，也是爲處理「惡人惡事」而採取的有效措施。

〔註1〕 王陽明：《告諭廬陵父老子弟書》，《王陽明全集》，上海古籍出版社2011年，第1130～1131頁。

　　因此，我們可以認為陽明先生「知盧陵、化百姓」，就是致良知「體用並進」的政治實踐。所謂「體」，就是從「人心」入手解決問題，解決人心的問題，即喚醒人人心中良知。所謂「用」，即根據「知善知惡是良知」之教，使人由「知善」而向善、行善、勸善；與此同時，對「惡」也有所預估、管控，準備具體辦法、法規解決相應的問題。在仕途中，致良知思想的運用也可從心體、知善、知惡三方面展開，依次包括堅持正道（守正剛直）、知幾（吉之先見）、不惡而嚴（以遠小人）。以此三方面為框架，亦可分析蒙泉先生的從政實踐。

第六章　文宗大儒：交遊論學考述

　　良知學思想的形成、發展、傳播以及運用（特別是政治實踐）等方面的情況，都可從蒙泉交遊考述中見其大略。餘姚、慈谿地區為蒙泉出生、成長、養老之地，這裡有他的同門可與論學，並承傳其師陽明之教，如管州、徐芝南、楊珂等；致仕居家期間，蒙泉多次對鄉土的地方治理事項（丈量沙地以徵稅事）提出過書面建言，以良知為民請命。河南時蒙泉為官時間較長的地方，他在這不僅留下了造福當地的政績，還在選拔、培養士子方面為人稱道，其中徐養相拜在蒙泉門下。江西為陽明先生主要的建功之地，蒙泉在此地任職時剛直不阿，不依附權臣嚴嵩，持守氣節。歐陽德是江右王門的重要代表人物，江西人謝廷傑刻印《王文成公全書》，兩人對陽明學思想的發展、傳播，貢獻極大。蒙泉與歐陽德、謝廷傑或深入論學，或共倡師道。特別是受謝廷傑之請而編纂《天真精舍志》，足見陽明去世後蒙泉在經營天真精舍這件事上所起到的重要作用，以及所作出的重大貢獻。餘姚、慈谿之外，蒙泉在江浙地區有交遊者（見於《燕詒錄》所載），有較大一部分是其同年或近年的進士，如翁溥、周臣、曹逵、皇甫百泉等；與之論學、答問之人，有許孚遠、朱鴻等。此外則為與政事相關的書信往來。龐嵩父子與蒙泉相交於天真精舍，他們期望調和湛甘泉、王陽明兩家學說，並把心學思想傳播到粵地。陽明後學以書院建設為事弘揚師道，蒙泉與之交遊者尹湖山與鄒守益共建復真書院，徐芝南在揚州建維揚書院。此外，陽明後學中的重要人物如錢德洪、王龍溪、薛侃等，蒙泉實有交遊，但在《燕詒錄》中或以「友人」稱之，此等暫不列入本章考述。《燕詒錄》中還有若干與蒙泉交遊人士，由於史之闕文不及詳考。

第一節　餘姚、慈谿鄉賢

綜觀與蒙泉先生有所交遊、書信往來的當地鄉賢，既有同為王門弟子而致力弘揚陽明學的，如管州、楊珂等；又有著重於書信往來論學的，如呂本、顏鯨等；還有涉及蒙泉為民請命之事者，如趙文華、鄧玉洲、伍明府等。

管州，字子行，號南屏（一作「石屏」），餘姚人。管南屏是蒙泉為數不多、相交較深的同道中人，他們也是同鄉，情感親近。管南屏是嘉靖十年舉人，官至兵部司務，他曾主教天眞書院、水西書院，與蒙泉先生交往頗深，多有論學。在《與南屏管子行》信中，蒙泉向南屏闡述了自己良知學的精要，包括「四自」說（自知、自信、自察、自精），以及關於「良知」、「致良知」的觀點：良知是「心之精神」，是「天命之性」（《中庸》曰「天命之謂性」），《大學》所謂「意」、「物」即在良知之內，誠意、格物也在致良知之內。蒙泉自信已經參透了「致知」這「千古學訣」。其《與南屏管子行》原文略曰：

> 暮景簞瓢，非學如顏子，則將有所不堪，此須自知、自信、自察、自精，非義氣所能支持，非言語所能解釋。自是吾兄對鏡一段切實工夫，諒已勘之熟矣。切惟良知者，心之精神，天命之性也。有知，則有意、有物，非良知之外別有意與物也，一而已矣；亦非致良知之外，更別有誠，更別有格，亦一而已矣。一是皆是，一非皆非，故曰致知焉盡矣。千古學訣，二字道出，某自信頗參透，不覺有悅心。（《與南屏管子行》）

考證管州之號，或作「石屏」，而《燕詒錄》中均寫作「南屏」，我們認為其號寫作「南屏」是對的。查《乾隆玉山縣志》中有云：「風門，在七盤嶺右。白鷳亭，在懷玉山麓南。雲路亭，在懷玉山半山。太平橋，在白鷳亭外，有管南屏碑石。」〔註1〕其中有「管南屏」。又，《光緒重修嘉善縣志·人物志·理學》中云：「自王龍溪、管南屏諸先生主持書院講席，篤行之士有能探閩洛淵源者，舊志既別，何敢妄更。」〔註2〕其中也寫作「管南屏」，而非「管石屏」。

管南屏先生多處講學，主持或參與書院事務，如夏濬《月川類草》中有

〔註1〕（清）連柱修，李寶福纂：《乾隆玉山縣志》，清乾隆四十九年刻本，卷五，第136頁。

〔註2〕（清）江峰青修、顧福仁纂：《光緒重修嘉善縣志》，清光緒二十年刊本，卷二十，第763頁。

《簡管南屏山長》一信，其文曰：「山院興，復得名賢相繼主典教鐸，實斯文之慶。舉業不妨講學，公令諸生務合併從事，尤得要領。久闕修問，時於筆峯學論及諸生處，得文候之詳，清秋氣爽，物外心遠，所得應非塵寰可擬也。」〔註3〕《燕詒錄》卷七之末收錄蒙泉所作《兵部左司務管子行墓銘》，於南屏先生事蹟所述頗詳，茲錄原文如下：

子行諱州，其先汴梁之鈞州人也，宋紹興年南渡，諱萬里者從，因家餘姚，餘姚之有管氏，實萬里始。由是傳法仕爲宋太史氏，又八傳而子行出，少慧，能讀書，求解大旨，不屑屑章句。嘗自誦曰：「學，所以學爲人，不期於聖人，非學也。」正德歲丙子，充邑庠弟子員，聞陽明王先生倡明聖學，揭致良知爲心訣，蓋本孟子孩提之愛敬，天然自有，而非學慮能之者也。曰：「此入道門戶也，順此而已矣。」遂請師焉。嘉靖初，江右五溪萬公、楚白泉汪公，相繼督學，子行屢就試，輒首選升學生，郡守南瑞泉公，雅好文學，作稽山書院，群屬之庠校憂者給廩餼，學於斯以相觀摩，而良知之旨漸明，舉業益進。朔望彙試，子行輒受上賞。洛陽潘侍御三峰公按部至，又創書院於萬松深處，肖聖賢象樹之表儀，選兩浙士萃而學焉。子行則以奇才召入，爲多士倡。

歲戊子冬，先師起平廣亂，亂平，卒。奔桐廬迎柩，因協理家事，會葬。歲己丑冬，行人薛子侃、孫子應奎，奉使過浙，憶師祇命赴廣時，尋遊天眞山，有「文明有象」之句，謀同志即其地營精舍，以共明良知之學，子行召報無遠近實贊成之。辛卯，領鄉存試南宮不第：至丁未，復不第。歎曰：吾聞位者行道之具，艱於一第，命也，其已矣。夫親老竊升斗，盡歡一日養，道不外是矣。詣銓部謁選試第二，授兵部左司務，奉職介然，自以不負所學爲期，然上下頗見憚。庚戌秋，虜薄城下，言戰事，大司馬王公既心切憾之時，公方不得上意，又以推賢讓能爲公勸，而公之怒不可解矣，遂考罷。公論快焉，掌院屠東洲公意不懌，捐俸二金爲贐，凡交遊各有贈，身雖屈而道益彰。以此見天理之必不容昧，而吾學之可自信也。歸來即武勝偏處龍山之北麓，敗屋數間，蔬園半畝，召諸弟同居以悅

〔註3〕（明）夏濬撰：《月川類草》，清鈔本，卷十，第271頁。

二親，或門下舊知，使聘至輒就，謂不用於時，庶幾明於下道，豈終窮哉。有饋遺必視諸義，雖衣食多取，辨於此然，未嘗有所苟。

　　隆慶壬申赴天眞，主精舍教。應奎自初夏至仲秋，凡四越月，同臥起，與之仰參密證。夫道啓於堯舜，而莫詳於夫子。《大學》言「明德」而列之爲心、爲意、爲知、爲物，蓋即此虛靈不昧之體，隨所指異名，一渾然於至善而已矣。而其明之也爲格致、爲誠正，亦自不欺此虛靈之體，隨所在異名，一止於至善而已矣。不欺此虛靈之體者，良知之所以精也；而止於至善者，良知之所以復其體也，一也。故此四者精一之節度也，皆所以致其良知也。師云致知焉盡矣者，此也。知致則身修而家國天下理矣，此之謂《大學》之道。然又聞之顏子死而聖學不傳，蓋就門弟子所造言之耳。《易》曰顏子「有不善未嘗不知，知之未嘗復行」，夫子稱其好學曰，不遷其心於怒，不貳其心於過，此不遠之復、知至至之，誠之於幾，先天之學也。朱子謂克己復禮者乾道，主敬行恕者坤道，其至則同，其功則異。然則知幾豈易能哉？顏子如立卓爾，實見得此體本至善也，而未能無不善，故末由之歎所由發，過此則從心所欲不踰矩，無所用其精，渾然於一而化矣，可能哉？子行吾見其信也。曰：顏何人也，其良知同，其致之宜無不同，而何不可幾也？曰孳孳焉忘其老之至。是歲春正月，過吾盧信宿，有以勗我，不謂其遂訣也。噫，可以死哉！吾悲夫己之孤立也。子行平直簡實，無機械本有恆受道之器，遊於先生之門，日充其所未至，拔於士而氣不揚，厄於用而志不困，依稀乎貧賤以終身而無戚容，其所自得可量哉！程明道先生有言，人纔學便須知用力處，既學便須有得力處，是則子行之所以爲學者。子行別號南屏，生於弘治丁巳年十二月廿八日，距卒於萬曆六年□□□□日壽八旬有二。元配陳氏，蚤卒。繼徐氏□□□□將葬矣。其子生員大益偕弟大德來請銘，應奎爲之志其墓銘曰：「不學而壽兮，吾不知其藏；壽而且學兮，吾知其不忘。耿幽光兮，永斯土斯藏。」（《燕詒錄》卷七《兵部左司務管子行墓銘》）

徐芝南，即徐九皋（1504～1566），字遠卿，號芝南，又號南敷，紹興府餘姚縣茹墟（今屬餘姚市馬渚鎮）人，貫順天府大興縣，富戶籍。王孫榮先生考證：（徐芝南）弘治十七年甲子五月十八日丑時生，嘉靖四十五年丙寅九月二

十九日亥時卒。順天府學附學生，治《禮記》。嘉靖四年乙酉科順天鄉試第四名經魁。嘉靖八年己丑科會試第一百二十三名貢士，廷試羅洪先榜第三甲第四十九名進士。授山東濟南府武定州陽信縣知縣。十四年，轉湖廣道監察御史，督兩淮鹽政，兼治河道。十七年，升貴州按察司僉事。二十年，升廣東布政使司左參議，提調癸卯科廣東鄉試。二十三年，升貴州提刑按察司副使。考察致仕。著有《周禮考錄》《家塾訓纂》《茹里雜諺》等。《嘉靖八年進士登科錄》：「徐九皋，貫順天府大興縣，富戶籍，浙江餘姚縣人，府學附學生，治《禮記》。字遠卿。行五，年二十六，五月十八日生。曾祖昂。祖逐。父惪，工部織染所副使。母諸氏。具慶下。娶黃氏。順天府鄉試第四名。會試第一百二十三名。」《嘉靖己丑科進士同年便覽錄》：「（北直隸）大興徐九皋，字遠卿，號南芝，甲子知縣。御史，僉事，參議，貴州副使。考察，致仕。」〔註4〕

嘉靖年間徐芝南為御史，在揚州建維揚書院。嘉靖十四年，歐陽德曾作《維揚書院記》，其中提到：「嘉靖乙未夏，御史芝南徐子理鹺兩淮，成維揚書院，聚校官弟子講業其中，示之規約，時臨誨之，贍之廩，既置天沐以為可繼。」〔註5〕歐陽德在《寄徐芝南》書信中亦與論學：「學莫大乎志。志不精純，則生理息滅，乍斷乍續，乍昏乍明，茫乎未知所際……說到精專純一，人人酸澀難受，乃知自己亦是放過，未曾酸澀中討滋味也。」〔註6〕蒙泉與徐芝南交往較深，同氣相求，為其死而痛苦不已，作《祭芝南憲副徐年兄》：

> 嗚呼！君之死曷故哉？嘗聞君子修其在我，而責其所未備，委於天而忘其所以為報，然天與人常相參，而感與應未嘗不可信，其必然則理之常也，至於君而獨反之，竟不得其死，何歟？君剛方植其性，介執勵其操，讀書談道，仰思古人以邁其志，宦履越歷，靖獻在公，遺愛在民，孝養二親，勇辭榮進，根本節目之大種種愜乎人心，君何缺於己，何辜於天，而顧橫罹盜賊之手耶？嗚呼，傷哉，悲矣！今之惜君愛莫為助者曰，禮行遜出，斯之為精義，而君於御下，或任情過激。嗚呼！生死大事，縱性近嚴毅，直嫉惡之過，而乃使惡人得逞，豈天於福善顧反不足耶？有虞於天，而天不言，天

〔註4〕　此條承蒙王孫榮先生告知，並提供徐芝南考證資料。
〔註5〕　朱軍著：《揚州書院和藏書家史話》，廣陵書社，2012年，第31～32頁。
〔註6〕　陳永革編校整理：《歐陽德集》，鳳凰出版社，2007年，第39頁。

不可知，其責全於君者，殆無所歸咎之辭也。嗚呼！君將奈之何哉？
且君圖報未懈，而公議方推轂；事母未終，而膝下方切仰。恃奮志
濯磨，自信桑榆猶未晚。此皆君之不能瞑目者也。而天之降罰一至
此，天果無意於善人耶？嗚呼！予不能以不可知者爲天詰，猶冀罪
人斯得大昌厥後，以徐觀天之定也。天乎，君將奈之何？嗚呼哀哉！
（《燕詒錄》卷七）

當時與徐芝南交遊且留下文獻記錄者爲數不少，如兵部尚書蘇祐作《滕王閣
別徐芝南少參》〔註7〕，項喬作《和合驛柬同年翁夢山徐芝南》〔註8〕，薛侃
在天眞書院時作詩《寄徐芝南》〔註9〕，黃衷作《次韻翁夢山與徐芝南登觀音
山》和《送徐芝南少參入賀》〔註10〕，等等。李顒《二曲集》中記載徐芝南
與王心齋故事，頗具陽明心學「喚醒良知」特色：「昔王心齋遇歲饑，請於巡
按御史徐芝南曰：『某有一念惻隱之心，是將充之乎，遏之乎？』芝南曰：『充
之。』心齋曰：『某固不忍民饑，願充之以請賑於公，計公亦必不忍民饑，充
之以及民何如？』於是芝南慨然發賑。」〔註11〕此事發生在嘉靖十四年六月，
頗爲後世津津樂道。嘉靖二十一年，徐芝南「命郡人爲《曹溪通志》全志，
即張希京《曲江縣志》卷十六《外教》所云冀邦柱修《南華志》者是也」〔註
12〕。呂柟《涇野子內篇・乙未邵伯舟中語》中記載一則其對徐芝南論學之語
的評論，涉及程朱之學與陽明良知學之辯，頗爲重要：

先生北遷太學，遇廣陵時諸生十餘人，同舟共送至灣頭，遇高
郵守門人鄧誥迎於舟中，設酒。先生稱巡鹽徐芝南好學。一生曰：「他

〔註7〕南昌市地方志編纂委員會辦公室編：《滕王閣志》，江西人民出版社，1993年，
第106頁。

〔註8〕項喬《和合驛柬同年翁夢山徐芝南》曰：「兩翁起仙舟，班荊論心曲。憐予獨
病肺，遠看人如玉。」（明）項喬撰，《項喬集》（下），上海社會科學院出版
社，2006年，第498頁。

〔註9〕（明）薛侃著；陳椰校：《薛侃集》，上海古籍出版社，2014年，第367頁。
或參看裘之倬、王諮臣主編：《滕王閣詩文廣存》，文化藝術出版社，1990年，
第450頁。

〔註10〕中山大學中國古文獻研究所編：《全粵詩》，第6冊，卷一八三，嶺南美術出
版社，2009年，第410頁。或參看沈乃文主編《明別集叢刊》第1輯，第
96冊，《矩洲詩集》十卷，黃山書社，2013年，第385頁。

〔註11〕（清）李顒撰：《二曲集》，卷十八，中華書局，1996年，第205頁。

〔註12〕東方雜誌社編輯：《東方雜誌》第33卷，第17～20號，東方雜誌社，1936
年（民25），第208～209頁。

嘗言『人惟格物，便可平治天下，何用許多條目！』」先生曰：「信
如子說，則當時曾子只說『物格而後天下平』可也，何必許多『誠、
正、修、齊』工夫邪？夫格物是知，必須意誠、心正，然後見之躬
行；不是一格物便能了盡天下事。且如子華未仕時，亦只是講明此
道而已，豈能預知一郡人民土俗乎？至於今日到高郵，身親經歷，
便有許多政事條理。焉能一舉而了盡一州之政乎？如芝南之說，皆
今時頓悟之弊，學者不可不察。」〔註13〕

呂柟受業於薛敬之，獨守程朱之學，其學以窮理實踐爲主，斥王守仁「良知」
學之非，曾與湛若水、鄒守益同主南都講習。呂氏指出徐芝南「人惟格物，
便可平治天下，何用許多條目」之語，有「頓悟」之弊。呂柟「格物是知，
必須意誠、心正，然後見之躬行」之說有待商榷。《大學》中明言「致知在格
物」，可見格物與致知是兩事；又言「物格而後知至」，可見格物之結果或有
不能達到「物格」的情況，此時「知」未必能「致」。那麼呂柟「格物是知」
之說顯然是有問題的。意誠、心正是物格、知致的自然結果，也不必相「須」。
一般認爲格物即是一種「行」，此「行」包括意念發動處，如陽明所言「一念
發動處即是行」；陽明先生又言「意之所在便是物」，則格物也是格「意之所
在」。簡言之，程朱、陸王對「格物」、「知行」的概念解說不同，從而導致分
歧。徐芝南顯然是歸屬於陽明心學一派，他的「格物便可平治天下」之說，
其實相當於《大學》「自天子以至於庶人，壹是皆以修身爲本」之義，因格物
是修身之首先要務。

楊珂，字汝鳴，號秘圖，餘姚人，從陽明先生講學，不以科舉爲事，自
放山水間，其書法與徐渭齊名。正德十六年九月，陽明先生歸餘姚省祖塋，
訪瑞雲樓期間，經錢德洪排眾議、請親命，次日楊珂與蒙泉等凡七十四人亦
從請學，侍陽明先生講學於龍泉寺之中天閣。《燕詒錄》中收錄蒙泉所作《次
秘圖楊山人汝鳴詠雪韻》，以及《寓崇正書院憶秘圖楊山人》，他對楊秘圖的
有「清狂」之點評，且曰「只隨點瑟度春風」，讓我們想起陽明先生兩句詩「鏗
然捨瑟春風裏，點也雖狂得我情」，蒙泉對秘圖楊山人之「狂放」或亦有「得
情」之意。

吳悺，號蓀塘，餘姚人，與蒙泉爲「同榜同鄉」，嘉靖五年進士，曾任山

〔註13〕　（明）呂柟撰：《涇野子內篇》，卷二十二，第十八至十九頁。見《四庫全書‧
子部‧儒家類》，上海古籍出版社，1987年，第714冊，第706頁。

西布政使，蒙泉作《送吳蒗塘之山右左使》：「同榜同鄉三十年，官簪乍盍又離筵。雁門一別餘千里，條嶺中分等隔天。客邸晴光憐草綠，郊亭新柳羨鶯遷。即看跋馬行時令，滿地陽和隴塞邊。」陽明後學重要代表人物羅念庵，與吳惺多有交往，可參看其書信《與吳蒗塘邑令》等，另有一故事：「嘉靖九年末，時念庵請假告歸在鄉，吳蒗塘邑令濟之錢財，念庵拒而不受，云：『願廣其施於一邑，使一邑之士與民仰德愛之覆庇也。』」〔註14〕可見念庵先生「實致良知」，頗得陽明學仁民愛物之義。此外，吳惺與趙廷松、孫承恩等也有交遊，趙廷松有詩《贈吳吉水北上》〔註15〕，孫承恩《瀼溪草堂稿》卷十七有詩《吳蒗塘攜酒夜過》：「白下當年別，清尊此夕同。簿書君屈驥，衰鬢我成翁。歲月蹉跎裏，乾坤感慨中。話長不知倦，落盡燭花紅。」〔註16〕孫承恩官至禮部尚書，諡文簡，著有《歷代聖賢像贊》六卷、《孫承恩集》三卷。

呂本（1503～1587），字汝立，號南渠，又號期齋，餘姚人，與蒙泉為同鄉，晚年兩人多有同遊之誼，《燕詒錄》中收錄蒙泉詩歌《呂南渠翁約遊樂志園》。嘉靖十一年進士，越兩年授檢討，充經筵展書官。二十七年任南京國子監祭酒，次年遷少詹事兼翰林學士。時嚴嵩獨任相，帝令廷臣推薦，未提及呂本。又令密探於國子諸生，咸稱呂本善，徵入閣，任續修《明倫大典》總裁官。嘉靖二十九年晉升為東閣大學士。三十二年任禮部尚書。三十三年進太子太保兼文淵閣大學士。三十五年晉升少保、武英殿大學士，兼管吏部部務。卒贈太傅，諡文安。有《四明先賢記》，詩文《期齋集》十四卷。

丁行，《燕詒錄》中收錄蒙泉《書丁行生母慈節卷》。丁行的事蹟當時在王門弟子中競相傳頌，蒙泉自述此次「書卷」乃羅念庵轉告之由。錢明先生指出：餘姚的丁行兄弟，是岑氏的姑孫，岑、丁二家雖同為餘姚「巨族」，但岑氏卻執意要把丁行兄弟推薦給陽明，並對他們說：「爾長尤望富貴易門閥，得與聞王門，學成一儒者足矣。」陽明歿後，丁行兄弟又繼續從學於其他王

〔註14〕張衛紅著：《羅念庵的生命歷程與思想世界》，生活・讀書・新知三聯書店，2009年，第208頁。

〔註15〕趙廷松《贈吳吉水北上》：「曉露湛棠署，秋風把蘭齡。君子遠行遊，士女紛江亭。昔聞丹鳳棲，今見孤鵬徵。抆臥何以為，美人在蓬瀛。湖峰結雲幕，江蒓媚秋英。鏘鏘涼籟虛，熙熙列宿明。酌彼文之水，聊以薦予誠。願言託千里，四海俱澄清。風塵自末路，金璧聲盈盈。感激申贈詞，乾坤留遠情。」（明）趙廷松著：《趙廷松集》，線裝書局，2009年，第13頁。

〔註16〕北京圖書館古籍出版編輯組編：《北京圖書館古籍珍本叢刊・集部・明別集類》，書目文獻出版社，1998年，第267頁。

門高弟，最後竟「俱成大儒」，其中自然有岑氏的一份功勞。〔註17〕從陽明後學角度看，像丁行這樣的「三傳弟子」，通過孫蒙泉、王龍溪、羅念庵等陽明「再傳弟子」的教導，也共同為陽明學的承傳、發展與實踐做出了很大貢獻。

嚴中，字執甫，戊戌進士，餘姚人，為嚴子陵的第四十九世孫。原輯有《客星紀略》，蒙泉為之作序。《客星紀略》書中內容依次為有關嚴子陵像、贊、古蹟、邱墓、及傳、記、序、銘、表、牒、帖、書、祭文、古詩、家訓等。蒙泉又作《題客星山次韻》，以及《允齋元日詠懷見寄次韻答之》。嚴子陵是「餘姚四大先賢」之首，孫蒙泉對於子陵先生有著無限崇敬之心，是故《燕詒錄》中收錄了兩首詩歌，同名《觀〈釣臺集〉》。蒙泉《賦子陵先生慨懷》詩中有言「要領但知有仁義，功名無意畫雲臺」。此詩之前就是兩首《觀〈釣臺集〉》之一，備錄如下：

> 東京節義垂青史，道重故人君下士。象求不就復歸來，梁肅高碑百世俟。追評公案伸淹文，未信先生心盡此。或出或處亦何求，功業浮雲在得已。往古來今恣品題，形骸內索孟春氏。我嘗詠歎累篇什，但謂天民古相擬。一德咸有乃泰交，俞咈歡通稱喜起。先生仁義與誰言，臺上青天台下水。安得長竿效釣澤，且激頹風屬廉恥。水激嚴灘高釣臺，東京風節謂從開。耕漁野老全藏用，世代詞人半屬猜。供養不辭還見兆，熊羆無夢盍歸來。願將文叔為湯武，仁義為能學草萊。　人生不必繫如鮑，吾道艱難在泰交。進退有幾心自與，去來於我跡何膠。先生貞白昭天地，千古精靈邁許巢。山月江風今未改，片雲將雨憶西郊。（《燕詒錄》卷十）

對子陵先生的懷想，表達出蒙泉對於入世、出世的進退用藏之豁達，正如他在詩中多次強調的，這是一種「仁義」。子陵先生之「仁義」，在蒙泉看來，便是「進退有幾心自與，去來於我跡何膠」，他以「良知」來應對官場，以「幾」來選擇進退。我們分析孫蒙泉致仕的深層原因，除了歸結於家學、至親方面，還可追溯到餘姚的地方文化深處。從嚴子陵「山高水長」的高風亮節以來，餘姚出身的儒士為官，多能深諳進退之道。此外，與蒙泉交往頗深的蔡汝楠，亦與嚴允齋有書信往來，參看《國朝名公翰藻》卷十七所收蔡汝楠《與嚴允齋》，而凌雙橋《碧筠館詩稿》卷一也收錄詩歌《月夜同茅見滄嚴允齋海會寺納涼》。

〔註17〕錢明著：《儒學正脈・王守仁傳》，浙江人民出版社，2006年，第21頁。

顏鯨（1515～1589），字應雷，別號沖宇，浙江慈谿城南人。顏沖宇可謂陽明先生的私淑弟子，他與蒙泉多有論學往來。嘉靖三十五年進士，授行人，擢御史。巡視倉場，論殺奸人馬漢，上漕政便宜六事。後作河南按察使，告發伊王朱典瑛十大罪狀，伊王坐廢，為民除一大害，河南、河北民眾鼓舞相應。改任京畿學政後，以彈劾都督朱希孝忤旨，貶為安仁典史。隆慶中，累遷山東參政，改行太僕卿，忤高拱落職。萬曆中以湖廣提學副使致仕，村居十年而卒。《燕詒錄》中收錄蒙泉的《與督學顏沖宇》及《復沖宇顏督學》兩封重要書信，均涉及其重要良知學觀點，包括論「未發」、「體用一原」、「精一之學」、「知幾」等等。蒙泉《與督學顏沖宇》中有言：

> 切惟：「危微精一」非心學宗旨乎？格、致、誠、正，夫子所以發明之也。先師默契，不傳云：「良知者，心之體，發動為意，意所向為物，總不出乎良知，致知焉盡矣。」其言固有在也。今夫應酬既往，耳目無交，良知固未嘗昧而不知，然實未有所發，喜怒哀樂一無所屬，不可謂之意矣。無意則無物，何以致其知耶？豈致知之功專屬於動，則動、靜兩截，非無間之體，而意與物良知亦有所不統，不將為有外之心乎？先儒嘗曰「有知即是已發」，然此良知性靈也，有此生則有此知，雖昏蔽之極，未嘗滅息，是無未發時矣。《中庸》所謂「未發」者，屬無知時耶？無知則斷滅，非性也，非吾之所為學也。凡若此，固不能無疑。切嘗體驗於日用，識取於吾心，雖不覩不聞，無應跡可名，而良知炯然，則常感常應，實未有無意、無物時也，直渾然於至善而已，不俟於格且誠也。故即其炯然之常體不易，謂之未發；即其炯然之感應不息，謂之已發。隨所指而異名，其實體用一原，不可得而分也，致其良知而已矣。故動靜者時也，而致知之功無動靜也，良知不可須臾離也。周子曰：「靜無而動有，至正而明達。」謂之「無」者，無跡可見；曰「至正」，則非淪於「無」也。謂之「有」者，常感常通；曰「明達」，則非滯於「有」也。是所謂致其良知，物格、意誠、心正而止於至善也。故第之為心、意、知、物，體用似析矣，而不外於心之良知，統之所以有宗也。序之為格、致、誠、正工夫，似漸矣，而不外於致其良知，會之所以有元也。此所以為精一之學也。是吾之所自信，而未敢言者。吾丈幸以所自得，折衷於吾所疑信，使少有持循，實友道之必不容

已者也。(《與督學顏沖宇》)

上引論學書信中，蒙泉以《尚書》「危微精一」爲心學宗旨，其發展闡明在於《大學》格物、致知、誠意、正心，並且其師陽明歸結爲「致知焉盡矣」。因此「知」爲良知性靈，生生不息，所以沒有「未發」之時，而《中庸》所謂「未發」是就良知本體的「常體不易」而言，所謂「已發」是就「感應不息」而言，這是「體用一原」之義。因此，良知不可須臾離也，致良知之功不分動靜。良知是《大學》心、意、知、物的「統宗」，致其良知是格、致、誠、正的「會元」，這也就是所謂「精一之學」。不止於此，在於顏沖宇的論學書信中，孫蒙泉還闡述了他對良知學的獨到見解，即從良知學到「知幾」之學：

竊觀世情在人者不可必，抑吾所以待之，察於毫釐，幾不容昧。苟聲色於人已之較，牽已而從之，殆非所與於幾者也。易曰幾者「吉之先見」，即正時識取意耳；又曰「知至至之可與幾也」，「知至」云者，本其體之常也。「至之」云者，言其功之適得吾體，則心也、意與物也渾然一於至善而無時不吉矣，亦即是先見之體不爲物所污壞耳，故知幾者先天之學也。顏子不遷不貳，豈有外於此哉。孔子贊《復》曰「顏氏之子其庶幾乎」，則顏子之所爲學者可知也。僕日來自信知幾之外無學矣，然未能時時應手，則又見「至之」之難，未敢自望於「知幾」之藩籬也。(《復沖宇顏督學》)

馮龍岡，慈谿人，其子馮珣生，爲蒙泉女婿。《燕詒錄》中收錄蒙泉《壽馮龍岡七秩序》，爲言壽之道，提出「觀於動而知其用之有所本，觀於靜而和其體之有所存，蓋即其所居之位，樂其日用之常，而不自知其達於神化性命之奧」的觀點。

趙文華（1503～1557），字符質，號梅村，浙江慈谿人。嘉靖八年進士，授刑部主事，認嚴嵩爲義父。嘉靖三十四年任工部侍郎巡視東南防倭，升工部尚書，加太子太保，繼以右副都御史總督江南、浙東軍事。後被黜病死，貪污軍餉十萬四千石。因地方出現饑荒，蒙泉在《與趙甬江同年》書信中，以守土官員身份多次請其發倉賑災。

鄧玉洲，待詳考。在致仕居家期間，蒙泉作爲地方鄉賢，多次爲民請命。慈谿近海，有灘塗之地，官府原不徵稅，以讓利於民。但當時某地方官發起丈量灘塗沙地之舉，使得相關民眾多爲所病。《燕詒錄》中收錄蒙泉《與邑侯鄧玉洲論量沙地》。

伍明府，待詳考。因丈量沙地事，蒙泉又作《與伍明府別駕》，大意是爲鄉人請命，勸說各級官員不再發起丈量灘塗沙地以徵稅而與民爭利，且此舉難免會影響鄉民的農業生產。他建議關於土地丈量之事，就以過去舊冊送上即可。

第二節　河南、江西僚友

陳五山，當是蒙泉官任河南時同僚，《燕詒錄》中有《賀少司馬陳五山壽途間口占》一詩，《河南存稿》中又有《贈五山陳憲副擢苑卿序》，文多不盡錄。陳五山與羅洪先交遊。〔註18〕其他情況有待學者詳考。

徐養相（1523～1592），字子存，號涵齋，睢州（今河南睢縣）人，嘉靖三十五年進士，曾仕餘姚，轉兵部主事，忤時相而罷歸，可參看乾隆十九年《歸德府志・人物略》。徐養相撰有《禮記輯覽》、《四書說略》、《近垣文集》。〔註19〕徐養相爲蒙泉門人，捐貲樹坊，此事見於《燕詒錄》中的《書上林科第碑陰》一文。

董淑化（？～1592），字堯封，河南洛陽人。嘉靖中進士，歷任推官、御史、甘肅巡撫、南京戶、工二部右侍郎，改戶部左侍郎，未任而卒於家。贈尚書，諡恭敏。董淑化可謂陽明三傳弟子，因其爲陽明再傳弟子西川先生門人。西川先生尤時熙，字季美，號西川，河南洛陽人。因讀《傳習錄》，始信聖人可學而至，然學無師，終不能有成，於是師事劉晴川。晴川言事下獄，先生時書所疑，從獄中質之。又從朱近齋、周訥溪、黃德良（名驥）考究陽明之言行，雖尋常謦欬，亦必籍記。尤西川門人甚多。《燕詒錄》收錄蒙泉《答操江董淑化諱堯封》。

沈鯉（1531～1615），字仲化，歸德府虞城縣（今河南商丘）人。嘉靖四十四年進士，授檢討。累遷吏部左侍郎。擢禮部尚書。拜東閣大學士，加少保，進文淵閣。贈封爲太師，諡號文端。明神宗贊其爲「乾坤正氣，伊洛眞儒」。《燕詒錄》所收蒙泉《答翰侍沈仲化諱鯉》，其中論及「陽明先生從祀孔廟」之事，且與之論「精一之學」、「致知焉盡矣」：

〔註18〕徐儒宗編校整理：《羅洪先集》，卷三，鳳凰出版社，2007年，第59頁。

〔註19〕呂友仁主編、查洪德副主編：《中州文獻總錄》（上冊），中州古籍出版社，2002年，第770頁。

切惟允執厥中，聖學之源也，而舜益之以三言者，中之所以執
也。一於道心之謂中，然不能無人心之雜，故須精以一之，精則一矣，
一則精之至也，非精之外復有一，非精之後復有一之功也。孔子格致
誠正，所以條析惟精惟一之節度，蓋心以知爲體，而意與物者則知之
用，本渾然一於至善，所謂道心也，無弗正也。惟動而有不誠之意，
意非懸空，必有不正之事，而心始不正矣。然吾之知未嘗不知，蓋不
應不學者也。故欲求至乎誠，以復其心體，必須致知；致非懸空，必
須格物；格物以致其知，則行無不慊而意誠、心正矣。此之謂精一之
節度也。是故格物者，致知之實功；而誠意者，致知之成功。故致良
知之外無學也。師曰「乃若致知則存乎心悟，致知焉盡矣」，豈欺我
哉？實發前賢所未發，俟後聖而不惑者也。（《燕詒錄》卷四）

牛若愚，字睿卿，河南開封府祥符縣人，貫山西澤州，嘉靖三十八年進士。《燕
詒錄》中收錄蒙泉《答副郎牛諱若愚》，其中論及「志」的問題，提出「志」
猶如「植根」，需要盡早立下，且引孟子所云「其所不欲，其所不爲」，說明
此念「是天性自然，誠能順而充之，無爲其所不爲，無欲其所不欲，則火燃
泉達，本立道生，盛德大業，惡能量其所至也」，而孔子所謂「從心所欲不踰
矩」，也是發端於「志學」，可知志之所繫甚大，爲學者最先之要領。

朱鶴汀，待詳考。《燕詒錄》中收錄蒙泉所作《朱鶴汀光訓堂記》。

潘萬渠，蒙泉作有《贈憲副潘萬渠之楚》，其他情況待考。

歐陽德（1496～1554），字崇一，號南野，泰和（今江西省泰和縣）人，
江右王門主要代表人物之一。嘉靖二年進士，官至禮部尚書，以宿學居顯位。
建龍津書院。卒後贈太子少保，諡文莊。有《歐陽南野集》三十卷，又有《南
野文選》四卷。陳永革先生所編校整理的《歐陽德集》中收錄與孫蒙泉來往
書信兩封，其一爲《寄孫蒙泉》：

徐德深行，曾致書並附棲溪手卷，想已覽存。家兄按部還，知
曾相接，初頗動意，徐遂釋然矣。事上官，固不必趨媚以爲恭。然
孔子闇闇侃侃，自有其度，色勃足躩，亦非苟焉而已。蒙泉以爲何
如？舍親劉掌教書報，知蒙泉銳意興學，斯文之幸也。僕近覺人心
良知，誠不可昧。鼓舞作興，亦不在急，惟出之於以誠，直從精神
心術斡旋轉移，優游涵泳，久自得益。因思前此虛談泛說，自己未
有道學，自修恂慄威儀之實，而徒以意氣語言動人，使有志者習高

談而驚外，無志者疑實行而生厭，誤己誤人，罪不可逭。近方深悔痛艾，日征月邁，但有懍然，蒙泉何以教之？〔註20〕

以上書信中，歐陽德推崇蒙泉先生「銳意興學，斯文之幸」，並提出個人治學體貼之言：「人心良知，誠不可昧。鼓舞作興，亦不在急，惟出之於以誠，直從精神心術斡旋轉移，優游涵泳，久自得益。」其所言良知不可昧，與蒙泉常講的「幾」是一致的，他們或許對此問題有過深入交流。〔註21〕蒙泉為學處世具有「務實」特點，為人稱道，或因而歐陽德在信中反思自己「徒以意氣語言動人，使有志者習高談而驚外，無志者疑實行而生厭」？歐陽德好接引後學，曾在靈濟宮講學，據說來聽者五千人。另一封信《答孫蒙泉》云：

近日，江陰之政，上下交贊，甚慰。然而謙虛下人，猶若盡以與執事。雖然世俗溺於所見，然吾輩反躬之學，亦不可不自省也。來教「絲毫假即全體假，無此絲毫即本體直達」，警發多矣。說到此，須造到此，始是修辭立誠。不然，總是虛見虛談，無益於學。《朱子抄》未曾詳觀，大意與先師採刻《定論》同意，而序中發明卻似未盡。末後引朱子新得數語，其命意發端猶是舊學。以此為定見，恐未足破疑解惑，而反助之波也。以合之盡其大為存心，朱子意本不如此。異時恐有援此為辨者，省去文字，休養靜觀，亦起人疑。學得其道，多識前言往行，亦是畜德。苟失其道，雖修養靜觀，省去文字，亦未有入手處也。尊意如何？「以通其故」一語，上下不相承。「注述」二字，古不並用，此猶是小疵。凡此等論學傳世之文，前輩往往反覆商榷，不肯輕出，今即入刻，猶可及改否？然語意雍容，氣象寬大，殊無矜逸猛隘之態，足知近來學力所進，而觀者之所感必深矣。中間數覺有局縮處，卻恐是氣習消磨未盡，而用意收斂調停，簡擇不得，矢口而發，故爾以此益見得學尚有可進步處，須精義乃入神也。道遠，無由面承。語多直致，諒不以為罪。〔註22〕

〔註20〕陳永革編校整理：《歐陽德集》，鳳凰出版社，2007年，第74頁。

〔註21〕《燕詒錄》卷十二《與禮部歐南野丈》曰：「恭惟門下，崇階峻陟，適道明德，立之後古聖賢，以遇為難，翁無難之矣，大行其道，使天下有所被；深明其教，使後儒歐所宗，皆翁今日事也。至於察乎有無之間，精於毫釐之辨，從不為徇，軏不為抗，默語行違，徹然本體，此則翁之所自信，蓋有獨覺其進而人不及知者。」

〔註22〕陳永革編校整理：《歐陽德集》，鳳凰出版社，2007年，第92～93頁。

歐陽德此覆信，當在蒙泉任江陰知縣時期，其中論學之跡，頗可注意。蒙泉「絲毫假即全體假，無此絲毫即本體直達」的觀點，深得歐陽德讚歎。蒙泉將其所作《朱子抄》一書寄去，歐陽德評論此書大意與陽明先生探刻的《朱子晚年定論》相似，但對《朱子抄》的自序頗多意見，蒙泉當時學養尚未深熟，或因此等原因，此序未收入《燕詒錄》。

萬鏜，字仕鳴，江西南昌進賢人。弘治十八年進士，授邢部主事。嘉靖中，累官南京右都御史。家居十年，得嚴嵩汲引，起為副都御史。歷官至吏部尚書，每事委曲順嵩。為趙文華所擠，黜為民。撰有《治齋集》十七卷。《燕詒錄》中收錄蒙泉《奉冢宰萬治齋翁》。

謝廷傑，字宗聖，號舜卿，又號蚪峰，江西新建人。嘉靖三十八年進士，任監察御史·巡撫浙江。隆慶六年刻印《王文成公全書》38 卷。他邀請蒙泉先生作《天眞精舍志》，現存《天眞精舍志》前序、後序。詳見《蒙泉先生年譜》「隆慶五年辛未（1571），六十八歲」條所記。

第三節 江浙、湖廣同事

翁溥，字德宏，號夢山，浙江諸暨人，嘉靖八年進士，授太湖知縣。累官至南京刑部尚書。諡「榮靖」，有《知白堂稿》十五卷行於世。蒙泉與翁夢山相交不淺。作《翁夢山官蜀中詩以懷之》：「京國重違又幾年，低回江海暮雲天。百泉院裏流長逝，萬里橋邊詩定傳。秋月彌猴啼峻嶺，春風花柳對前川。卜居曾擬山陰近，乘興終期雪夜船。」何良俊作有《祭翁夢山司寇文》。《國朝獻徵錄》中收錄孫應奎所撰《翁公溥行狀》，其全稱為《南京刑部尚書諡榮靖翁公溥行狀》，原文如下：

> 夢山翁公，諱溥，字德宏，生而稟受樸茂，無便嬛童習，年十六補邑庠生，嘉靖戊子領鄉薦。明年己丑連第，授太湖縣尹，至則捐苛刷蠹，嚴己惠下，民大德公，為立祠繫去思焉。癸巳秋，召入，拜史科給事中，慨然思所以靖獻者。值大同軍殺主將，廷議方未決，公抗疏乞正法以定國是，及事寧，功罪失實，復疏請選風憲官往核之。其任事每如此。乙未會試，為同考試官，所錄多名士。時吏部尚書結權黨邪，大逞胸臆，以要上籠下。公以予與左給事中薛宗鎧者發其奸，懼微誠不足以悟主上，乃亟上疏，攻之者凡九人，而大奸距脫，內外稱快矣。時死事者二人，謫降者六人，公授江西龍泉

縣丞，一無慍色。丙申，升盧陵知縣，及考績，升松江府同知，皆
勤慎共職。辛丑，升廣東僉事，箚欽州平交趾亂。甲辰，升參議。
丙午，升四川副使，以平白草蠻功受賞。戊申，升參政，復以平都
蠻功再受賞。己酉，升河南按察使，未任，升湖廣右布政，三越月，
轉左使。蓋前此公不以為淹，今此人不以為幸，歷久信乎，公道不
容已耳。辛亥夏四月，□右副都御史，敕令巡撫其地。未幾，改撫
江西，至則值歲旱，議賑貸。明年，又旱。又上疏乞蠲租、省驛傳
供應，凡調停節省可惠民者，靡不究心。寧府自變後弋陽郡，攝行
府事，至構爭不息，公疏請分管以平事權。上特俞允，郡藩賴之。
癸丑，入為兵部右侍郎。甲寅，轉左侍郎。兩為捷音事，升俸一級。
是年秋七月，考績晉階通議大夫，贈祖父珪銓如公，貴皆兵部侍郎，
蔭子忠入監。乙卯，為捷音事，升俸給賞如前。丙辰，升尚書，掌
南京刑部事。任踰月，以病痰，一夕卒於官。訃聞，天子悼之，謚
榮靖，賜祭二壇，詔有司治其葬。公性坦豁有度，與人常親厚少間，
立己鮮有□容，雅好文藝，每有感遇，輒題詠□而成帙，今有《知
白堂稿》行於世。（焦竑撰：《國朝獻徵錄》卷四十八）

周臣，字在山，又字子忠，吳縣人，嘉靖二十八年任衢州知府，官聲頗佳，
作《厚生訓纂》。蒙泉有書《答周在山同年》，論及治盜、賑災之事，足見其
為官理政，以良知學教化百姓之苦心：「盜事民雖愚，亦知此路是錯，直飢寒
驅之耳，無所處，一味勤撲，吾黨與均咎，恐亦非善後圖也。尊見深服深服，
前數日弟會具揭懇言賑事，聞已施行，未知濟否，何如聊自盡心，其所未能
委任權力，無可強求也。」

　　唐順之（1507～1560），字應德，一字義修，號荊川，武進（今屬江蘇常
州）人。嘉靖八年會試第一，官翰林編修，後調兵部主事。曾親率兵船於崇
明破倭寇於海上。升右僉都御史，巡撫鳳陽，嘉靖三十九年，督師抗倭途中
於通州去世。崇禎時追謚「襄文」，學者稱其為「荊川先生」。《燕詒錄》中有
《與荊川唐應德》。

　　蔡汝楠（1514～1565），字子木，號白石，湖州德清人，幼時聽講於湛若
水門下。嘉靖十一年進士，授職行人，升刑部外郎，遷南京刑部。《燕詒錄》
中有蒙泉所作《答少司馬蔡白石》。蔡汝楠與孫蒙泉在石鼓書院刊刻《傳習
錄》，詳見《蒙泉先生年譜》。

許孚遠（1535～1604），字孟中，號敬庵，湖州德清人，早年受學於唐樞。嘉靖四十一年進士，授南京工部主事，後調吏部主事。爲學以克己爲要，以反身尋究爲攻。著有《論語述》、《敬和堂集》八卷、《大學述》、《中庸述》等。蒙泉與許敬庵在天眞精舍共事，他在《與稽勳許敬庵》有云：

> 夫因祭立會，因會訂學，初意本甚拳切。鄙人十年不渡，近二
> 三年再與祀事，殊覺索莫，而諸執事亦不恪，漸成故事矣。蓋由吾
> 黨精神不翕聚，不能感動，復何言？竊惟此道固非冥行罔覺，硜硜
> 於言行者之所能與，亦非闊略躬行，嘵嘵於言語者之所能及。精一
> 之旨，非淵源之所自乎？而其根極領要，特嚴於人心、道心之決耳。
> 緣此危微之介，毫釐千里，若少有夾帶躲閃，雖標末可觀，只是霸
> 者緒餘，且未有霸者許大氣魄，做得成片段，直是假了一生，不王
> 不霸，全無下稍，可哀也已夫。（《燕詒錄》卷四）

朱鴻，字子漸，萬曆間諸生，仁和（今浙江杭州）人，著《經書孝語》。朱鴻在致良知上能著實用功，向蒙泉求教爲學之道，故《燕詒錄》中收錄蒙泉作《書生員朱子漸卷》，結合自得之見，並與之論心學源流，其文曰：

> 堯以執中開心學之源，而舜之命禹則益之以「危微精一」之說；孔子則
> 以明德、親民、止至善而示其功於格致誠正；顏淵問仁，其旨爲克己復禮，
> 其目爲視、聽、言、動，及顏子敘其所自得則曰博文約禮；曾子仁以爲己任，
> 至「唯一貫」而舉以示門人則曰忠恕；子思作《中庸》，推道原於天，率於性
> 而修於教，修之之功惟戒愼恐懼乎？其所不覩不聞，不越乎喜怒哀樂之未發
> 有以致其中，發而有以致其和。孟子則曰「知言」「養氣」，由於「集義」。夫
> 道一也，而言若人殊，豈不害其爲一耶？夫學術不本乎聖賢，則其道不可得
> 而聞；不即其異以究其同，則其學術亦不可得而據。朱子，大儒也，《大學》
> 補亡之傳釋格物致知之義，學者不守之爲宗說乎？而吾師深造獨悟，以理足
> 於心，物非外鑠，揭示致良知之訣，則似與朱子異。今其《傳習錄》辨析詳
> 明，已流佈於世，而士之尊信者比比也，豈非學問之道精入毫釐，有未易於
> 明者乎？吾師及門之徒亦眾矣，孰不曰致良知？果能妙契默識，眞見其上承
> 危微精一之旨，而與朱子格物致知之論所以爲異者乎？
>
> 予嘗是正於同志，必反求諸身，而自識其所以爲心，斯體諸心而自識其
> 所以爲學，良知者心之體也，而意則其動，物則其動所向之事也，故以言乎
> 良知則備矣！致知則必格物，必已誠意，必已正心，而始吾之良知爲自慊。

故以言乎致知，則學問之道無少欠矣。堯、舜以道心爲中，以精一爲執中；孔子以格致誠正發明精一之節度。析之則脈絡分明，而統之則本源不二，所謂一以貫之者也。由是孔子傳之顏子、曾子以及子思、孟子，各自以其所造立言，而仁、義、忠、恕博文約禮、中和之類，皆所以形容此心之妙，故由其言之異，而知所以會其同，則千聖一揆也。切疑任重道遠、體會精到，宜莫如朱子，而其所由以入猶不能無疑於後學，則學之爲爲致良知者，孰敢自謂已得其宗乎？其有憂夫不得人而傳之以號於眾，此非師心自用者乎？噫！只見其不知量也，夫道豈可以襲取哉？顏子不改其樂，而後是爲賢；曾子啓手足，而後知其免。觀其氣象，便須至誠無息。

吾曾服膺師訓，而擬其所爲道者，散殊不可紀，而非泛於無統；微妙不可象，而非隘於有外。故心、意、知、物，雖若第其先後，而渾然一於至善則貫乎良知而已。格致誠正雖若經歷坎第，而渾然復於至善，則極乎致良知而已。良知者，至善之靈覺也，幾本不息，無有乎內外動靜之間，而其體之也，亦惟幾之不息無有乎內外動靜之間也。望之如見，就之無由，浩乎津涯之靡止。嗚呼！死而後已，曾子豈欺我哉！（《燕詒錄》卷六）

皇甫百泉（1497～1582），字子循，號百泉、百泉子，齋名浩歌亭。長洲（今江蘇蘇州）人。嘉靖八年進士，以吏部郎中左遷大名通判，官工部主事，遷南京稽勳郎中，再貶開州同知，量移處州同知，擢雲南僉事，浮沉不廢吟詠。《燕詒錄》中收錄蒙泉詩歌《百泉皇甫丈見寄次韻》

趙廷松（1495～1557），字子後，號俟齋，又號鶴山，又號徂徠山人，溫州樂清縣人，嘉靖二年進士，官至山西左布政使。蒙泉時亦任職山西，故有《和趙俟齋歸去謝詩二首》。關於趙廷松事蹟，侯一元所作《明通奉大夫山西布政使司左布政使俟齋趙公墓誌銘》可參看：

> 嘉靖癸丑，山西布政趙公上書致其仕而歸，居五載，歲在丁巳十月二十二日以疾卒。訃聞，士大夫莫不傷悼，則相與嗟曰：「吾樂先嘗有趙布政者云：『高皇帝時，懲元之敝，以鈇鑕痛繩墨吏，吏率不得歸，歸即遮道搜其賕。至趙布政，搜徒得賜金，則上大賢之，時詔顏其門曰『保身致仕』，門至今存焉。故當時仕以致仕爲稀，咸惕惕重犯法。乃後法漸解，則仕者又率務進，莫肯歸，非年及賜罷，則言者引繩批擊，莫有以禮始終者，於是致仕亦稀。嗟乎！其轍跡同也，其軌異矣。』」余自有知識以來，所見四五十年之間，率如是。

乃今俟齋趙公，始亦以布政致仕歸，兩趙布政，後先相輝映，父老子弟，交口誦述，不亦宜哉。誌曰：

俟齋趙公，諱廷松，字子後，溫州樂清人也。裔自趙宋，其先藝祖之後，有與友者，仕爲處州路宣撫使，家焉。子孟桂，遊樂清，愛其山水，復徙居之，於是趙氏爲樂清人。傳由翁、宜鑷、季禮至守儉五世，而卜地池頭，又稱池頭趙氏云。守儉生齋，齋生愷，號臥雲，則公之父也，仁而好施，嘗折券己人責，號稱長者，後以公貴，贈山西僉事，母曾，封太宜人。以弘治乙卯正月十九日生公，儀狀瑰偉，豐頤隆額，聲如洪鐘，自少穎異，嗜學常至夜分，太宜人每饋之食，即亦忘食，及旦，視其食常在，其專如是。久之，遂精通五經、子、史，年十五爲邑庠弟子，遊事太平邵濬，益邃其學。父憂服除，試前後，提學劉公瑞、黃公芳輒高等，咸嗟異之，而令潘公潢尤敬禮，引與爲友。嘉靖壬午，舉鄉試，明年遂舉進士，授刑部主事書獄平。會大禮議起，上主張、桂，譴言者甚急，公與同官伏闕力爭，退又頌言詆張、桂。而張公者，公同郡也，使人諷公，公愈怒，不屈，遂得大杖北闕下，垂死，已復謫爲福寧州同知。治甚惠，得民。州故有萬里林，空曠，賊行剽往來，莫制，公則多張亭隊戍兵譏賊，賊益遠，民益櫛密，自是遂爲安途。其後柘洋賊又反，猝至治，公率州人迎戰，遇賊盡鋌走，獨置公，公因端坐輿中，賊素獷，挾赤丸，疾公吏甚，比至，問知公，則皆羅拜曰：「是趙青天也。」遂悉遁散，州以無虞。御史轟公豹上公功，而執政方怒公，欲去之，得轟奏，乃止，然猶調公蘄州。公故人或書貽公曰：「居爲清吏，無以遺子孫。盍少貶？」公應曰：「向者天不以吾死盜賊，厚矣，尚敢爲子孫謀？」卒不變。旁有孝感縣，岨僻民獷，久不治，當道以屬公，蓋視事三月，而民太和，至今蘄、福寧皆尸而祝之，事具兩州《名宦志》中。

辛卯，稍遷吉安督糧通判。都大逋負多，而通判私其金錢，租積不入。公至則秋毫無染，宿逋盡起。又案核安福豪猾墾田，貧戶蘇息。郡界有湖多盜，公募壯士，令詐爲商賈，跡盜，盜悉平。乙未轉眞定同知，明年遷山西僉事。山西宗室素驕，至錮官城濠權汲者，公至，猝按治之，大灌，得禍幾危。時又有以盂縣礦利言上者，

詔遣兩使者至，聚人徒採礦，不得，顧縱徒四掠，苦盂民，公下令大逐之，兩使者立奏公沮格詔旨，又幾危。皆僅而得免。盂民將生祠公，公不聽。久之，竟坐曹廉使怨去。曹廉使者，高才而甚不戢，爲御史所糾，廉使以公御史所重也，陰託公，公弗爲動，於是廉使即亦訐御史，並中公，時都御史陳公講，特疏訟公冤，而廉使奏不已，公亦慨然懷思老母，遂棄官歸。晉士民聞之，無不歎息泣下者。後廉使罪廢，公始復起，改四川督理屯鹽，尋遷河南參議。先是，盜有劫中貴人者，求賊不得，上震怒，以譴御史監司，或死或謫。民有相告賊在大名滑縣者，株連甚眾，使公往跡之，戒必得。滑人大恐。公至，廉之無狀，悉破案縱遣之。無何，盜得，果非滑也。當是時，微公，滑幾擾。遷山東副使，時攝學政，所在有績。巡按御史行部，業薦之，而同官有忌公者，顧害之巡鹽御史，御史弗察也，即又以劾公，公亦即解綬去。賴當路知公，又按其章，兩御史相牴牾，使覆實，更得公治狀，於是黜巡鹽御史，而申敕他御史，毋得妄舉劾，自公始也。遷陝西參政，時虜犯京師，遠近大震，詔求文武異材，眾推公，微詣京師，至則虜已去，於是以公任河南廉使，而曹廉使者，其子先以罪繫獄，畏公甚，比公至，則更哀憐之，士論大服。又公前按事大名時，有與公陽浮厚而陰嫉害公者，已而情得，公待之如故，久之，其人自屈，至爲公流涕，更疏薦公。凡公之忘怨不校，以德服人，類是也。

壬子，復遷爲山西布政，轉左。愈益思老母，請告不得，因患腳氣，上入腹，鬱鬱浸劇。明年朝京師，朝議倚以爲都御史，而公引疾力辭，還治，復堅請。或曰：「君今旦暮爲大中丞，則上推恩三世而下任子，大利也。獨不能忍小疾須臾耶？」公不可，曰：「古人有言：『豈以三公易一日之養哉！』」遂決去。三晉士民，扶老攜幼，遮道泣挽，至車不得行，而公亦以前後在晉積十餘歲，恩結澤厚，爲低回泣而去之。始太宜人本勸公仕，及公歸至，則歡然喜動顏色，公疾亦霍然良愈。又明年甲寅，太宜人壽九十，公奉觴膝行而兒嬉，甚樂也。里人亦無不爲公、爲太宜人榮者。居二歲，太宜人終，公襄事甫既，則疾侵尋復作。又明年遂劇，夢中爲儷語，預知己日臨沒，當授遺，援筆書曰：「寧親之志已償，農明之願斯遂，浮生已矣，

歸去何如？至於名實污隆，身世長短，所不能爲者，賢妻諸子當共
亮之。」頃之遂卒，年六十三。蓋公平日所爲汲汲思歸者有二，及
是始發之。

　　嗚呼，賢哉！公天性廓落，多大節，與人無城府，一見傾蓋，
而動中規繩。見人有過，必委曲教詔，至誠惻怛，宛然先進之風，
其孝友肫至，事太宜人，雖至尊官暮齒，婉婉如小兒。兄卒，燠休
其孤。弟病，躬視之藥。既仕有祿，則盡推其舊居，居其從子若弟，
穆如也。配余宜人，柔嘉逮下，公禮之如賓焉。子宗賢爲邑庠廩生，
孝而文，次側室子宗親、宗聖、宗宋，亦皆恂恂稱公家兒，義方之
訓，不嚴而喻。女四：長適余弟庠生卿，行具余家傳中；次適御史
陳公亹之子國子徽言；又次適庠生連璧；又次聘董繼寶。孫男四：
一筠，一樂，一陽，一蘇。女三。惟公學不拘方，敏而好古，古文
詩歌，膾炙海內，尤工書，晚年更好章草，深入壺域，片紙隻字，
人襲爲珍。至其雅歌投壺，諧笑觸奕，風流之美，傾動一時，公非
所謂碩人通儒左右有之者哉？蕲余小子，自甲申之歲，先君以禮事
逮京師，余齮而從，幸以葭莩出入門下，公義激於衷，撫之如子。
比先人難解，辭歸，則公亦以舍藏居停，睚皆執政矣。馴致左遷三
黜，固由直道而褒，緣儉坐蔡用朱斥，每念之，未嘗不咸咸氣拂膺
也。嗚呼，公則已矣，遺文聲畫，要當與天壤終，顧嗜玄同芭，而
傳述靡效，長愧師門矣。乃取弟卿所撰事狀，技涕而銘之，葬以卒
之明年十二月十九日辛酉，墓在蓋竹之原。銘曰：狝惟趙氏，胤自
帝族，明德之後，必主四嶽。岩岩趙公，實鍾其澤：七世莫京，九
命作伯。直道事人，三己弗慍，忠信蹈險，兵無容刃。勇退激流，
殷情陟屺，東門掛冠，上堂甘旨。舞衣斑斑，白日不留，屬纊矢音，
生分若浮。歲嗟龍蛇，黃馬青牛，白雞司晨，樂哉斯丘。〔註23〕

王崇（1496～1571），字仲德，號麓泉，浙江金華永康紫微人。長期任職邊陲
省份，嚴謹務實、文武皆備、頗具才幹。有《麓泉文集》行世。《燕詒錄》收
錄蒙泉《與麓泉王年兄》。

　　曹逵，字殿中，號沙溪，明江蘇太倉沙溪人。字履中，一作子由，號沙

〔註23〕　（明）趙廷松著：《趙廷松集》，線裝書局，2009 年，第 499～503 頁。

溪。嘉靖四年舉人，嘉靖八年進士，後任御史。因糾宰臣汪鋐不法而被謫隨州判官，為官期間不畏權貴，不愛錢財，帶領州民抵抗洪水，人稱「絕頂曹」，因政績優而進南京入工部事事，後遷廣州知府，又因其治跡佳而被提升按察副史，治兵臨安。曹逵一生清貧，晚年辭官回鄉後，里人以其名號「沙溪」立為鄉名。《燕詒錄》中收錄蒙泉詩作《同年憲副曹沙溪寄書期我復出口占代簡》。

萬士和（1516～1586），字思節，號履庵，江蘇宜興人。嘉靖二十年進士，改庶吉士，授禮部主事，改南京兵部，遷江西僉事，貴州提學副使，進湖廣參政，遷江西按察使，廣東布政使，拜應天知府，遷右副都御史督南京糧儲。隆慶四年引疾致仕，諡文恭。嘗受業於唐順之。有《履庵集》、《續萬履庵集》、《萬文恭摘藁》。《燕詒錄》中收錄蒙泉詩作《次少宗伯萬履庵送王龍陽奉使簡同志韻》。

酈仲玉，諸暨人，曾任績溪主簿，蒙泉為其作《書酈生仲玉瑞應卷》。徐渭作為酈仲玉的朋友，為其詩稿作跋，即《書草玄堂稿後》。

商大節（？～1553），字孟堅、號少峰，諡端愍，湖廣承宣布政使司承天府鍾祥縣人。嘉靖二年進士，授豐城知縣，升任兵科給事中，後被貶為鹽城縣丞。嘉靖十九年，升任廣東按察司僉事。嘉靖二十二年，升任山東布政司右參議。嘉靖二十四年，任河南按察司副使。後改山東參政、山東按察使，嘉靖二十八年，任都察院右僉都御史、保定巡撫。嘉靖二十九年，任都察院左副都御史。隆慶元年，贈兵部尚書。《燕詒錄》收錄蒙泉詩作《送商少峯入賀萬壽聖節二首》，以及《贈右參政商少峰分守汝南道敘》。張岳《小山類稿》卷九中有《與商少峰兵憲》一文。康朗作有《送商少峰廣東兵憲》。〔註24〕明代著名諫臣楊繼盛作有《哀商中丞少峰和徐龍灣韻》詩，以及《祭商少峰》文。楊繼盛（1516～1555），字仲芳，號椒山，直隸容城人。嘉靖三十二年，楊繼盛上疏力劾嚴嵩「五奸十大罪」，下獄後備受折磨，年四十而遇害。明穆宗即位後，以楊繼盛為直諫諸臣之首，追贈太常少卿，諡號「忠愍」，有《楊忠愍文集》。

何遷（1501～1574），字益之，號吉陽，德安（今湖北安陸）人。嘉靖二十年辛丑進士，歷任戶部主事、九江知府。

〔註24〕 張國琳編纂：《惠安歷代科舉人物簡介》，中國文聯出版公司，2009年，第100頁。

謝鵬舉（1509～1601），字促南，號松屏，湖廣蒲圻車埠官田謝家人。嘉靖三十二年進士，初授戶部主事，出守江西臨江，擢副都御史。以剿倭寇之功，升任戶部侍郎，以右副督御史巡撫浙江，因與張居正不睦而致仕。《燕詒錄》中收錄蒙泉所作《與中丞謝松屏》。

朱炳如（1513～？），字稚文，又字仲南，別號白野，湖廣衡陽縣人。嘉靖三十八年進士，歷官行人、御史、泉州知府、兩浙鹽運使、浙江按察使、陝西布政使，以不附張居正罷官。著有《白野詩文集》。蒙泉在《與大參朱仲南諱炳如》中提出陸象山所云「人情物理上做工夫」，因此「即事可以觀心，因心自能善應，但其間須得欛柄，當無不是道已。知體究精詣，默成自得，就磨礱處發光輝矣」，可知他對陽明「在事上磨練」之說進行了更爲明確的論說，即「在事上觀心」，並且蒙泉對心之應對諸事的功能頗爲自信。

第四節　廣東及其他待考

龐嵩，字振卿，學者稱弼唐先生，廣東佛山張槎弼唐村人，講學羅浮山中，從遊甚眾，著有《太極解圖書解》、《弼唐遺言》和《弼唐存稿》。龐弼唐、龐一德父子與周謙山於隆慶五年往蒙泉處論學，期望調和王陽明、湛若水兩家後學所出現的異同，蒙泉作《送龐弼唐、周謙山歸東粵（壬申三月）》，這對考察湛甘泉、王陽明後學如何調和兩家師說，以及陽明學向粵地傳播的情況頗爲重要，茲錄其文：

今暮春，弼唐龐君，偕其門人周謙山，其子一德，至自東粵，年已逾六十矣，不遠數千里，歷冬而春而夏，計其歸至，幾及秋，亦有何求？以其師甘泉先生，吾師陽明先生，同時倡道繼絕學，其志同，其旨訣同。二先生不可作矣，不究其微則不要其歸，不要其歸則不繼其志，故博求諸同志，而思以承其緒，其所負荷大矣！蒙泉子涉江來精舍，而弼唐諸君次天眞且數日，甚惜夫來之晚也，朝夕就正，不能離候；又言別，寧無悲乎！又何以爲別乎！雖然，其道同則曠世且將通矣，而況於地之遠近乎？不得已舉嘗所請正者以爲贈，使之歸而亦有可考也。

　　泉師旨訣「隨處體認天理」，以感應而條理出焉，天然自有者
　　也。孔子曰「親親之殺，尊賢之等，禮所生也」，君子「不可以不知
　　天是也」。知天者，勿忘其所有事而勿之正焉。正則必助，助則逆天，

忘則棄天，勿忘勿助是之謂體認，非有毫髮加於天理之外也。吾師
以致良知爲旨訣，蓋心、意、知、物渾然至善，一而已矣，而良知
者，則至善之靈覺也，自其知之主宰爲心，自其主宰之發動爲意，
自其發動之所向爲物，其爲良知則一也。故格物者，格其知之物也；
誠意者，誠其知之意也；正心者，正其知之心也。其爲致良知則一
也，故致良知者，必格物、誠、正兼舉而後其功始完。知而致矣，
必已物格、誠正，渾然復於至善，而後其功始成。故析之以四，所
以明其脈絡也；統之有宗，所以要其歸趣也，無毫髮加於良知之外
也，是之謂致其良知也。良知天然自有之條理謂之天理，天理自然
之明覺謂之良知，勿忘勿助以體認此天理，則雖不言格、致、誠、
正，而實不離格、致、誠、正以爲功，是二師之繼往聖以待來學者，
固未始不同也。

弼唐既已相證於無間矣，則明之於粵者，此學也；明之於浙者，此學也。處
以此，贈以此，推而明之於天下，亦惟極於此而已矣。雖然，執中之旨，舜
益之以三言，蓋所以明夫中之執者，惟致決於此心危、微之辨，而無所待於
外也。孔子詳之以「四目」，蓋所以明夫精一之爲功者，脈絡分明而本源則不
貳也。有宋大儒，任之重而求之力，孰有過之者哉，而作用持循，猶不能無
疑，然則學術豈易言哉！且夫二氏之誘人，以心性爲言，近於誠正而不知誠
正由於格致，非遺外也。五霸之獻爲以仁義，爲說近於格致而不知格致所以
誠正，非遺內也。遺外則非性之無內，遺內則非性之無外，是皆不知性之德
也，豈非學之爲心性，學之爲仁義而差者乎？夫二氏之學，足以惑世誣民；
而五霸之功業且將掩跡王道。非聖賢抉決其微，亦孰知其爲異端而功利也哉？
夫吾黨今日之所學者，非心性乎？非仁義乎？邪正之辨，懸於毫釐，非競競
焉必求其是而守之，則孰能不潛移默化，因循於似是，而不自知其入於邪耶？
是故學術之慎，不能不三致意焉。

抑二先生之學今再傳矣，此升降明晦之幾也，其能以無隱憂乎？由致知
之學而失其宗，則必入於禪矣，何者？不知格物以爲功，將專求諸內也；由
體認之學而失其宗，則必入於霸矣，何者？擬議於忘助之間而不知順天理以
爲，則將用智也。此猶爲有志者言也，不爾則拾其遺唾，稱說道德，遊談性
命，索之無實、按之無據，呶呶於人以苟聲利，且去二氏遠甚，又何敢以望
霸者之藩籬哉？昔莊周傲物輕世，罪歸卜商。卜商，孔子及門之徒，非以其

未究宗旨，流弊至此耶？嗚呼！吾黨而知以卜商爲懼也，則必以卜商之不善學自勵，致其良知而所以發其蘊者，求諸師無遺旨焉，體認天理而所以發其蘊者，求諸師無餘訣焉，濬其源而其流益長也，則庶幾其免夫！二君今行矣，父子師弟間，歸途密證，其必有以教我者。(《燕詒錄》卷六)

湛甘泉「隨處體認天理」之說，與陽明良知學相通。蒙泉認爲「良知天然自有之條理謂之天理，天理自然之明覺謂之良知」，至於「體認天理」的工夫，即「勿忘勿助」致其良知。與此同時，蒙泉又強調要愼於學術之辨，他的隱憂在於「致知之學而失其宗則必入於禪」、「體認之學而失其宗則必入於霸」，因此要細緻分析聖賢之學與心性、仁義之關係，必須抉決其微，攻乎異端。

尹湖山，其人其事待考。尹湖山先生與鄒守益等人建復眞書院，以及連山書屋、東廓山房。蒙泉作《與尹湖山歸德守》書信，其中論及地方民饑、盜患等事。鄒守益《簡冬卿尹湖山任之》云：

> 鳴鶴之和，以靡好爵，此天機自應，非可以人力增損。仔細點檢，祇在庸言庸德上著腳。吾輩病症，豈是脫卻言行？尚是有眾寡、有小大，畢竟於愵愵處隔了幾層。故入悅仁義，出悅紛華，雖與愵愵有間，然一毫未淨，終是障礙。古之人彼以其富，我以吾仁；彼以其爵，我以吾義。權度輕重，斬釘截鐵，方是眞靡好爵手段。〔註25〕

汪西潭，待詳考，蒙泉爲其作《左使汪西潭考績敘》及《汪西潭巡撫湖廣敘》，文繁茲不備錄。潘恩有《送汪西潭序》，其中提到「汪大夫之僉廣西憲事也，巡視蒼梧者幾二歲，以歲事如京師者逾年，署總憲暨兵備府江者咸再閱月。……乃今以考績行矣」，此文當與蒙泉所作《左使汪西潭考績敘》處同一時期。此外，王愼中亦作《送江西憲伯汪西潭之任序》一文，對汪西潭爲官清正給予極高評價。明代尙書董份《泌園集》中有詩《同汪西潭方伯胡石屛僉憲遊太湖》；《項喬集》中亦有《謝同年汪西潭方伯》，項喬（1493～1552），字子遷，號甌東，永嘉七甲人。

上述之外，還有若干見之於《燕詒錄》，與蒙泉先生有交遊往來者尙待詳考。如：壬玉川，待詳考。《與壬玉川僉憲》。聶泉厓，待考。張岳《小山類稿》中收錄有《答聶泉厓禮部》一文，茲不備錄。蒙泉作《與聶泉厓儀制》。

〔註25〕董平編校整理：《鄒守益集》（上冊），鳳凰出版社，2007年，第576頁。

李羅村，待詳考。歸有光作《李羅村行狀》。《燕詒錄》收錄蒙泉所作《與李羅村》。孔貞幹（1522～1559），字用濟，號可亭，山東曲阜人，襲封衍聖公。《燕詒錄》收錄蒙泉《與孔可亭》書信。唐新洲，待詳考。楊巍（1516～1608）《存家詩稿》卷五有《送唐新洲大參轉閩中總憲》一首，可參看。蒙泉作有《觀察使唐新洲暴卒感懷走筆》詩歌二首。秦十洲，待詳考。《燕詒錄》中收錄蒙泉詩歌《次秦十洲賀壽詩二首》，以及《秦十洲壽七句》兩首。

　　總而言之，考察蒙泉先生的交遊情況，不僅可以在思想領域瞭解他對其師陽明良知學的承傳與發展，還可以從實踐方面得知他具體對陽明學的傳播所作出的重大貢獻。蒙泉先生向他的摯友管南屏說自己已經「參透」陽明「致知」二字爲「千古學訣」；與顏沖宇論學數次，重點闡發心學宗旨在於「危微精一」以及「體用一源」的基本立場，並在此基礎上深入討論「知幾」之學。此等學說蒙泉亦與河南聊友、同好（如沈鯉等）詳加論述，將良知學傳向伊洛之地。接引後學方面，蒙泉曾以「書卷」的形式向學生朱子漸介紹聖賢之學道脈源流，且收有親傳弟子徐養相，其可謂陽明「三傳」弟子。通過與同門、同道之間的書信往來、交遊應酬，特別是參與書院建設、文獻刊刻，蒙泉爲陽明學的發展傳播作出很大的貢獻，而在與官任河南、江西等地同僚、同年的往來書信中，又可見其實際上是將良知學運用到了安邦理政的實踐當中，包括勉勵僚友盡忠職守、造福於民，他自己也盡心竭力地賑災平亂、爲民請命，等等。陽明學之「知行合一」說最爲世所稱道，從交遊的角度可見蒙泉其學、其行是「合一」的，他所追求的「自慊於心」不是虛言。

第七章　講學之詩：文學創作成就

　　自述類詩作以闡發良知學思想爲主，可見蒙泉先生對自己學術成就之重視。此類詩歌所涉及良知學的概念、命題包括虛靈、寂、危微精一、格致誠正、眞幾等等，尤其是論及顏回「知幾」之學，頗爲重要。陽明有「心外無事」、「心外無理」之說，蒙泉則進一步提出「即心即事」（即事見心心即事）說、「行慊於心」（行求心慊動皆天）說。最可注意的是，蒙泉良知學之特色是幾學，而相關論述不少須在其詩歌作品中提煉出來，如「千古聖修訣，只愼此眞幾」中的「眞幾」概念，俱有良知本體、工夫之義。「元旦詩」在蒙泉先生晚年出現頻率頗高，一度連年不斷，其內容多爲感慨時光易逝、歲月蹉跎。這種緊迫感恰恰反映出他對承傳聖賢之學的憂慮、擔當。在新舊年歲交替之時，蒙泉越發懷念其師陽明先生以及周子等前賢大儒。詩人心苦，正在以弘道爲己任。

　　詩歌之作，尤以情感抒發爲要事。蒙泉之詩作，呈現出誠摯顯白、樸實動人的風格，其「思親」（如在河南官任上所作《憶母》類詩歌）、「悼友」之作，讀來令人潸然。孫氏家族學有傳承、家風淳久，在「教子詩」中，蒙泉先生殷切冀望，且能自爲表率。對於其子孫汝賓、孫汝亮科舉入仕，他以詩作勸勉，教導兩子爲官須銘記「清、愼、勤」三字。若不得志，也可如孔夫子所言「用之則行、舍之則藏」，效法顏回那樣安貧樂道。在交遊類詩歌中，《燕詒錄》中所收若干應酬次韻之作以外，還有蒙泉悼念同鄉、同道徐芝南的多首詩作，兩人情誼極深，讀其詩文句也最爲令人動容。

第一節　自述、家事與交遊類

　　自述類詩歌在《燕詒錄》中還不少，除題名「自述」的四首之外，也有

名爲「述懷」、「感懷」、「書懷」、「自歎」、「自惜」〔註1〕等，蒙泉既有著著述的自覺，又難免些許孤獨和落寞。在題名「自述」的詩歌中，蒙泉仍是闡發了自己的良知學思想，如「一靈常定萬緣虛」的虛靈觀，當然最爲集中的還是下面《自述》詩：

> 寂寂無營了了然，這些千古不容言。誰將動靜來分屬，卻道中庸戒懼偏。寂寂幾無昧，存存性不加。中和無動靜，動靜兩分差。聖修欽厥止，心極定惟幾。即此是無極，能參微又微。堯中舜一道心微，格致誠正與同歸。物理不從心自得，危微誰辨是和非。物生心感應，邪正此心知。去邪而從正，物格而致知。一是道心微，精去此心危。危微誰與辨，只是這幾希。小人見君子，恐恐自知非。豈曾窮物理，致知識從違。無欲所不欲，無爲所不爲。千古聖修訣，只慎此眞幾。（《燕詒錄》卷八）

「自述類」詩歌對於探究孫蒙泉的生平事蹟、心路歷程都有著較大作用，另可參看《自述》與《七旬逢生自述四首》。在《述懷》詩中，蒙泉提到他「道訣可傳心自信，眞幾實悟口難名」，從兩句詩可知，蒙泉對自己所承傳的陽明心學已經達到「自信」的程度，並且確實領悟到了「眞幾」。「眞幾實悟口難名」一句，可認爲是蒙泉良知「幾」學趨於成熟的標誌。《自歎》詩對瞭解蒙泉良知學思想也非常重要，備錄如下：

> 皓首意不慊，繹思在殘經。三聖授受旨，危微辨惟精。道心一無雜，致一爲執中。尼父不踰矩，意欲純乎誠。誠一非槁木，只是無憧憧。有欲即有事，順施寂無情。所以合內外，性之所由名。此道如可據，拳拳仰服膺。未學顏之復，持此將何成。性靈本無蔽，質下累所乘。物交去日遠，反之力□輕。介然豈無覺，淆之寧遂清。所以不遠復，唯顏爲獨能。幸不如顏天，努力期前徵。夫子志強立，自許在盛年。顧我倍凡下，妄意道仔肩。悠悠至於老，掘井未及泉。安能怒與過，而不貳且遷。欲動未動間，回也炳幾先。頻復徒爲屬，顏死學不傳。竭才眇心訣，如愚何足賢。（《燕詒錄》卷八）

〔註1〕《燕詒錄》卷八《自惜》：「自惜精神減昔時，攤書認字到心遲。靜思聖哲開千古，密辨危微信獨知。博記正憐儒術誤，空談更覺性眞離。冥然一室如臨保，只恐爲間已坐馳。」

在《書懷》詩中，蒙泉還提出了：「即事見心心即事，行求心慊動皆天。若鶩玄談心跡判，不王不霸亦非禪。四字微言原一貫，先天絕學總知幾。此幾性體無容間，戒懼常存是緝熙。」〔註2〕其中蒙泉「即事見心心即事」的說法，便是對陽明「心外無事」的一種闡發，可認為蒙泉提出了「心即事」的觀點。行動、處事但求「慊於心」，而「心即理」，故云「行求心慊動皆天」。

　　「幾學」是蒙泉良知學的特色，而在自述類詩歌中，往往能發現他的相關論述。在《感述二首》中，蒙泉指出：「厥止貫幾康，顯微性之故。悔慊介於微，戒懼決於豫。授受此真詮，毫釐不相誤。」〔註3〕孫蒙泉先生的良知幾學思想之所以被後世瞭解、闡發的不夠，其中一個原因應是《燕詒錄》是「講學家詩文」合集，即蒙泉詩歌中其實包涵了大量思想性強的內容，這些文字較為分散，須仔細梳理、整合，才可窺得所謂「良知幾學」的面貌，當然，蒙泉還有大量與良知學思想直接相關的詩歌值得注意。

　　元旦、生日時自作詩歌，也可歸入自述類。蒙泉詩歌中有一類主題頗可注意，即每逢生日、元旦、除夕〔註4〕這種年歲交替之際，他既懷念舊歲，又對新年到來充滿憂慮，多有作品留存。例如：《逢生口占》一詩中流露出對衰老的悲傷，這種悲傷來自於對逝去親人的懷念，包括蒙泉的雙親及兒孫，故有詩句：「此祭含杯心獨苦，不勝雙淚濕衣襟。」〔註5〕對自己年歲漸老的愁苦，每逢

〔註2〕《燕詒錄》卷十《書懷》：「四字微言道義門，先天絕學好誰論。夢回欹枕看晴旭，興寄無弦捫白雲。時望百齡驚日短，身強一息幸生存。即須待旦微前路，敢謂斯文屬後聞。即事見心心即事，行求心慊動皆天。若鶩玄談心跡判，不王不霸亦非禪。四字微言原一貫，先天絕學總知幾。此幾性體無容間，戒懼常存是緝熙。」

〔註3〕《燕詒錄》卷九《感述二首》：「自惜幸生存，便須有事作。農圃既不勤，幽樓秖成痼。古始惜分陰，求端豈外鶩。形軀隨化遷，貞秀美無度。厥止貫幾康，顯微性之故。悔慊介於微，戒懼決於豫。授受此真詮，毫釐不相誤。將予就復遠，前微畏遲暮。坐謀詎非晝，舉足無遵步。殫力赴心期，無將與神遇。性以形氣私，冥頑習以滋。賤士好自用，流遁懵施施。尼父垂線緒，英賢競心追。闡揚逮於今，炳若暉重離。詎意相倚復，盜儒潛在斯。因緣事鬣足，一譁眾聽疑。泫然長太息，江河勢將垂。什百苟能存，獨往自得師。中心事昭格，幽眇鬼神知。」

〔註4〕《燕詒錄》卷九《除夕》詩：「除夕戀舊年，夜闌還剪燭。時去不可留，心期何以足。兒孫杯酒歡，此心誰與告。老馬惜長途，靈雞喚我宿。今年似去年，俯首愧幽獨。歷歷追平生，頗覺解塵縛。所恨天欲署，春聲催爆竹。歲盡今宵戀亦遲，百年垂老悔何追。但醒一息通千古，敢昧平生負獨知。四壁蟲聲疑臘後，滿腔和氣識春催。化機不斷行神鬼，前席何須更問爲。」

〔註5〕《燕詒錄》卷八《逢生口占》：「老去逢生意不歡，自知衰倦豈歸完。百年一

舊歲、新年交接之際尤爲敏感。《燕詒錄》中收錄蒙泉以「元旦」「正旦」入題名的詩歌多達五首，其中提到「頭白」、「老去」之處頗多，包括詩句「吾今頭白被人憐」〔註6〕、「老去心驚歲月窮」〔註7〕、「過去光陰幾日還，晏時頭白向人間」〔註8〕等。《辛未正旦》詩曰：「添齡始今日，老去我心驚。吾道眇樞杻，吾學竟何成。慨已悟師旨，其幾若爲明。望之宛可即，就之不可能。前聞在涵養，熟之將彌精。所戒惰因循，努力驅前程。」（《燕詒錄》卷九）此詩在蒙泉「元旦類詩作」中較有代表性，語言明白曉暢，即感歎元旦之後，又老去一歲，他爲此感到心驚，因爲感覺自己求道、問學尚無大的成就，只是感慨自己對先師陽明先生之學的要旨已經有所領悟，漸漸形成蒙泉「良知幾學」思想體系。在詩歌中，蒙泉很多次寫到顏回，顯然他以顏子之學爲標的。對個人年歲老去的敏感，也集中體現在《癸酉元旦壽屆七旬》這首詩歌裏：

> 忽聽晨雞訝古希，自憐空老未知非。明明旨訣心傳近，望望宮
> 牆道岸違。繞膝兒孫歡拜舞，前川花柳漸芳菲。催人歲月如流水，
> 一刻千金欲下帷。百年雖遠年年近，一念何思念念同。望道每疑傳
> 不得，將予眞覺就無從。杖黎徐步谷風暖，惜倦高眠海日紅。溪水
> 蓮花山院靜，夜深危坐憶元公。（《燕詒錄》卷九）

對個人年老的憂慮，是蒙泉詩歌中的一個重要主題，這是他「仁以爲己任」、「死而後已」的一種擔當。蒙泉眞正憂慮的是自己在求道、明道、傳道的路上還能走多遠，他還能擁有多少追隨聖賢的寶貴時光，因此《癸酉元旦壽屆七旬》的結尾自道「夜深危坐憶元公」，「元公」是周敦頤的諡號。

家事類詩歌在《燕詒錄》中佔有一部分比例。孫氏家風淳厚，既得益於

息存猶懼，晨起推窗攬鏡看。悠悠明發憶雙親，百歲如存八十春。蚤已無從娛彩袖，敢教兒子慶生辰。兒孫羅列本同根，仰首堂前少二人。此祭含杯心獨苦，不勝雙淚濕衣襟。」

〔註6〕《燕詒錄》卷八《戊辰元旦感懷》：「兒童爭喜値新年，日暮歌鐘夜未眠。樂處不知添苦處，吾今頭白被人憐。」

〔註7〕《燕詒錄》卷八《己巳年正旦試筆》：「今年今日幾來逢，老去心驚歲月窮。行輩共推羞短髮，親朋半落恨東風。寒禁自笑梅花白，夢醒初憐日色紅。賸有浴沂歸詠意，前用作伴好誰同。」

〔註8〕《燕詒錄》卷九《庚午正旦》：「過去光陰幾日還，晏時頭白向人間。憂餘老外須忘老，樂在閒中要識閒。新水流逢南澗碧，暖風綠遍舊苔班。出門花柳前川興，欲問先生說訂頑。」案：張載嘗題字於學堂雙牖，左書砭愚，右書訂頑。《二程遺書》卷二上有言：「訂頑之言，極純無雜，秦 漢以來學者所未到。」

先祖恩澤，又離不開後世賢子孝孫之重視「追遠」，其中便包括孫蒙泉所推動的祭太祖、修家譜、建祠堂等，這在他的詩歌創作中也有展現，如《郎官坪祭侍郎雪窗太祖墓宿香山寺》〔註9〕，又如《題永慕錄寓哀》〔註10〕等。但家事類詩歌中較多的還是蒙泉勉勵、教導其子的內容，尤其是對孫汝賓寄予了頗高期望，前有詩《勉賓兒寄德興用部送庶吉韻》，後《又寄勉一首》。前詩云：「龍御承天拱穆清，思皇多士奮周京。但銜一命恩光重，願聽三年政績平。陽令好生惟任拙，於公不虛自生明。危微此念分王霸，道在幾先豈色聲。」（《燕詒錄》卷八）後詩更為明白地講：「三字官箴〔註11〕缺一非，打頭一字更須依。心無為處虛生照，動以天時眾莫違。傳世自來甘澹泊，承家端豈願輕肥。雞鳴念別分狂聖，利善之間何甚微。」（《燕詒錄》卷八）孫蒙泉教導其子為官須「清、慎、勤」，虛其心，動以時，甘淡泊，等等，這些為官之道即是他自己的仕途寫照，也是蒙泉對其子的要求。但在當時的政治環境中，清正耿直的官員未必能盡忠報國、壯志得酬，孫汝賓也遭遇了仕途中的不得志，蒙泉作《汝賓兒左遷欲謁選感懷》，其中有詩句「行藏君子道，困蹇丈夫貞。菽水猶堪養，歡承不厭貧」，〔註12〕用行捨藏，也可謂某種忠孝之間的「無入而不自得」，在安貧樂道的追求上，無怪乎蒙泉一直推崇顏回。

　　此外，孫汝亮也走上科舉之路，蒙泉作《亮兒應貢北上次嚴允齋〔註13〕

〔註9〕　《燕詒錄》卷八《郎官坪祭侍郎雪窗太祖墓宿香山寺》：「桃花嶺名十里半空間，流水重林鳥外山。香洞袈裟無歲月，蓬萊煙火住人寰。五更鐘盤宗風遠，一代衣冠俎豆慳。瞻拜不勝杯土思，夕陽回首亂雲班。」

〔註10〕　《燕詒錄》卷十三《題永慕錄寓哀》：「恩光何幸照重泉，夢裏音容祇自憐。望斷嶺雲心折盡，魂消風木淚啼乾。空逢樂事號無地，不弔窮人怨有天。倘遇任教題滿卷，一行一字蓼莪篇。」

〔註11〕　案：南宋呂本中《官箴》中說：「當官之法，惟有三事，曰清、曰慎、曰勤」

〔註12〕　《燕詒錄》卷十三《汝賓兒左遷欲謁選感懷》：「憐汝不得意，又欲走風塵。憔悴江湖客，低回藻鑒人。折腰強五斗，愛日靳雙親。雄劍磨空在，蹉跎奈此身。峻嶒吾病拙，時論汝猶嗔。在櫪空延頸，逢人豈效顰。行藏君子道，困蹇丈夫貞。菽水猶堪養，歡承不厭貧。暝漠天人際，徐觀局屢遷。道窮甘用拙，時捨未堪賢。回憶叨恩分，傷心報主緣。耦耕聊可學，足國願豐年。」

〔註13〕　案：與蒙泉交往頗深的蔡汝楠，亦與嚴允齋有書信往來，參看《國朝名公翰藻》卷十七所收蔡汝楠《與嚴允齋》：「瞻企兩年，未諧一晤，以為耿耿。楊春江兄來衡，靡日不談，動靜不啻覿見顏色。上章雖不見報，而公採真鍊化，遊心無極，不異神仙。知仕路九折，危阪逼窄險濘，舉不關公，靈府何緣密詣記室，促膝相證？楠滿秩復七閱月，但得當略借允脫此符竹長纓，即於浙水東西，訪桐江客星煙波釣叟，薄言自適，當路何苦，我以羈縻乃爾，豈將使我伴公行藏，有緣一窺秘奧故耶？所謂異人，今復安在？黃鶴樓中，願虛

贈別韻示之》〔註14〕，但總體上看，孫家諸後世子孫既能繼承家學，又在仕途大有作爲者甚少，蒙泉似乎亦對此不作過高期望，有詩《示諸兒》：「回首勤勞四十秋，人心天意肯相謀。枝棲已作鷦鷯夢，豐芑〔註15〕空貽燕雀羞。默默行藏都分定，滔滔聲利亦何求。白頭無復千間願，海上朝來看狎鷗。」（《燕詒錄》卷九）他再次提到「行藏分定」與「不求聲利」。

古人詩歌多有交遊、應酬之作，孫蒙泉也不例外，包括若干「次韻」之作，如《次邑令鄧玉洲迎春有雪韻》，等等。《燕詒錄》收錄三首與「徐芝南」相關的詩作，其中可知兩人交往之深、情誼之篤。在河南時，蒙泉曾作《寄芝南徐年兄》1〔註16〕；徐芝南去世之後，孫蒙泉極爲哀痛，作有《奠芝南徐年兄遠卿歸途識哀》，其中有詩句「國士交盟只有君」、「君心我意兩能知」、「動哭於今事有之」等，〔註17〕足見蒙泉以芝南爲知己，他又作《弔芝南徙門新圩》〔註18〕一詩，寄託哀思。關於徐芝南及其與蒙泉的交遊情況，參看「交遊考」。交遊類詩歌中也還有涉及蒙泉良知學思想內容，如《與友人》：「苦憶

一席，夏秋間，定得把袂細敘，茲因舊吏赴役之便，附致候私。」

〔註14〕《燕詒錄》卷十《亮兒應貢北上次嚴允齋贈別韻示之》：「憐汝朝天志，春程促遠行。吾衰誰屬意，慷慨有餘情。道在匡時急，身宜報主輕。望雲莫回首，聖作際昌明。晝歲三年學，強年萬里行。丹宵看近日，白首正含情。緒業弓裘舊，傳心衣馬輕。龍光揚上國，長劍照天明。」

〔註15〕案：豐芑，參看《詩·大雅·文王有聲》：「豐水有芑，武王豈不仕；詒厥孫謀，以燕翼子，武王烝哉。」孔穎達疏：「豐水是無情之物，猶以潤澤而生菜爲己事，況武王豈不以功業爲事乎？言實以功業爲事，思得澤及後人，故遺傳其所以順天下之謀，以安敬事之子孫。」

〔註16〕《燕詒錄》卷十二《寄芝南徐年兄》：「曹墅江流帶一峰，白雲精舍鎖黃龍山名。承顏日暇君恩重，候雪門深道□恭。羨子真能隨鹿豕，慚予猶自入樊籠。北堂正憶時光暮，便擬陳情達九重。長約山中共讀書，君今歸去亦何如？新詩豈是愁花鳥，斷簡那應伴蠹魚萬里潮聲通石蟀，前川月色墮江虛。東風楊柳時吹綠，到處生生樂有餘。」

〔註17〕《燕詒錄》卷八《奠芝南徐年兄遠卿歸途識哀》：「國士交盟只有君，忍將絮酒醉英魂。江門老淚孤蓬盡，遼鶴秋聲半夜聞。欲枕寒流空夢月，傷心春樹憶論文。草堂不復留琴在，誰聽無弦訪白雲。世路悠悠不可期，君心我意兩能知。豈堪平地翻江海，徒使旁人說是非。行莫宋郊潛出險，失從匡地畏教遲。即看劫數欺神聖，動哭於今事有之。」

〔註18〕《燕詒錄》卷八《弔芝南徙門新圩》：「江岸斜陽土一杯，青山如舊壯心灰。躊躇不盡扁舟思，自放寒潮載月回。天空潮落徙門深，慘淡浮雲蔽遠岑。會面幾時泉路隔，獨餘青草見君心。老鶴空林悲失群，飛來江上叫蒼雲。灘前一夜蘆花月，淚濕霜天聞不聞。死生交義好論諭，宿草殘花鎖墓門。不斷長江多過客，亂帆天際逐浮雲。」

同門問學年，揮戈無計老相憐。竭才線脈末蹉跎後，入悟微幾恍惚邊。讒覺
意生終是妄，不離經正自通權。須知義利言非略，透得關時玄又玄。」（《燕
詒錄》卷八）從詩歌中不難發現，蒙泉提到最多的還是顏子知幾之學。

第二節　精舍及詠良知詩

　　天真精舍可謂蒙泉先生致力發展、傳播陽明良知學的主要「道場」，與之
相關的詩歌爲數不少，足見其最爲重視此事業，並寄予深厚感情。蒙泉另有
一處自建的「陽來精舍」，其名取義源自《周易》「一陽來復」，其實乃是他以
顏回「知幾」、「不遠復」自期。天真、陽來這兩個精舍，是蒙泉醞釀、發展、
傳播良知學的最重要場所，特別是在陽來精舍，他自悟出真幾本體與知幾之
學。在題名「囂囂齋」的詠懷詩中，我們還可進一步探究蒙泉良知學與《孟
子》的淵源，以及他所受父親棲溪先生思想之影響。以「良知」爲題，或以
「良知」入句的詩歌，對於我們探究蒙泉良知學來說，是極爲重要的材料。
這些「詠良知詩」中，既有他的「參良知口訣」，又有「和師良知詩」，尤其
是後者詩句中所提出的「無極真幾」、「太極是良知」的論斷，可謂蒙泉先生
是以「和詩」這種特別的方式，將其師陽明良知學推進到幾學領域，最終形
成其獨特的「良知幾學」思想體系。

　　從內容上看，蒙泉作有不少涉及「天真精舍」的詩歌，如《丙寅仲秋再
過天真會祭識懷》，詩中記載他與天真精舍的長年來往，這裡是求道問學、弘
道論學之處，也見證了陽明及其後學的興衰浮沉。〔註 19〕此外還有《上天真
雨後詠懷》詩，自述「壯行不展徒清世，幼學無聞空白頭」〔註 20〕，表達一
種壯志未酬、學未大成的遺憾，這也說明天真精舍在孫蒙泉心中的重要地位。
天真精舍主要是弟子與後學宣講、研討其師陽明學之處，蒙泉爲天真精舍的
創建、發展做出了非常重要的貢獻，因此對天真精舍也有著非比尋常的感情。
然而，天真精舍終歸於衰落、破敗，又因與天真精舍其他「董其事」者有所

〔註 19〕　《燕詒錄》卷八《丙寅仲秋再過天真會祭識懷》：「憶自脫塵惘，一訪天真山。
忽忽逾十年，再叩攀雲間。薦蘋證心印，聚簪訂愚頑。由來本易簡，支離須
刊刪。世情何汨沒，意便多逾閒。澄湖景將入，誰當濯潺湲。」
〔註 20〕　《燕詒錄》卷九《上天真雨後詠懷》：「上上祠前生百憂，潮聲應谷蛩逢秋。
壯行不展徒清世，幼學無聞空白頭。風雨**瞑**迷山徑窄，帆牆南北利名浮。誰
憐卜築江門意，一洗長天萬里流。」

不合，故蒙泉不得不回到家鄉另謀獨善之處。這些故事、情感在蒙泉詩歌創作中均有反映。

　　陽來精舍是孫蒙泉自建的修習場所，詩中其地有名爲「回龍塢」、「陽來谷」或「龍谷草堂」，如在《寓回龍塢陽來精舍》詩中可見蒙泉寄情山林，盡日只看自然風光、草木花山等，作句「書掩石門青草合，已將心事付耘菑」。〔註21〕隱居山林的生活，往往也能激發儒者「與天地萬物一體」的仁心義懷，蒙泉逐漸也開始享受這樣的生活，他感受到萬象更新的勃勃生機，他甚至自比有如孔子所追求的「浴乎沂、風乎舞雩」的境界，這時蒙泉對良知學有了新的領悟，如《過精舍》詩中有云：「無情百慮常歸寂，有念通微認獨眞。未發前令觀氣象，求心眞訣在凝神。」〔註22〕蒙泉在詩歌中提到了「歸寂」、「念微」、「未發前」、「凝神」等心學命題，確有「講學家詩」的特點，且又可知獨處山林、寓居陽來精舍的時期，促進了蒙泉良知學思想的醞釀及成熟。這一點在蒙泉的《龍谷草堂口占》一詩中表現得更爲明顯，他也是用結尾幾句闡發其思想：「幾非先後元旋吉，復在微芒衹最初。得處未能如見處，竭才猶間惜多疎。直須慎密滋存養，存亦何存本太虛。」〔註23〕「幾」與「復」是蒙泉良知學的核心概念，其後兩句又涉及顏子之學，並落歸於存養工夫，而存養之本體爲「太虛」。蒙泉的詩歌創作，除寄情於景物之外，多有包涵著詩人的深邃哲思。

〔註21〕《燕詒錄》卷八《寓回龍塢陽來精舍》：「德薄無鄰樂自尋，歸歟歲晚臥青林。碧霞池上紅蓮秀，獨木橋邊綠檞陰。虛閣坐沉浮海夢，暖風吹動舞雩心。杖黎孤往逢源處，聽到無聲契更深。乾坤潦倒隔凡心，臥看浮雲過還岑。花滿山前春滿地，又聽綠樹鳥啼深。十年林臥與雲遲，花落花開景物推。扶老一身空望還，懷憂千古惜吾衰。湖堤水溢魚登岸，花徑春殘蝶亂時。書掩石門青草合，已將心事付耘菑。」

〔註22〕《燕詒錄》卷十《過精舍》：「幾時不到陽來谷，谷口重經氣象新。草碧階前含露氣，蜂遊花底出蘭馨。山雲樹密無樵徑，風月溪深有逸民。多少浴沂歸詠興，衡茅不減舞雩春。忘機寓目盡皆春，老去寧知陋巷貧。夜氣潛滋庭草綠，朝光晴狎海鷗馴。無情百慮常歸寂，有念通微認獨眞。未發前令觀氣象，求心眞訣在凝神。」

〔註23〕《燕詒錄》卷十《龍谷草堂口占》：「占得山前湖一曲，結茅深處白雲多。蓮花水出圖書象，楊柳風來孺子歌。以此洗心忘欲盡，同人於野意如何。飄飄素髮隨魚鳥，谷口經春長薜蘿。青山面面遶湖邊，舊種蓮花出水妍。林密自藏知倦鳥，溪紅不引釣魚舡。行違是處俱乘化，歸去非今返自然。消息靡恒心法遠，曾聞精蘊絕常編。少壯求聞七十餘，悠悠日月歎居諸。幾非先後元旋吉，復在微芒衹最初。得處未能如見處，竭才猶間惜多疎。直須慎密滋存養，存亦何存本太虛。」

　　「囂囂齋」本是棲溪先生（蒙泉父親）的書齋名，《燕詒錄》中收錄兩首與之有關的詩作，無一例外地都是以「詠懷」之名，而主要闡述孫蒙泉的良知學思想。在陽明後學的思想研究中，較少注意到其本身的「家學」因素。實際上，就孫蒙泉而言，其父棲溪先生對他個人的影響非常大，我們不能因其師陽明先生的名聲遠超其父，而不注意到孫氏家學。孫蒙泉《囂囂齋詠懷》如下：

> 秉心好古道，弱冠踰希齡。仰參賢聖訣，危微辨未形。吉凶毫釐間，出入誰為扃。顏也不遠復，常知耿惺惺。微芒神與謀，活潑幾無停。所以欽厥止，寂若聲臭冥。此道本非外，取足於心靈。鄒軻先立大，往聖遵儀刑。所幸未喪天，篤後承心盟。開來擬作者，緒述語為經。貞元又一會，斯文昭日星。摳趨幸同世，聾瞶空丁寧。冥然衡茅下，喧囂邈俱遣。心存復何思，遺言道已顯。虛存儼若臨，詐善明早辨。寂感一流行，服膺擬躬踐。譬彼萬里途，獨往畏跛蹇。出門各有適，中懷竟誰闡。訥藏返於豫，寘彼談天衍。（《燕詒錄》卷十）

上引詩歌中提到了「危微辨未形」、「活潑幾無停」、「此道本非外，取足於心靈」、「寂感一流行」等重要的良知學論題。此外蒙泉還有一首詩歌直名《囂囂齋》，備錄如下：

> 閉戶不知年，南山青入座。疎篁過短牆，草徑煙深邐。意絕周躊躇，忘言但高臥。誰將夢周公，寧復西山餓。此心苟無瑕，千載聲堪和。自惟稟厥初，天載無聲臭。洗心子絕四，回也知不復。集義忘助間，求心固有授。天則無議擬，未達恐遺繆。望道見猶兩，渾合力奚就。往哲但存存，俟化惟時戀。嗟予已淹息，自檢多闕漏。登墜辨毫釐，坐謀懼顛覆。默坐見本心，虛明無所倚。湛一空空如，寂感得其止。習染如樹根，投間念紛起。知哉亦無惑，至之詎能擬。所以可與幾，洗心淨無滓。竭才其將能，渾化不由己。顏也謂末從，參乎矢於死。嗟哉吾道大，苦心孰與齒。（《燕詒錄》卷十三）

上引兩首詩歌由《孟子》之義講到孔顏之學，正是蒙泉承其家學而發展出知幾之學的一條線索。作為一個思想家，蒙泉詩歌中有的便是直接闡述其「良知」學思想，他有《獨坐參良知口訣》一詩：「一念惺惺屬有無，由來此念本真吾。指陳道脈皆予聖，參透天機是此夫。闔闢推移神變化，散殊高下那精

粗。些兒原不容聲臭，識取須教學似愚。」蒙泉指出，這「一念惺惺」源自真吾、本體，這其實就是所謂「良知」。但是關於「致」良知，他應有著頗為務實的主張，也就是注重實踐工夫，所以詩中末句有曰「識取須教學似愚」。在另外的《登精舍前太極亭四首》詩中，蒙泉也指出所謂「真吾」，需要從「一虛無欲」中得見。同時，蒙泉在詩中還提出「良知太極圖」〔註 24〕的概念，太極歸於無極，歸無之「無」中自有生生不息之意，這也就是良知。

　　宋明儒學大師，往往也在詩歌中闡發其思想觀點，而良知類詩歌創作也體現出蒙泉對其師陽明思想的承傳與發展。在《誦師「閒來還覺道心驚」〔註 25〕句二首》詩中，他寫道「動止心通是性真，有生形色易沾塵」、「性靈磨不滅，知止初復還」等涉及心性之學精微處的論點。此外，蒙泉又作《天真精舍和師良知詩〔註 26〕四首》，其中提出了有關「良知幾學」的重要論斷，如「無極真幾」、「太極是良知」等：

　　　　一念惺惺穆穆時，本無善惡可教知。流行萬有惟些子，無極真
　　幾更屬誰。　無極真幾更屬誰，由來太極是良知。空中感應原無體，
　　纏著良知便有為。　身從盧扁試神針，痛癢方知共此心。炯炯一靈
　　通晝夜，肯教醒夢兩相尋。　回思瞻忽仰鑽時，未是顏淵作聖基。
　　悟到從之不可得，非徒卓爾見些兒。（《燕詒錄》卷九）

講良知之詩歌，還有比較重要的《夏日納涼偶書》，共有四首，蒙泉在其中有言：「除卻良知恁是心，知涵意物本同林。若知意物非知外，但致良知是盡心」；「致知之功格物中，正心誠意別無功。良知慊處即惟一，須信良知是統宗」；「悟後良知似欲從，最憐影響忽憧憧。誰能不遠如顏復，忘助皆非孟可宗」等。（《燕詒錄》卷十）從上引詩句中可見蒙泉良知學重要論點，包括良知為心之本體，良知涵蓋意、物，致良知就是盡心，良知自慊，等等。心學講究

〔註 24〕《燕詒錄》卷八《登精舍前太極亭四首》之四：「此個良知太極圖，顯微寂感總歸無。無中自有生生意，只是良知更不誣。」

〔註 25〕案：陽明有詩《霽夜》：「雨霽僧堂鐘磬清，春溪月色特分明。沙邊宿鷺寒無影，洞口流雲夜有聲。靜後始知群動妄，閒來還覺道心驚。問津久已慚沮溺，歸向東皋學耦耕。」

〔註 26〕案：陽明有詩《詠良知四首示諸生》：「個個人心有仲尼，自將聞見苦遮迷。而今指與真頭面，只是良知更莫疑。問君何事日憧憧，煩惱場中錯用功。莫道聖門無口訣，良知兩字是累同。人人自有定盤針，萬化根緣總在心。卻笑從前顛倒見，枝枝葉葉外頭尋。無聲無臭獨知時，此是乾坤萬有基。拋卻自家無盡藏，沿門持缽效貧兒。」

「悟」，因此以詩歌的形式表述良知學思想，對於學者的理解、感悟也具有特別的價值。蒙泉先生良知類詩歌創作，無疑是對其師陽明思想解讀、文學創作的繼承和發展。

第三節　官任時詩作及其他

在河南所作詩歌中有一個明顯特點，那就是蒙泉先生感歎仕宦在外多年，忠孝難全，表達了對家中母親思念之作，多首題為《憶母》，讀來感人至深。其中一首《憶母》詩中有云：「萱堂數千里，遊子二三年。貽我官須做，居家我自安。歡顏歸夢裏，涕淚獨燈前。卻憶文章誤，生男不用賢。」又有一首《憶母》詩云：

> 涼風忽至逢新秋，遊子沾襟一倍愁。去家路隔三千里，無雁傳書慰白頭。母應念我別離久，顧瞻落日思悠悠。燈花且共諸孫卜，應說中州來未不。念之中熱歌且謠，曾是丈夫為食謀。四牡元非駕周道，微官未必身國憂。如何有母不惶將，何異襟倨馬與牛。南山薄田聊可耕，歡承菽水聊可周。況是百年一隙驥，何時稱意堪歸休。陳情有表逢聖朝，班衣傍母他何求。（《燕詒錄》卷十二）

除了對家鄉老母的思念之外，蒙泉也作有《感思吾父哀痛無極號而成音二首》，其親情感人不已：「江之水湯湯，山之雲茫茫。驂玉虯兮何方，鶂夜號兮，靡所翱翔。水湯湯兮在江，雲茫茫兮在山，玉虯駕兮何還，鶂夜號兮淚潺潺，控天地兮如閒。」遠在河南，對家鄉至親的思念甚至入夢而來，蒙泉先生作有《紀夢》之詩，將這份情感推向極致：

> 丁未三月內，下浣滯歸德。二十六滯夜，忽夢侍母側。母床抱孩臥，恍云第六息。予亦抱來看，醜好辨顏色。且云其岐龍庄，汝去我同即。既而汝亮兒，提攜勞我力。六息猶未世，兆何夢先得。必在吾母床，喘吸本同極。亮也豈驕惰，轉累尊人臆。岐龍何欲往，豈我長相憶。無乃念遊子，庶此同稼穡。有開神必先，魂夢故相值。殘鐘曙窗曉，竟日心惻惻。升斗何為者，母子徒夢識。一日輕三公，藥荁亦可食。終當賦歸去，無以五母特。（《燕詒錄》卷十二）

官任山東時期，蒙泉也留下若干文稿、詩歌，但更多的已經散佚，包括重要的「議開膠萊河」文。《燕詒錄》中山東稿僅存二首，附於《河南稿》後。除

詩歌之外，蒙泉先生也有其他文學體裁的創作，包括祭文、詞、銘等。詞作較少，如《滿江紅調二首》：

> 一領羊裘，遮蓋了，多年風雨。漢天子，龍衮低回，窮交舊侶。番然出去動星文，歸來有志吾何語。桐江深，灘轉江聲遠，飛鴻渚。採於山，羹可茹，釣於水，鮮可俎。遺榮在，人境非巢非許，自知真宰立乾坤，萬里飛流中砥柱，凜清寒，驚覺夢中人，無今古。　炎運逢秋，著羊裘，富春山裏。時清復，見漢威儀，君臣喜起。先生仁義自昭回，要領那時訪伊呂。遠三王，有志不能酬，誰共理？瀉星河，懸七里，際天峰，比於齒。風月釣，磯深素心非擬。江喧昏夜涉波人，泊近灘頭穎有泚。幾非我，真覺在人心，江之水。（《燕詒錄》卷十）

又有《八聲甘州調》：

> 這貧賤交非帝王胄，意氣能相繆。噓炎運日中，天想賢良，象求屈就。達行須教同度，一見差強舊。仁義未遑言，誰將左右。望望富春山碧，去煙水爲徒，吾志不又。公養故人情，素心空飯糗。豈忘吾、道有君臣，但苦遭逢還拂袖。歎文叔，非湯非武，漢家宇宙。（《燕詒錄》卷十）

家學對蒙泉的爲官實踐、思想形成與發展起到重要作用，孫氏家風的建設包括祭祀祖墓、修譜興祠，以及長輩爲後世子孫留下的文集、作品，其中就包括蒙泉先生的《家塾銘》，談到家塾教育的目的所在：

> 子孫不學習，流而下，家有塾，所以導之正而動其思也，額題「啓正貽思」命之矣。然正者何？思者何？其旨未暢，其究焉歸？乃銘以申其義。恒性善同，反是自背。好惡將萌，其幾靡晦。乃見天則，有教無類。聖作賢修，遺言道在。賴有先覺，模範作對。授經居業，豈伊馬隊。相彼豪傑，邁德慷慨。反躬若訓，博物裕內。沒稱聞人，先民克配。顧爾子孫，胡不自拔。進惟吾往，止曷自艾。因循歲月，罔生遺檄。是用忝世，線緒垂廢。不念繩武，而淹覆載。侮上恩勤，爾寧自貸。其下愚耶，志專功倍。三□成能，六蔽去礙。不至之乎，得由躬逮。爾其廓兮，繹我諄誨。俔溯淵源，勞以成愛。（《燕詒錄》卷十三）

孫氏家塾匾題「啓正貽思」，蒙泉先生釋之爲「導之正而動其思」，其「正」是以先賢、前輩爲模範，也是指「性善」，在好、惡萌發之時，以良知「真幾」

正心，是爲「啓正」之義；而「動其思」之「思」在於勉勵孫家後人賢子賢孫能留意於德行、事業的成就，以告慰祖先，切不可虛過一生，蹉跎歲月而一事無成，甚至於有辱家風。蒙泉以「志專功倍」教導後世子孫，他強調「志」的作用，這正是陽明心學緊要處。立志貴以專，使得心有所止、有所定，以良知作主宰，著實下工夫，必有所成。通過立志、專心，發掘和培育出一種自我主導的潛在力量，蒙泉希望將後輩導向正學，感發其志，實作工夫，思以取得成就以榮耀家族。實際上，孫氏家族在慈谿地區可謂名門望族，包括孫蒙泉一支在內的各個孫姓之家，都極爲重視家風維護、傳承，因此代有英才輩出。

　　四庫館臣認爲《燕詒錄》是「講學家之詩文」，這一評斷既可就其內容而言，又關乎文學創作風格。蒙泉先生之詩歌中思想價值最大的是其紹講良知學，及其良知幾學。此外，蒙泉諸多詩歌作品也記錄了他承傳師道的事蹟，他思親、念友之情緒，讀來眞誠感人。蒙泉弘道有仁以爲己任之懷抱，詩風典雅淳厚，實爲陽明後學詩作中的佳品。

附錄一：蒙泉先生年譜

孫應奎（1504～1586），字文卿，號蒙泉，浙江餘姚人。

　　《明史・孫應奎傳》曰：「（孫應奎）餘姚人，字文卿。由進士授行人，擢禮科給事中。疏劾汪鋐奸，忤旨下詔獄。已復杖闕下，謫華亭縣丞。鋐亦罷去。兩孫給諫之名，並震於朝廷。累官右副都御史，總理河道。逾年罷歸。爲山東布政時，有創開膠萊河議者，應奎力言不可。入覲，與吏部尚書爭官屬賢否，時稱其直。（見《明史》卷二百二，列傳第九十，孫應奎傳，文淵閣四庫全書本。）

　　《明朝分省人物考》曰：「孫應奎，字文卿，餘姚人也。嘉靖己丑進士，爲禮科給事中，疏劾冢宰汪鋐，忤旨，幾斃杖下，謫丞華亭，鋐亦尋罷已。移江陰令，歷官右副都御史。應奎初舉於鄉，即師事文成，授《傳習錄》一編。其爲人剛直自負，能堅持是非不可奪。居官聲績矯矯，斷獄雖忤權貴，必伸其法。」又，《古今圖書集成・明倫彙編・氏族典卷諸姓部・孫應奎》曰：「按《明外史・孫應奎傳》有與應奎同姓名者，餘姚人，字文卿，由進士授行人，擢禮科給事中，疏劾汪鋐奸，忤旨下詔獄，已復杖於闕下，謫華亭縣丞，累官右副都御史，總理河道，逾年罷歸。」（明代過庭訓撰《明朝分省人物考》，卷五十一「浙江紹興府三」中「孫應奎」條。）

　　《紹興府志》曰：「孫應奎，字文卿，餘姚人，與兵科給事中洛陽孫應奎同姓名，由進士授行人，擢禮科給事中。疏劾汪鋐奸，忤旨下詔獄。已復杖闕下，謫華亭縣丞。鋐亦罷去。兩孫給諫之名，並震於朝廷。累官右副都御史，總理河道。逾年罷歸。爲山東布政時，有創開膠萊河議者，蒙泉力言不

可。入覲，與吏部尚書爭官屬賢否，時稱其直。(《明史》《俞志》)應奎生十歲而父病羸，家貧甚，母童課之讀。弱冠舉，嘉靖己丑進士，師事王文成。由華亭移知江陵，歷副使，視河南、湖廣學政，轉江西左參政。嚴嵩柄國，仕江西者莫不禮其門，應奎獨不往。遷山東按察使，左、右布政使。家居三十餘年，書史之外無餘物，好接引後進。趙文華〔註1〕欲與為婚，見應奎不敢發言而別。年八十卒。所著有《燕貽錄》，學者稱蒙泉先生。」(《紹興府志·人物志·鄉賢五》卷之四十八，第43頁。)

《餘姚縣志》曰：「孫應奎，字文卿，號蒙泉，生十歲而父病羸，家貧，母童課之讀。王守仁自江西歸，率同縣七十餘人往師之，由是鄉閭教澤浹行。登嘉靖八年進士，為禮科給事中，疏劾汪鋐，忤旨，幾斃杖下，謫華亭丞，鋐亦尋罷。時洛陽人有與應奎同姓名者，官兵科，屢犯權貴，以風節自勵，兩孫給諫之名，並震於朝。已移江陰令，歷副使，視河南、湖廣學政，轉江西左參政，嚴嵩柄國，仕江西者莫不禮其門，應奎獨不往。遷山東按察使，左、右布政使，時議開膠萊河，應奎按視地勢必不可，即河無益，徒勞百姓。奏上役竟，寢入覲，與冢宰爭官屬賢否，時稱其直。升右副都御史，總理河道。踰年歸家，居三十年。紹講良知之學，年八十三卒，著有《燕貽錄》，學者稱「蒙泉先生」。子汝賓舉進士。《分省人物考》參康熙《府志》《思復堂集》，《明史》與洛陽孫應奎同傳。」(顧存仁修，岑原道等纂：《光緒餘姚縣志》，明嘉靖十四年修二十一年刻本，卷二十三（九），第1094頁。)

《明儒學案》曰：「孫應奎，字文卿，號蒙泉，歷官右副都御史，以《傳習錄》為規範，董天真之役。」(黃宗羲撰：《明儒學案》卷十一，浙中王門學案一)

《古今圖書集成·明倫彙編·官常典給諫部》曰：「按《明外史·孫應奎傳》有與孫應奎同姓名者，餘姚人，字文卿，由進士授行人，擢禮科給事中，疏劾汪鋐奸，忤旨下詔獄，已復杖於闕下，謫華亭縣丞，鋐亦罷去。兩孫給諫之名，並震於朝廷。累官右副都御史，總理河道。逾年，罷歸。為山東布政時，有剏開膠萊河議者，力言不可，常入覲與吏部尚書爭官屬賢否，時稱其亮直。蓋嘗受學於王守仁云。」

〔註1〕 案：趙文華（？～1557）字符質，號梅村，明慈谿縣城驄馬橋南（今江北區慈城鎮）人。 1529年（嘉靖八年）進士，授刑部主事，認嚴嵩為義父。1555年（嘉靖三十四年）任工部侍郎時巡視東南防倭事宜，返朝升工部尚書，加太子太保，繼以右副都御史總督江南、浙東軍事。後因築正陽門樓不力，又以驕橫失寵被黜，革職後病死，追贓時查出貪污軍餉十萬四千石。

　　《陽明夫子親傳弟子考‧陽明弟子餘姚蒙泉先生孫應奎考》曰：「孫應奎（1504～1586），字文卿，號蒙泉，餘姚縣人。由進士授行人，擢禮科給事中。疏劾汪鋐奸，忤旨下詔獄。已復杖闕下，謫華亭縣丞。鋐亦罷去。兩孫給諫之名，並震於朝廷。累官右副都御史，總理河道。逾年罷歸。爲山東布政時，有創開膠萊河議者，蒙泉力言不可。入覲，與吏部尚書爭官屬賢否，時稱其直。陽明夫子歸自江西，蒙泉隨緒山先生率同縣孫陞（1501～1560，字志高，號季泉，嘉靖十四年進士，官至南京禮部尚書）、鄭寅（嘉靖十四年進士）、俞大本、王正心（陽明侄子）、王正思（陽明侄子，嘉靖八年進士，嘉靖十六年任福建省建寧知府）、錢大經、錢應楊（字俊民，嘉靖十四年進士，著有《俊峰眞存稿》）、夏淳、范引年、吳仁、柴鳳、夫子諸陽、管州、徐珊、谷鍾秀、黃文煥、周於德、楊珂等七十四人往師之，聽陽明夫子在龍山中天閣講課。受父命，曾從學陽明夫子一月左右。嘉靖三十年辛亥夏五月壬寅（1551年）序同仁蔡汝楠湖南衡水版《傳習錄》，其回憶陽明夫子循循善誘之教令人感動：『應奎不敏，弱冠如知有所謂聖賢之學。時先生倡道東南，因獲師事焉。憶是時先生獨引之天泉樓口，授《大學》首章，至『致知格物』曰：『知者，良知也，天然自有即至善也。物者，良知所知之事也。格者，格其不正以歸於正也。格之，斯實致之矣。』及再見，又手授二書。其一《傳習錄》。且曰：『是《錄》吾之所爲學者，爾勿徒深藏之可也』，』足見夫子器重之深也。蒙泉家居三十餘年，講良知之學，董天眞之役。曾大力協助錢德洪編印校對《王文成公全書》，對良知學在餘姚地區的傳播和推動貢獻甚大。子汝斌舉進士。著有《燕詒錄》十三卷、《朱子抄》十卷。孫應奎者，明史傳同名同姓者甚多，還請甚考。」（鄒建鋒《陽明夫子親傳弟子考》，中國社會科學出版社，2017年。）

　　按：孫應奎的生平概況，可參看的文獻主要包括：《明史》、《紹興府志》、《餘姚縣志》、《明儒學案》、《明朝分省人物考》、《古今圖書集成》，以及寧波大學鄒建鋒先生專著《陽明夫子親傳弟子考》中有關孫應奎的部分。明代不僅有同名「孫應奎」的，而且兩人同朝爲「給諫」之官，兩人直言敢諫，當時有所謂「兩孫給諫之名，並震於朝廷」。孫應奎（字文卿），號「蒙泉」，學者尊稱爲「蒙泉先生」。蒙泉爲明代嘉靖己丑年進士，由進士而得授「行人」一職，又擢升爲「禮科給事中」，因爲上疏彈劾時任「冢宰」一職的汪鋐，忤旨下詔獄，並被處以杖刑，幾乎喪命。疏劾汪鋐奸事件之後，蒙泉被貶謫到

華亭（上海松江）作縣丞小官，而汪鋐也被罷官。其後，蒙泉移任江陰（江蘇江陰）令，並在當地爲官有許多政績，尤其是在治水、興學等方面爲當地做了不少實事。蒙泉任職山東布政使時，根據自己的實地勘察和多年治水經驗，反對開鑿膠萊河。應當也是因爲蒙泉在治水方面展現出了特別優秀的才幹，他後來做到總管治理黃河的「右副都御使」一職，但時間不長就致仕回鄉。

在爲官方面，蒙泉有兩個特點是比較明顯的：一是作爲「朝廷言官」，他剛直敢諫，包括上疏皇帝彈劾冢宰汪鋐，以及與禮部尚書爭論其下屬官員是否眞的賢能等；二是他作爲「地方官」，在治理河道方面政績突出，在江南、山東、河南等地，或任縣丞、縣令，以及官至「副都御史」，都以己仁民愛物之心，有效整治水患，造福一方百姓。鄒建鋒先生通過國內外訪書，向學界貢獻了頗多陽明學珍本文獻，包括孫蒙泉爲蔡汝楠在湖南刊刻《傳習錄》所作之序，其中涉及蒙泉對其師陽明的學術承傳，極爲重要。王陽明爲其講解《大學》首章精義，明確告訴他「致知」的「知」就是良知，此良知是天然自有的，所以又是《大學》中的「至善」；「格物」的「物」就是「良知所知之事」，「格」的意思是「格其不正以歸於正」，格物是致知之實。第二次再見面的時候，王陽明又送給孫蒙泉一本親自審定過的《傳習錄》，寄望於他能將陽明學進一步發揚光大，這就是蒙泉後來的「講良知之學，董天眞之役」。《燕詒錄》十三卷，是我們研究孫蒙泉良知學思想的主要資料。除《燕詒錄》之外，蒙泉先生當另有《蒙泉集》一卷，據《萬目四》：「蒙泉集一卷，孫應奎。」（朱睦㮮《萬卷堂書目·四》第十三頁）《諸儒學案》中記載「錢洪甫（德洪）率其同里孫應奎等七十餘人受學」，而《康熙志》的《陽明傳》後附弟子七人，《乾隆志》移聞人詮、孫應奎、黃驥三人合爲一卷，以重師承。在《陽明全集·編輯文錄姓氏》中排第三位，僅次於徐愛、錢德洪。以上足見孫蒙泉在陽明弟子中的重要地位，故錢明先生稱其爲「王學中堅」，乃實至名歸。

弘治十七年甲子（1504），一歲，在餘姚。

是年，蒙泉先生出生。

按：蒙泉之父爲孫鑰，即「棲溪先生」；其母爲童氏。蒙泉出生之地爲今浙江寧波慈谿市橋頭鎮煙墩村，至於出生時間，王孫榮先生根據孫應奎的詩作《癸酉元旦壽屆七旬》，推知其生年；又據邵廷采《王門弟子所知傳》中稱

其「年八十三卒」，且孫應奎又有詩作《八旬詠懷》，則必年過八十，故推算
其卒年爲萬曆十四年。〔註2〕《餘姚縣志》亦云孫應奎「年八十三而卒」。孫應
奎晚輩趙志皋作有《壽孫蒙泉先生夫人岑氏雙壽敍》，其中言及「戊辰」年（1568）
「時翁已六旬五」，〔註3〕據此，可坐實孫應奎生年爲甲子年，即公元 1504 年。

正德八年癸酉（1513），十歲，在餘姚。

是年，父病家貧，蒙泉由母親童氏課讀。

《紹興府志》卷四十八《人物志八‧鄉賢五》曰：「應奎生十歲而父病羸，
家貧甚，母童課之讀。」

按：孫氏代有家學，蒙泉之父棲溪先生在患體弱之病以前，必也悉心教
導其子。棲溪先生書齋名曰「囂囂齋」，取義於《孟子》。因文獻不足，蒙泉
從出生到十歲期間所受家庭教育情況難以詳述，然而其受孫氏家學（尤其是
《孟子》思想）影響很大，這是不須質疑的。因父親生病，且家道中落，生
活貧苦，蒙泉由母親童氏輔導讀書。在當時年代，女性承擔相夫教子的責任，
其素養品性也必然惠及子孫。

正德十一年丙子（1516），十三歲，在餘姚。

蒙泉摯友管子行，正式拜陽明爲師。

《燕詒錄‧兵部左司務管子行墓銘》有曰：「正德歲丙子，充邑庠弟子員，
聞陽明王先生倡明聖學，揭致良知爲心訣，蓋本孟子孩提之愛敬，天然自有，
而非學慮能之者也。曰：此入道門戶也，順此而已矣。遂請師焉。」

按：管州，字子行，號南屏（一作石屏），餘姚人，嘉靖十年舉人，官至兵
部左司務，他去世後，蒙泉爲之作墓誌銘。管南屏比孫蒙泉正式拜師陽明的時
間要早。他不僅在五年後與蒙泉一同去龍泉寺中天閣聽陽明講學，而且在陽明
先生去世後，擔任「天眞書院」主教一職，共同爲陽明學的繼承、發展和傳播
做出很多貢獻。管南屏與孫蒙泉有同鄉之情，又有同道、同門之誼，相交深篤。

正德十六年辛巳（1521），十八歲，在餘姚。

陽明改定《大學古本旁釋序》，揭良知之教。

〔註2〕 參看王孫榮：《孫應奎生卒年考》，《慈谿史志》2011 年第 1 期，第 58 頁。
〔註3〕 參看趙志：《趙文懿公文集》，明崇禎趙世溥刻本，第 60～62 頁。

是年九月，蒙泉及門，初見陽明先生，侍講受學。

《陽明先生年譜》曰：「十有六年辛巳，先生五十歲，在江西。九月，歸餘姚省祖塋。先生歸省祖塋，訪瑞雲樓，指藏胎衣地，抆淚久之，蓋痛母生不及養，祖母死不及殮也。日與宗族親友宴遊，隨地指示良知。德洪昔聞先生講學江右，久思及門，鄉中故老猶執先生往跡為疑，洪獨潛伺動定深信之，乃排眾議，請親命率二侄大經、應揚及鄭寅、俞大本，因王正心通贄請見。明日，夏淳、范引年、吳仁、柴鳳、孫應奎、諸陽、徐珊、管州、谷鍾秀、黃文煥、周於德、楊珂等凡七十四人及門受學。」（《王文成公全書》卷二十三《附錄二‧年譜二》，欽定四庫全書本。）又，《王文成公全書》卷三十五曰：「辛巳年，師歸省祖塋，門人夏淳、孫陞、吳仁、管州、孫應奎、范引年、柴鳳、楊珂、周於德、錢大經、應揚、谷鍾秀、王正心、（王）正思、俞大本、錢德周、（錢）仲實等侍師講學於龍泉寺之中天閣。師親書三八會期於壁，吳仁聚徒於閣中，合同志講會不輟。」

按：此次蒙泉初見陽明先生，有「及門」之事，不僅是因由錢德洪率領，或也與管南屏有關。七十四人中，蒙泉與楊珂也有交往，詳見《蒙泉交遊考述》章。龍泉寺也據傳是陽明父親王華讀書之地，此次龍泉寺之中天閣講學規模盛大，來學之人太多，蒙泉未必有機會得到陽明的精深指導。據束景南先生在《王陽明年譜長編》一書中的考證，陽明先生於正德十六年改定《大學古本旁釋序》，這是陽明大揭良知之教之標誌。四年後，蒙泉在天泉樓得到陽明親傳講授《大學》經文，又獲贈兩種書，其一是《傳習錄》，其二很可能就與《大學》有關。

嘉靖二年癸未（1523），二十歲，在餘姚。

確知聖賢之學，有志做「聖賢路上人」。

《刻陽明先生傳習錄序》中蒙泉自述曰：「應奎不敏，弱冠始知有所謂聖賢之學。」

按：《紹興府志》稱蒙泉先生「弱冠舉嘉靖己丑進士」，所記不確。蒙泉「弱冠」之年尚未考中進士。而「嘉靖己丑」為公元 1529 年，其時蒙泉二十六歲，才考取進士。不過在弱冠之年，蒙泉開始對聖賢之學有所認知，這既離不開其家學薰陶，又與他隨眾人去陽明先生處及門受學，侍講中天閣之經歷有關。

嘉靖四年乙酉（1525），二十二歲，在餘姚。

浙江鄉試第八十七名。〔註4〕

是年鄉試中舉後，蒙泉遵父命，往請師事陽明先生。

《紹興府志》卷之三十二《選舉志‧舉人上》記載：「嘉靖四年乙酉科」中有「孫應奎」。

十月，會試行，再往見陽明，先生引至天泉樓，親自講授《大學》經文，並贈二書。

《燕詒錄引》曰：「既弱冠，應奎舉於鄉，（樓溪先生）又（告）之曰：『陽明王先生倡道越中，豪傑景從，汝盍往（師）之。』應奎祇命入謁先生，留，侍側授餐，隨事發明，盡暮而退。如此者二日，而先生無倦容，有終日言口不出此圖之意。予聞之心戚戚焉，機不自己。乃請師焉。先生引至天泉樓，授經文至『致知格物』而止示之曰：『學問宗旨全在此四字。』然應奎未能問也。此在嘉靖乙酉歲十月也。踰月會試行，先大夫攜之過越，命入請一言為訓。應奎登堂，立候移時，先生瞯之始見。率以離師輔學、易失宗致勉，乃手授二書，其一《傳習錄》，蓋論學語而門人記之也。又示曰：『知我罪我皆以此，汝必時省覽勿去手。』豈先生邇見之意有以哉。」（《燕詒錄引》為《燕詒錄》之序言，湖北圖書館藏明萬曆刻本。）

《刻陽明先生傳習錄序》中蒙泉自述：「應奎不敏，弱冠始知有所謂聖賢之學。時先生倡道東南，因獲師事焉。憶是時先生獨引之天泉樓，口授《大學》首章。……及再見，又手授二書，其一《傳習錄》。且曰：『是《錄》吾之所為學者，爾毋徒深藏之可也。』應奎請事於斯幾三十年。」

按：錢明先生認為孫應奎描述陽明在天泉樓接見自己的情形，由《刻陽明先生傳習錄序》中的用詞「獨引」，改為《燕詒錄引》中的「引至」，這反映了孫應奎當時受到同門質疑，在當時學術圈處於孤立境地。蒙泉於天泉樓得其師口授《大學》經文，並指示曰其學問宗旨全在「格物致知」，其實更為準確地說是「致知焉盡矣」。此次蒙泉榮獲陽明親傳，且得到陽明手授的兩種書，其一為《傳習錄》無疑；至於另一種書，錢明先生認為是《朱子晚年定論》。此事尚待考論、坐實。從《燕詒錄》中涉及蒙泉承傳其師陽明思想的內容來看，《大學》詮釋內容比有關朱子之學的明顯要多得多，且蒙泉常常提及

〔註4〕 王孫榮著：《慈谿進士錄》，浙江古籍出版社，2015 年，第 29 頁。

陽明「致知焉盡矣」之說，因此，「天泉樓授書」之另一種，我傾向於此書與《大學》有關，或是陽明所撰《大學》詮釋之作，或是前賢著作（如南宋真德秀《大學衍義》）。總而言之，蒙泉此次所獲陽明親傳極其重要，他後來近三十年裏不遺餘力，都奉獻於其師陽明良知學的繼承、發展與傳播。另，蒙泉此處師事陽明，自述是遵從父親之命，且在參加會試途中順道拜望，也給人一種印象：當時蒙泉更多地受到其家學影響，對陽明良知學的瞭解和認同尚待增強，而且他在陽明弟子群體中似乎也不是特別受到同門的優待，這也爲其後來的令名不彰埋下伏筆。

嘉靖八年（1529）己丑，二十六歲，在北京。

是年，蒙泉登進士第。己丑科會試第四十五名，廷試三甲第四名進士，初授行人。〔註5〕

《浙江通志》記載：「嘉靖八年己丑科羅洪先榜，孫應奎（餘姚人都御史）。」（《浙江通志》卷一百三十二《選舉十·明·進士》）

《燕詒錄》卷七《書丁行生母慈節卷》中蒙泉自述有言「吾同年念庵子」。

按：羅洪先（1504～1564），字達夫，號念庵，江西吉安府吉水黃橙溪（今吉水縣谷村）人，嘉靖八年中狀元。孫蒙泉與羅念庵出生之年相同，且同年登進士第。兩人作爲陽明後學，趨重於工夫，對其師陽明良知學思想均有重大推進。

十一月二十九日，陽明先生逝世。

是年冬，蒙泉與薛侃等籌建天真精舍。

《兵部左司務管子行墓銘》中有云：「歲己丑冬，行人薛子侃、孫子應奎，奉使過浙，憶師祇命赴廣時，尋遊天真山，有『文明有象』之句，謀同志即其地營精舍，以共明良知之學，子行召報無遠近實贊成之。」

按：陽明先生有詩《德洪、汝中方卜築書院，盛稱天真之奇，並寄一律》曰：「不踏天真路，依稀二十年。石門深竹徑，蒼峽瀉雲泉。泮壁環胥水，龜疇見宋田。文明原有象，卜築豈無緣。」興建天真精舍之事，始於薛侃。初

〔註5〕《嘉靖八年進士登科錄》：「孫應奎，貫浙江紹興府餘姚縣，民籍，縣學附學生，治《詩經》，字文卿，行三十三，年二十六，十一月十一日生。曾祖倫，祖鼎，父鑰，母童氏。重慶下，娶岑氏。浙江鄉試第八十七名。會試第四十五名。」王孫榮著：《慈谿進士錄》，浙江古籍出版社，2015年，第29頁。

創時期，孫蒙泉便參與其中，貢獻很大，而且持續時間很長，親歷天眞書院的興衰全程，故有後來受邀編纂《天眞精舍志》。

嘉靖九年（1530）庚寅，二十七歲，在北京。

四月，朝臣議改郊祀典禮，蒙泉亦主張分祀。

《明史紀事本末》卷五十一《更定祀典世宗》記載：「嘉靖九年二月，給事中夏言請更郊祀。〔註6〕洪武初，中書省臣李善長等進《郊社宗廟議》：『分祭天地於南北郊，冬至則祀昊天上帝於圜丘，以大明、夜明星、太歲從；夏至則祀地於方澤，以五嶽、五鎭、四海、四瀆從。德祖而下四代各爲廟，廟南向，以四時孟月及歲除凡五享。孟春特祭於各廟，孟夏、孟秋、孟冬、歲除則合祭於高祖廟。祀社稷以春秋二仲月上戊日。』太祖從之。行之十年，水旱不時，多災異。太祖曰：『天地猶父母也，泥其文而情不安，不可謂禮。』乃以冬至合祀天地於奉天殿，列朝仍之。至是，給事中夏言上言：『古者祀天於圜丘，祭地於方澤。是故兆於南郊，就陽之義；瘞於北郊，即陰之象。凡以順天地之性，審陰陽之位也。豈有崇樹棟宇，擬之人道者哉！至於一祖二宗之配享，諸壇之從事，不於二至而於孟春，稽之古禮，俱當有辨。因引程、朱之論，以駁合祀之不經。』疏入，上方以大禮眚群臣，將大有更易，得之甚悅。賜言四品服織幣，以旌其忠。夏四月，廷臣集議郊祀典禮。先是，夏言疏見納，詹事霍韜嫉之，上言『分郊爲紊朝政、亂祖制』。帝置不問。韜復爲書遺言，甚言『祖宗定制不可變。《周禮》爲王莽僞書，宋儒議論皆爲夢語。東西郊之說起，自是而九廟亦可更矣』。言飛章並其書上之，帝怒，下韜獄。於是中允廖道南上疏，雜引《周禮》、《漢志》、《唐六典》諸書，以明我朝郊廟之禮，皆所當議。其略曰：『我太祖高皇帝初年建圜丘鍾山之陽，方丘鍾山之陰，分祀天地。至十年，感齋居陰雨之應，覽京房災異之說，始命即舊址爲壇，行合祀。夫前之分祀，酌萬世帝王之道，禮本太始者也；後之合祀，感一時災異之應，禮緣人情者也。太宗遷都，當時未有建白，以復古制者，禮樂百年而後興，詎不信哉？至於宗廟之制，國初立四親廟，德祖居中，懿、熙、仁祖次分尤右。昭穆有定位，有定時，視商、周七廟、九廟，其揆一也。

〔註6〕 案：《日下舊聞考‧城市外城南》卷五十七云：「嘉靖九年正月，吏科都給事中夏言請更定郊祀」其「夏言請更郊祀」的月份與《明史紀事本末》所記不同。

九年十月，改建太廟，乃比漢人同堂異室之制。時享歲，則設累朝衣冠於神座而祀之。於是始以功臣配享矣，恐非古先聖王尊尊親親之道也。《周禮大宗伯》：『兆日於東郊，兆月於西郊。』我聖祖亦有朝日、夕月之禮，有其舉之，莫敢廢也。且今之大祀殿，正仿古明堂之制。宜法聖祖初制，兆圜丘於南郊以祀天，兆方丘於北郊以祀地。尊聖祖配享，以法周人尊后稷之意。而又宗祀太祖、太宗於大祀殿，以法周人宗祀文王於明堂之禮；兆大明於東郊，兆夜明於西郊，以法周人朝日、夕月之禮。增太廟大□之祭，正太祖南向之位，移功臣於兩廡。庶尊尊有殺，親親有等，而古典復。』疏入，下禮臣議，贊善蔡□，修撰倫以訓、姚淶，祭酒許詔，學士張潮，編修歐陽德，給事中陳侃、趙廷瑞，御史陳講、譚□皆以合祀為宜，而淶言猶切。夏言復疏，申明祀享之議，曰：『周人以后稷配天於郊，以文王配帝於明堂。欲尊文王而不敢以配天者，避稷也。今宜奉太祖配天於圜丘，所以尊太祖；奉太宗配上帝於大祀殿，所以尊太宗。』於是復會群臣集議。右都御史汪鋐、編修程文德、給事中孫應奎、御史李循義等八十二人皆主分祀。大學士張璁、董□、聞淵等八十四人亦主分祀，而謂成憲不可輕改，時詘不可更作。尚書李瓚、編修王教、給事中魏良弼、御史傅炯、行人秦鰲、柯喬等二十六人亦主分祀，而欲以山川壇為方丘。尚書方獻夫、李承勳，詹事霍韜、魏校，編修徐階，郎中李默、王道二百六人皆主合祀，而不以分祀為非。英國公張侖等一百九十八人無所可否。帝命再議。於是張璁雜引《五經》及諸史言郊祀者，條析合祀之非，明分祀之是，名曰《郊祀考議》，上之。又疏言：『太祖、太宗分配未當。』帝然其郊議疏，言不報。尚書方獻夫、詹事霍韜亦上言，前主合祀非是。帝不問，尋復韜職。」

按：蒙泉在「禮儀」方面的才幹、學識一職不太為人所注意，他曾官居「禮科」給事中，此次與右都御史汪鋐、編修程文德等八十二人主張郊祀典禮改為分祀。這時的汪鋐尚未做到「冢宰」，蒙泉與其同事於改革禮制，有所交往，或因此而瞭解其處事為人，故有後來「劾汪鋐奸」之疏。蒙泉為官剛直不阿，於此亦可見一斑。

五月，薛侃建天真精舍，蒙泉等董其事。

《陽明先生年譜》曰：「天真距杭州城南十里，山多奇岩古洞，下瞰八卦田，左抱西湖，前臨胥海，師昔在越講學時，嘗欲擇地當湖海之交，目前常見浩蕩，圖卜築以居，將終老焉。起征思、田，洪、畿隨師渡江，偶登茲山，

若有會意者。臨發以告，師喜曰：『吾二十年前遊此，久念不及，悔未一登而去。』至西安，遺以二詩，有『天眞泉石秀，新有鹿門期』及『文明原有象，卜築豈無緣』之句。侃奔師喪，既終葬，患同門聚散無期，憶師遺志，遂築祠於山麓。同門董沄、劉侯、孫應奎、程尙寧、范引年、柴鳳等董其事，鄒守益、方獻夫、歐陽德等前後相役；齋廡庖湢具備，可居諸生百餘人。每年祭期，以春秋二仲月仲丁日，四方同志如期陳禮儀，懸鍾磬，歌詩，侑食。祭畢，講會終月。」

按：是年，薛侃建精舍於天眞山，祀陽明先生，蒙泉與范引年、董沄、劉侯等人，董「天眞精舍」事。「天眞泉石秀，新有鹿門期」兩句出自王陽明《西安雨中諸生出候因寄德洪、汝中並示書院諸生》一詩，全文是：「幾度西安道，江聲暮雨時。機關鷗鳥破，蹤跡水雲疑。仗鉞非吾事，傳經愧爾師。天眞石泉秀，新有鹿門期。」天眞精舍除講學以外的一個重要事項是祭祀陽明先生，而蒙泉有「禮科給事中」的爲官經驗，於祭祀方面當有精深研究，故天眞精舍之事從籌建之初，他便與薛侃精誠合作、共襄大事。

嘉靖十年辛卯（1531），二十八歲，在江蘇江陰。

任江陰知縣，疏濬河道；修青雲樓、題匾。

《江陰縣志》卷三《縣令二》記載：「孫應奎，文卿，餘姚人，進士，二年任。」（《江陰縣志》，崇禎十三年本，卷三，第二十三頁）

《江陰縣志》卷九記載：「（嘉靖）十年，知縣孫應奎濬九里河、經河。」

《江陰縣志》卷一《學宮四》記載：「北爲青雲樓，知縣孫應奎扁『講學行禮』。樓後爲屏，東西垣爲角門，垣之外爲委巷，十八年知縣孫應奎修兩號樓。」

按：綜觀蒙泉仕途履歷，其於河道治理方面政績突出，後來官至右副都御史，總理河道，究其原初之跡，當在任職江陰期間疏濬九里河、經河之事。關於蒙泉任江陰知縣的時間問題，據《江陰縣志》所載是「二年任」，其中嘉靖十年疏濬河道，必在任期；而嘉靖十一年，知縣已爲李元陽。據此推測，蒙泉應與嘉靖九年和嘉靖十年期間任職江陰知縣。又據《江陰縣志》卷一《學宮四》中提到（嘉靖）「十八年知縣孫應奎」，與前文嘉靖「十年知縣孫應奎」以及「二年任」縣令的記載相矛盾。綜合起來看，或許「十八年知縣孫應奎」中有衍文「八」，實則應爲「十年知縣孫應奎」。存此闕疑，有待坐實此事。

嘉靖十一年壬辰（1532），二十九歲，在江蘇江陰。

重修延陵書院，有題匾。

《江陰縣志》卷七記載，嘉靖十一年，知縣李元陽重修改顏（額）爲延陵書院，其中的一處「池亭」有匾曰「澄然」，爲知縣孫應奎所題。（《江陰縣志》崇禎十三年本，卷七，第六頁）

按：蒙泉任江陰知縣所題匾曰「澄然」，或可聯繫到他對白沙之學的仰慕。束景南先生指出：「默坐澄心，體認天理」本自陳白沙……陽明沿「默坐澄心」發展走向「心觀靜坐」，而甘泉則沿「體認天理」發展走向「隨處體認」。陽明後來好靜坐（如同李侗），亦受白沙影響也。」〔註7〕蒙泉居家期間，於書案上常置放陳白沙的書，那麼他對其「默坐澄心，體認天理」的思想也一定非常瞭解。《燕詒錄》卷一至卷三爲《憶言》，開篇便是蒙泉所讀「白沙先生」書之心得，足見他對白沙之學的重視。

嘉靖十二年癸巳（1533），三十歲。

是年，蒙泉《大學衍義補摘要》刻成。

按：陽明於天泉樓口授蒙泉《大學》經文至「格物致知」，且曰「學問宗旨全在此四字」。當時還贈予蒙泉二書，其一爲《傳習錄》。另一書，也可能是《大學》。此後，蒙泉多年精研《大學》，他還重點參考《大學衍義》及《大學衍義補》二書。宋儒眞德秀作《大學衍義》，明儒丘濬作《大學衍義補》具體闡發《大學》的「治國平天下」。在《大學衍義補》的卷首，丘濬續眞德秀「誠意正心之要」，補「審幾微」一節，包括：審幾微，察事幾之萌動；審幾微，防奸萌之漸長；審幾微，炳治亂之幾先。丘濬這些有關「審幾微」的大量論述，對孫蒙泉的「幾學」思想一定有著較爲明顯的影響。因此，就孫蒙泉思想研究來說，《大學衍義補摘要》是一部非常重要的書。而在蒙泉步入官場的早期，他特意「摘要」此書，也應會對其仕途浮沉產生了不少影響。

嘉靖十三年甲午（1534），三十一歲。

十二月，擢禮科給事中，直言敢諫，與同時同姓名之洛陽孫應奎齊名。〔註8〕

〔註7〕束景南：《王陽明年譜長編》，上海古籍出版社，2017年，第360頁。
〔註8〕王孫榮著：《慈谿進士錄》，浙江古籍出版社，2015年，第29頁。

嘉靖十四年乙未（1535），三十二歲，歷河南、湖廣、江西。

上疏彈劾汪鋐，被降一級，調外任用。

《明世宗實錄》卷二記載：「九月己未，罷吏部尚書汪鋐。下給事中薛宗鎧、御史曾翀獄，詔拷訊。降給事中孫應奎、御史曹逵等各一級，調外任用。先是宗鎧、應奎交章論『鋐姦邪誤國，擅立威福，乞賜顯斥。』鋐上章自理，上慰留之，翀、逵相繼復劾之，不聽。上召費宏、李時諭曰：『鋐九卿之長，被論如此，何顏復立朝班！』二臣以大工未完請留之。上曰：『鋐邪佞詭隨，留之無益。第言者不已，而鋐又不肯自陳，如國體何？』二臣遂以上意諷鋐。鋐始引疾，賜還。乃出曾翀等疏，責諸臣廷杖、降級有差。」

《江西通志》卷之第十三《職官·參政》記載：「孫應奎，餘姚人，由進士。」

按：蒙泉與汪鋐並非有個人私怨，他曾與之同事議禮，共主分祀。汪鋐被罷免禮部尚書一職，足見其非。蒙泉因此事被降級、調任，去河南、湖廣任學政，在此期間他於士子選拔、書院建設等方面都有所作爲。後又轉江西左參政，期間嚴嵩柄國，仕江西者莫不禮其門，蒙泉獨不往。可知蒙泉爲官剛直清白，既敢直言進諫，又肯不依附權臣同僚。

嘉靖十六年丁酉（1537），三十四歲，在杭州。

作爲天眞書院「董事」，主管財務租稅之事。

《燕詒錄》卷五《與友人書》：「嘉靖十六年，吾丈言於周泠塘轉發紹興祠內直，以便輸租，聽精舍自行支取，某猶能記之。」

按：蒙泉自述某「友人」轉發紹興祠內直輸租，由天眞精舍支取。此轉發紹興祭祀陽明祠堂租稅的人，蒙泉隱去其名，稱之爲「友人」，或是指錢德洪。

嘉靖十八年己亥（1539），三十六歲。

是年，刻成《朱子抄》。

黃虞稷《千頃堂書目》卷十一收錄「孫應奎朱子鈔十卷」。

錢明先生《被遺忘的王學中堅——明代思想家孫應奎》文中介紹，孫應奎《朱子抄》乃劉教輯，存明嘉靖十八年（1539）陳鶴刻本，中國科學院圖書館、天津師範大學圖書館藏。

按：陽明先生作有《朱子晚年定論》，錢明認爲天泉樓陽明手授蒙泉二書，除《傳習錄》外，另一書即《朱子晚年定論》。據我們對蒙泉年譜的系統梳理，當時蒙泉所得陽明親傳書更可能與《大學》有關，一則與口授經文相應，二則蒙泉《大學衍義補摘要》（南宋眞德秀作《大學衍義》，丘濬作《大學衍義補》）先於《朱子抄》六年刻成。若當時陽明授書爲《朱子晚年定論》，蒙泉即致力朱子研究，此《朱子抄》不必於十四年後刻出。三則，《燕詒錄》中大量論及《大學》中命題，涉及朱子言論處較少。且當確立了自己的良知學說之後，不必再糾結其與朱子思想之關係。

嘉靖二十四年乙巳（1545），四十二歲，在河南。

由光祿寺寺丞，升爲河南按察司副使。視河南，改湖廣學政，轉江西左參政。

《明世宗實錄》卷三百二中記載：「嘉靖二十四年八月辛卯朔，詔加成國公朱希忠太傅，……丁巳，升光祿寺寺丞孫應奎爲河南按察司副使。」

趙志皋《壽孫蒙泉先生夫人岑氏雙壽敘》曰：「有舉光祿丞事，通偏補弊，剔冗節浮，歲省費不下數萬計。有舉督學河南事，敦彝軌、愼科條、絕干請，洛中號稱得士，至今猶能誦之。」〔註9〕

按：光祿寺掌祭祀、朝會等，謹其出納之政，這與蒙泉在天眞精舍籌建、經營過程中所起到的作用是比較接近的。他在光祿寺寺丞的職位上做出的政績被稱讚爲「通偏補弊，剔冗節浮，歲省費不下數萬計」，則可推想蒙泉在經營天眞精舍時也是如此行事。後又升職爲按察司副使，其分管之事，據趙志皋《壽孫蒙泉先生夫人岑氏雙壽敘》所述，當爲巡察學政，政績爲「敦彝軌、愼科條、絕干請，洛中號稱得士，至今猶能誦之」。職任河南期間，蒙泉仕途政績可觀，《燕詒錄》中專門收錄「河南存稿」部分，可參看之。

嘉靖二十五年丙午（1546），四十三歲，在河南。

作《河南同年錄後序》。

《燕詒錄·河南同年錄後序》曰：「嘉靖丙午秋，予友申君輩八十人舉於鄉，宴《鹿鳴》，禮成，相率爲同年會，既乃詣予，請曰同年會有錄例也，茲且錄矣，嘉瑞等願一言賜之教。蒙泉子曰：錄其齒序矣乎？是忘分也，義斯立矣。錄其

〔註9〕趙志：《趙文懿公文集》，明崇禎趙世溥刻本，第60～62頁。

並載父母兄弟妻子矣乎？是敦世也。仁斯昭矣。然則八十人爲一人，八十家爲一家，可不謂同乎，則斯錄也，可以勸異矣。雖然，此八十人者，行且敷施有位則體統秩矣，出入遠近，升沉異致，則情境邈矣，將不謂同乎？」

按：蒙泉以按察副使身份主管河南學政，故有此《河南同年錄後序》之作，且與文中提出鄉試「同年錄」不是爲了「序齒」，而應「忘分立義」；此錄也不是爲了「並載父母兄弟妻子」，而是爲了「敦世昭仁」。同年錄，既謂之爲「同」，又可勸異。蒙泉先生極爲熱心於儒學教育、士子選拔、文獻傳播之類實事。

嘉靖二十六年丁未（1547），四十四歲，在河南。

思念家鄉老母，多有「憶母」「記夢」詩作。

《燕詒錄·紀夢》詩曰：「丁未三月內，下浣滯歸德。二十六滯夜，忽夢侍母側。母床抱孩臥，恍云第六息。予亦抱來看，醜好辨顏色。且云其岐龍庄，汝去我同即。既而汝亮兒，提攜勞我力。六息猶未世，兆何夢先得。必在吾母床，喘吸本同極。亮也豈驕惰，轉累尊人臆。岐龍何欲往，豈我長相憶。無乃念遊子，庶此同稼穡。有開神必先，魂夢故相值。殘鐘曙窗曉，竟日心惻惻。升斗何爲者，母子徒夢識。一日輕三公，藜藿亦可食。終當賦歸去，無以五母特。」

按：十歲左右蒙泉的父親患羸弱之病，其後主要由母親童氏撫養、教育；且在蒙泉成家之後，童氏作爲祖母，不僅不給兒子一家增添負擔，而且爲撫育兒孫辛勞付出，這是蒙泉之所以感念不已的地方。正如詩中所云，母親情深，夢裏相見，這讓蒙泉質疑「升斗何爲」，做官在外，即便顯貴如「三公」，也不如在家侍奉母親，過普通人的清貧日子，因此他發出「終當賦歸去，無以五母特」的心聲。我們懷疑這兩句詩中有隱諱之詞，所謂「五母特」，或是「吾母待」，蒙泉言其最後還是要回到家鄉，不能讓自己的目前一直等待。所謂「詩言志」，蒙泉以此詩明志，後來果然辭官回家侍母。

嘉靖二十八年己酉（1549），四十六歲。

由右僉都御史，升爲左副都御史，總理河道。

《明世宗實錄》卷三百五十三中記載：「升吏部左侍郎潘潢爲戶部尚書，巡撫順天都察院；右僉都御史孫應奎爲左副都御史，回院管事，總理河道。」

按：由都察院的右僉都御史，升職爲左副御史之後，蒙泉開始總管黃河水道治理。蒙泉在督察院、地方所任的各種職務中，還是以治理水道最爲展現其才幹。

嘉靖三十年辛亥（1551），四十八歲，在湖南。

在湖南刊刻《傳習錄》，作《刻陽明先生傳習錄序》。

《石鼓書院志》曰：「孫應奎，號蒙泉，浙江餘姚人。由進士，嘉靖年間爲湖廣提學，按衡，首先德行，行冠禮，行射禮，與白石蔡公講論石鼓，刻陽明先生《傳習錄》，教諸生踐履實學，勿爲口耳空談。」（李安仁：《石鼓書院志》，明萬曆刻本，上部，第55頁。）

按：嘉靖年間，蔡汝楠、孫蒙泉在所刊刻陽明先生《傳習錄》，以嘉靖四年天泉樓所得陽明親授《傳習錄》爲底本。是年夏五月，蒙泉作《刻陽明先生傳習錄序》，這對孫蒙泉研究來說非常重要，故錄其全文如下：

> 學以盡性也。性者存發而無內外，故博文約禮，集義養氣之訓，孔、孟之所以教萬世學之者。而或少異焉，是外性也，斯異端矣。應奎不敏，弱冠始知有所謂聖賢之學。時先生倡道東南，因獲師事焉。憶是時先生獨引之天泉樓口，授《大學》首章，至「致知格物」曰：「知者，良知也，天然自有即至善也。物者，良知所知之事也。格者，格其不正以歸於正也。格之，斯實致之矣。」及再見，又手授二書。其一《傳習錄》。且曰：「是《錄》吾之所爲學者，爾勿徒深藏之可也。」應奎請事於斯幾三十年，每思講授至意，恐卒爲先生罪人，故有獨苦心而莫敢以語人者。

> 然間嘗以其所見一斑參之孔、孟。夫心之純粹以精森然而條理者，非禮乎？即此禮之見於日用而有度數之可紀，謂之「文」，然以其體事而無不在，故曰「博」。心之剛大，配天地而不禦者，非「氣」乎？即此氣之流行當其可，謂之「義」，然以其無時無處而可失，故曰「集」。心之虛明靈覺洞然而不昧者，非「知」乎？即此知之應感而該乎人倫事變，謂之「物」，然以其有物有則而不可有過不及之差，故曰「格」。故致其知於格物也，養其氣於集義也，約其禮於博文也，皆理其性之發者，而非外也。博文以約此禮也，集義以養此氣也，格物以致此知也，皆體其性之存者，而非內也。蓋自其斂於無，似

存而常體未常息；自其章於有，似發而常體未常易。存發無先後，體用無內外，斯性之妙也。故先生之所自得，雖未敢輒擬其所至，而先生之學則斷然信其為上接孔、孟，而以俟後聖於不惑者也。

　　茲應奎較藝衡水，涉洞庭，登祝融，訪石鼓，歧乎濂溪之上，有餘慨焉。道不加聞而年則逮矣，固願竊有豪傑者出，以翼吾之往也。同志蔡子子木守衡，則已群多士，而摩之以性命之學，亦浸浸乎有興矣。應奎因樂與成之，乃出先生舊所手授《傳習錄》，俾刻置石鼓書院。噫！性靈在人，得無有默契斯旨而成之德行者乎！則於先生之道亦庶幾焉，又何憾矣！嘉靖三十年夏五月壬寅，同邑門人孫應奎謹序。(《王陽明全集》第 1769～1761 頁)

由上述材料可知，蒙泉在湖南衡陽石鼓書院不僅帶去了陽明先生親傳得《傳習錄》版本，還闡述他對「性命之學」的觀點：存發無先後，體用無內外。具體展開來講，涉及《大學》的格物與致知、《孟子》的養氣與集義、《論語》的博文約禮：「致其知於格物也，養其氣於集義也，約其禮於博文也，皆理其性之發者，而非外也。博文以約此禮也，集義以養此氣也，格物以致此知也，皆體其性之存者，而非內也。」性之「存」為約禮、養氣、致知；性之「發」為博文、集義、格物，體用無內外，也是其「體用一源」論的內容。

嘉靖三十四年乙卯（1555），五十二歲，在山東。

遷山東按察使，左、右布政使。任山東左布政時，有創開膠萊河議者，力言不可。入覲，請屬官赴任違限之罪，吏部駁其言非是，詔奪俸三月。修岱廟視工，作詩。

八月，蒙泉作《山東鄉試錄後序》。

其文曰：「嘉靖乙卯秋八月庚寅，山東鄉試事峻，錄士與文以獻。夫士抱器應時，行將對大廷服官政矣。某承校文之役，得士而敷施之則以大效忠固靖獻之微也，庸無申一言為多士誌哉！夫上古神聖先天地以開肇統斯道，至孔子集之大成，孟子得之孔子，蓋炳如也。士幸生其鄉，道澤猶近，寧無自得師者乎？觀先資自獻類能析義利、辨王霸，豈不信為聖賢之徒然哉？或出說芬華，仕不事道，則庸違之咎疇其任之竊。惟聖賢之言，師其意則為道德，剿其說則為詞章，某不敏，嘗反覆其師弟之所問答，而細繹其進修之領要。」

云云。

閏十一月戊寅，蒙泉進諫被吏部駁回，詔奪俸三月。

《明世宗實錄》卷四百二十九記載：「嘉靖三十四年，閏十一月，壬戌朔……戊寅，山東左布政使孫應奎，請□屬官赴任違限之罪，吏部駁其言非是，詔奪俸三月。」

《濟南府志》卷三十五《宦跡三》曰：「孫應奎，字文卿，浙江餘姚人。由進士授行人，擢禮科給事中。疏劾汪鋐，謫華亭縣丞。時有洛陽人孫應奎，字文宿，進士，由章丘知縣入爲兵科給事中，亦劾桂萼、張璁，謫高平縣丞。兩孫給諫之名，並震於朝廷。累官右副都御史，總理河道。逾年罷歸。爲山東布政使時，有創開膠萊河議者，應奎力言不可。入覲，與吏部尚書爭官屬賢否，時稱其直。」

趙志皋《壽孫蒙泉先生夫人岑氏雙壽敘》曰：「又有舉（蒙泉先生）按察山東及布政事，革防秋之冗役，減條鞭之歲徵，抑開河之橫議，應□覲考察，惟翁與部院爭可否，銓憲大臣皆屈服。」（趙志皋：《趙文懿公文集》，明崇禎趙世溥刻本，第60～62頁。）

按：山東是聖人之鄉，蒙泉在此地任職，也曾去拜望曲阜孔廟，尋訪孔子後裔。嘉靖三十四年閏十一月戊寅，閏十一月十七，即公元1555年12月30日。孫應奎當時爲「山東左布政使」。而《山東通志》卷二十五《職官志》記載：「孫應奎，正德時歷任按察副使、按察使，又左、右布政使，浙江餘姚人。」《山東通志》中所言「正德時」蒙泉在山東歷任各職，顯然錯誤。蒙泉在山東任按察副使，政績表現在革冗役、減歲徵，反對創開膠河水道，以及考察論定屬官的過失。可見他沒到一處，都是積極有爲，秉直進言，造福於民。

《岱史》第十五卷《登覽志》記載，蒙泉在山東時修岱廟視工，作詩曰：「拾級登登上泰岑，萬峰羅地白雲深。調琴澗落天河水，積翠臺分月樹陰。薄海縱觀同物興，中臺成位兩間心。更賓日馭開長夜，獨倚高明望孔林。」

《燕詒錄·河清撫臣祗命報岱宗陪祀禮成返作望嶽》：「少慕五嶽遊，夢寐亦勞止。馳驅三十年，俯身登闕里。是時河始翕，顯祐歸帝祉。撫臣肅恭命，報禮虔禋祀。職事叨裸將，對越靈孔邇。嘗聞太平頂，白日煙霧紫。便擬上天門，峭立登封址。夜半扶桑紅，獨觀天地始。無端促回馬，冥搜憾遺理。但見仰彌高，磅礴大無埃。影落滄海平，柱卓乾坤起。所幸識渾淪，萬有包含此。因之思具瞻，四方入網紀。鄒會世所宗，秦漢跡徒侈。獻述明堂

心，泥封茂陵恥。聖治方唐虞，東巡一道揆。輯瑞合群工，護駕及泉水。身參百官富，昵覬宗廟美。勝遊豈姑待，欲速戒中毀。吾志切有期，響荅谷神唯。」又作《遊靈巖寺》：「寺外青山合，空中碧殿開。雲光搖谷樹，花影射階苔。酌水探泉脈，搜眞訪石臺。昨宵峰頂宿，明月印如來。 空谷前朝寺，寒山正法名。種松齊塔影，卓錫應泉聲。香火留經卷，樓臺憇客程。傳心衣鉢在，鐵石總餘情。上有鐵袈裟石龜，空中貯水如鉢。」又，作《陪祀岱宗憇靈巖寺次憲使魏及齊韻》：「鳥道通禪深更幽，綠蘿香徑上方遊。霞峰出樹雲間暝，岱嶽中天望外收。燈塔星辰光避斗，杖泉風雨夜潛虯。（是夜雨達旦）心懸對越雞鳴蚤，未許山靈信宿留。」

《長清縣志》記載，祭祀岱嶽，徑過靈巖，嘉靖山東布政孫應奎亦有詩曰：「鳥道通禪深更幽，綠溪香徑上方遊。霞峰出樹雲間暝，岱嶽中天望外收。燈塔星辰光避斗，杖泉風雨夜潛虯。明禋正切同趨拜，未許山靈信宿留。」原注還有這些文字：「夜雨達旦，陪祀岱宗，憇靈巖寺，用前韻。」

按：蒙泉在靈巖寺所作一首詩，《燕詒錄》與《長清縣志》中都見收錄，但有若干異文，可前後對校。如：綠蘿，《長清縣志》作「綠溪」；心懸對越雞鳴蚤，《長清縣志》作「明禋正切同趨拜」。《燕詒錄》在編輯過程中，當有對原文的損益、改動。

作《書丁行生母慈節卷》。

《書丁行生母慈節卷》文曰：「母子之愛，天性也，不慮不學者也，故感之無方，出之亦無方。予觀行母岑遇島夷，不畏死，以救其子，母卒以死。蓋知有子，不知有死，死其所安也，是率性也，行卒以脫於死，或者其精靈之所致歟？縱行不免，母固完以歸也。嗚呼！獨悲夫行之大不幸，其何以生爲？夫子嘗論孝例，不孝者五，充其類，雖一頻笑苟，猶將見棄於夫子，然此猶語常耳，行將何以哉？吾同年念庵子三轉語至矣，予謂行一息存，一息不容少懈，猶未足以自解也，必反身至於無忝謂母爲有子，其庶幾哉！噫！行之性，母之性也，母□而不死性，性也。行生也，其知生哉？知所以生，則知所以死；知所以死，則母之死爲不徒矣。不然，母何以身贖哉？嗚呼！懼矣！悲矣！吾無容言矣！」

按：丁行從學於王龍溪，後成大儒。蒙泉又受羅念庵轉告，且他自己與母親之情亦深長，當時或是有感丁行母子之故事，爲書卷。母慈子愛，也是良知良能，蒙泉謂之爲「率性」，他另有所謂「率良知而行」之說。

嘉靖三十五年丙辰（1556），五十三歲。

四月戊戌，升都察院右副都御史，總理河道。

《大明世宗肅皇帝實錄》卷四百三十四記載：「嘉靖三十五年四月己丑朔時享。……戊戌，改南京工部右侍郎孫世祐爲刑部右侍郎，升山東左布政使孫應奎爲都察院右副都御史，總理河道。」

《行水金鑒》卷二十五：「明世宗嘉靖三十五年四月戊戌，以孫應奎爲右副都御史，總理河道。」此事記載另見《江蘇省通志稿‧大事志》第三十三卷。

趙志皋《壽孫蒙泉先生夫人岑氏雙壽敍》中言：「（蒙泉先生）及總理河道，又不肯襲俯仰時套，依違權貴，力疏乞歸。」（趙志皋：《趙文懿公文集》，明崇禎趙世溥刻本，第61頁）

按：官職升至右副都御史，總理河道，這是蒙泉先生爲官的頂峰，但他因不肯俯仰時套，有所依違權貴而上疏辭官回鄉，在當時官場環境下，這也不失爲一種明智之舉。

嘉靖三十六年丁巳（1557），五十四歲，在餘姚。

二月，致仕，歸家餘姚。刻成《雪窗集》。

《欽定四庫全書總目》卷一百六十三曰：「《雪牕集二卷附錄一卷》，兩淮鹽政採進本。宋孫夢觀撰。夢觀字守叔，號雪牕，慈谿人。寶慶二年進士，官至吏部侍郎。後求外補，以集英殿修撰知建寧府，事蹟具《宋史》本傳。是編乃明嘉靖間其裔孫應奎所校刊，有劉教後序，云集凡二卷，曰奏議，曰故事。其志、贊、誄文爲附錄一卷。故事者，徵引古書於前，而附列議論於後，更番進御，因事納規。同時《李曾伯集》亦嘗載之，蓋當時體制如是也。其奏議，自嘉熙庚子以迄寶祐丙辰，正宋政極壞之時，所言皆切直激昂，洞達時務，如謂理宗能容直言而不能用，又謂士大夫有寬厚之虛名非國之福，尤切中宋末之弊，視當時迂腐儒生高談三代衣冠而拯焚溺者，固不可同日而語矣。」

莫友芝《邵亭知見傳本書目》曰：「《雪窗集》二卷《附錄》，宋孫夢觀撰。明嘉靖中，裔孫應奎刊本。」

按：蒙泉爲何辭官？究其原因主要包括三方面：一是秉性剛直，不肯趨炎附勢、依附權貴，又多仗義執言，在當時官場中並不如意；二是多年爲官在外，遠離家鄉而思念親人，尤其是不能侍奉母親，讓他內心頗受煎熬，夜

不能寐，食不甘味；第三，作爲陽明後學中堅，蒙泉不僅得到陽明親傳而自有所悟，而且在陽明逝世之後，對陽明學的發展與傳播做了很多貢獻，包括董事天眞書院、刊刻《傳習錄》等。辭官之後，他可以把更多的時間和精力投入到陽明學思想的發展與傳播上來，並且孫氏也有家學，蒙泉自覺擔當起一份文化承傳的重任，因此有《雪窗集》、《燕詒錄》等文集的刊刻。

嘉靖四十五年丙寅（1566），六十三歲，在杭州。

仲秋，過天眞精舍，會祭陽明先生。聚友金波園。

《燕詒錄·丙寅仲秋再過天眞會祭識懷》：「憶自脫塵惘，一訪天眞山。忽忽逾十年，再叩攀雲間。薦蘋證心印，聚簪訂愚頑。由來本易簡，支離須刊刪。世情何汩沒，意便多逾閒。澄湖景將入，誰當濯潺湲。」又作《天眞秋祭畢同志散去無少留者感懷一絕》：「涉江西向意何如，揮手斯須孰啓予？寂寞宮牆啼鳥亂，令人卻憶買山初。」

按：這次秋祭陽明，讓蒙泉先生頗多感慨。天眞精舍由盛而衰，作爲籌建者、經營者，特別是作爲陽明親傳弟子，他的內心非常沉重。是年秋，應唐一庵約，孫蒙泉與管南屏、王畿、王宗沐、胡石川等百人相聚金波園，有《金波園聚友詻言》。（見《唐一庵年譜新編》）《燕詒錄》中收錄《與友人論學》，其「友人」就是指王畿。這次金波園雅集，孫蒙泉與王龍溪當有交流、談學。

隆慶二年戊辰（1568），六十五歲，在餘姚。

與夫人岑氏舉辦雙壽誕，趙志皋作敘。

（明）趙志皋《趙文懿公文集·壽孫蒙泉先生夫人岑氏雙壽敘》中言「戊辰」年（1568）「時翁已六旬五」。

按：在這篇壽敘中，趙志皋對孫蒙泉推崇備至，稱之爲「泰斗」、「文宗」，並對蒙泉先生主要事蹟、良知學思想有所介紹。

隆慶三年己巳（1569），六十六歲，在餘姚。

正月初一，作「元旦詩」。

《燕詒錄·己巳年正旦試筆》：「今年今日幾來逢，老去心驚歲月窮。行輩共推羞短髮，親朋半落恨東風。寒禁自笑梅花白，夢醒初憐日色紅。賺有

浴沂歸詠意，前用作伴好誰同。」

　　八月十五日，豫造壽城，作詩文。

　　《燕詒錄‧兆告謝文》：「歲功序遷，代謝無停。天道且然，況於人生。百年有盡，流光建瓴。言念衰暮，豫造歸城。惟茲龍塢，環秀高明，惟神呵護，幾千萬齡。若爲有待，神貺寵承。月朔啓虔，經始告成。垗圖道路，除治方興。轉土運石，以妥以寧。惟神默相，有赫厥靈。仰之如在，聽於無聲。」又，作《卜壽山苦求佳處自嘲一首》：「去去長春夢，青青是處山。自嗤存沒意，未脫死生關。軒冕非堅物，衰榮逐轉環。北邙陵谷變，信史獨名班。」

　　按：蒙泉晚年多有在新年、元旦所作詩歌，他對歲月流逝頗爲敏感，有時不我待、老去心驚之憂，可見其有志弘道、心力盡付於此。此外他也流露出「忘老」、「樂閒」的心情，並且老當益壯，「努力驅前程」。詳見後文所錄「元旦詩」。

隆慶四年庚午（1570），六十七歲，在餘姚。

　　正月初一，作詩。

　　《燕詒錄‧庚午正旦》：「過去光陰幾日還，晏時頭白向人間。憂余老外須忘老，樂在閒中要識閒。新水流逢南澗碧，暖風綠遍舊苔班。出門花柳前川興，欲問先生說訂頑。」

隆慶五年辛未（1571），六十八歲，在杭州。

　　正月初一，作詩。是年，編纂《天真精舍志》。

　　《燕詒錄‧辛未正旦》：「添齡始今日，老去我心驚。吾道眇樞杻，吾學竟何成。慨已悟師旨，其幾若爲明。望之宛可即，就之不可能。前聞在涵養，熟之將彌精。所戒惰因循，努力驅前程。」

　　按：《天真精舍志》（四卷）的編纂，是蒙泉應巡按浙江的御史謝廷傑之請，今《燕詒錄》卷六最末兩篇即爲《天真精舍志》前序、後序。這兩篇序言對於我們瞭解蒙泉先生與天真精舍故事極爲重要，茲錄其原文如下，其一，《天真精舍志》前序（代作）：

　　天地廣矣，大矣，非聖人盡道其間，則其化有不能自遂者。故天地以聖人爲心。聖人之道，何道也？天地之道也，不貳而已，天地以此化生，聖人以此輔相，盡人盡物以盡其性也。人物之性有所未盡，而聖人之心亦有所未

盡矣，於是有教焉，而學之道興，學興而道明，天地位焉，萬物育焉，而聖人始能以無憂，故聖人者爲天地立心、爲生民立命也。上古聖人道化大行，相忘於天地，萬物之各得其所，而不知所以爲之者。至孔孟而吾道窮，始思明其學，以承先聖之道，而祖述憲章，所以垂世立教者，亦至矣。迨夫教衰學絕，一切非道之術日新月盛，雖有宋諸儒抉異歸同甚力，而孔孟之緒不絕如線。噫，可哀也矣！幸而吾陽明先生毅然以倡道爲己任，履困反身，覃精密究，豁然悟孩提之愛敬，爲仁義取足於不慮不學之良知，即天地不貳之道也，乃揭致良知三字爲學之訣，參之堯舜之精一，孔子之格致誠正，皆非有求於心之外者，而始學者知所從。謂天之無意於斯文，可乎？然不獲大行其學，以親見大道之爲公，則孔孟且然無惑乎？先生之不能也。

先生沒而及門之徒思慕不忘，隨在建學舍、聚同志而致精之，以傳先生之學。若吾江右被道澤尤深，故學舍尤盛。今天眞，固先生掘起之地，所曾示意於及門者；而精舍之建，雖諸君子漸次作興，然猶不能無遺慨焉。夫祀典不正，則無以示敬；廟貌不飭，則無以示仰；儲蓄不廣，則無以示守。三者備而後先生之道脈可久。某雖私淑諸人，常以不及門爲己恨，茲幸以職事來延首謁天眞，覩先生之遺像，而仰儀刑之如在，徘徊不忍去。既而，徧觀周諮，又惻然惜其將漸以廢也。於是，謀於先生之門人某，檄官司之守茲土者，以正祀典，以飭祠宇，以增土田，以永居守。然非《志》無以詔遠也，於是作《天眞精舍志》，與《白鹿洞規》並傳，此志出而四方學者不其興乎？過天眞者，知有先生則知所仰，仰則敬心生；聞天眞者，知有先生則知所慕，慕則愛心生。亦必有由是心以致其愛、敬之實者，而於先生之學，庶幾其引而長之矣。上有禮，下有學，則可以一道德、同風俗，有以大參贊之道焉。先生之所以繼往聖、扶人極，思以立民生而輔相天地之宜者，不藉此以少慰哉！是故《志》之不可已也。《志》成，敢序之以傳焉。

其二，《天眞精舍志》後序：

天眞立精舍以祀師陽明先生久矣，茲曷爲而志也？志以永精舍，以存先生之學也。先生之學不存，則孔子之道不傳；孔子之道不傳，則世道之趨日下。精舍固教化之所先也，志豈得已哉？某曾聞先生之學矣，本格、致、誠、正以立教，格、致、誠、正發明「精一」之功，其節度有若此者，而非外心以求之也。孟子指孩提之愛敬爲良知之所自能，而學問之道惟不放此心。夫心之不放者，格、致、誠、正之盡其功也，故孟子出而孔子之道復明。至宋

而周子之主靜，明道之定性，則幾矣。惜乎格致之義未之開示，始有物理求之外者，而學術爲之一變。先生精詣力踐，妙悟不言，實見得心、意、知、物渾然一於至善，而知爲體，知者良知也，至善之靈覺也，致其良知則止至善矣，故示之訣曰致良知盡矣，故上接孔、孟之傳者，周、程之後，一人而已。海內方翕然向風，不幸先生蚤逝，卒無以挽人心於陷溺之久。同志爲此懼，作精舍於此，以私祀先生，蓋將共明先生之學，以大行孔子之道。

今精舍且頹敝，將委之草莽，凡以典守者，不示之以所守，而無以持其要也。精舍廢而翁聚觀摩之意微，先生之學幾晦矣。江右固先生道業所最著，而虯峰侍御君則身被而心悅之者。辛未之秋，被命按澍，首以興學崇道爲務，乃謁先師祠，正祀典、置瞻田、飭祠宇，倡議昉《白鹿洞規》作《天眞精舍志》，以詔四方。豈天之有意於斯文也哉，某忻然樂而輯之，是故稽故實以著始，經斂散以豫藏，核圖籍以抑暴，嚴衵位以責實，此大較也。《志》成而典守者有所持循，以時修繕，以肅供億，庶幾仰先生之學者，其至如歸，則風斯日遠而樂聚者日益眾，不有溯心源而上紹之者乎？故精舍之繫屬人心，實與學術相爲消長，而精舍之廢興，又實與《志》之有無相爲表裏。斯《志》也，庸非精舍第一義哉！侍御君存精舍之功，當不在作者下矣。

隆慶六年壬申（1572），六十九歲，在杭州。

正月初一，作詩。

《燕詒錄・壬申正旦》：「意長燭短夜忘眠，又聽雞鳴是來年。老去卻嫌新歲月，道窮還戀舊林泉。人情競賀青春好，物與寧知樂意偏。窗外忽傳梅信蚤，暗香偷洩漏先天。」

三月，爲龐弼唐、周謙山歸粵，有文送行。

《燕詒錄・送龐弼唐、周謙山歸東粵》文曰：「今暮春，弼唐龐君，偕其門人周謙山，其子一德，至自東粵，年已逾六十矣，不遠數千里，歷冬而春而夏，計其歸至，幾及秋，亦有何求？以其師甘泉先生，吾師陽明先生，同時倡道繼絕學，其志同，其旨訣同。二先生不可作矣，不究其微則不要其歸，不要其歸則不繼其志，故博求諸同志，而思以承其緒，其所負荷大矣！蒙泉子涉江來精舍，而弼唐諸君次天眞且數日，甚惜夫來之晚也，朝夕就正，不能離候；又言別，寧無悲乎！又何以爲別乎！雖然，其道同則曠世且將通矣，而況於地之遠近乎？不得已舉嘗所請正者以爲贈，使之歸而亦有可考也。」云云。

管南屏主教天真精舍，蒙泉與之親密論學。天真精舍未得紹興祠輸租，中遭爭奪。

《燕詒錄・兵部左司務管子行墓銘》：「隆慶壬申赴天真，主精舍教。應奎自初夏至仲秋，凡四越月，同臥起，與之仰參密證。」又作《贈管南屏主教天真》：「吾友南屏八十齡，視於無視聽無聲。門牆歲月瞻依近，猶是當年立雪情。」

《燕詒錄》卷五《與友人書》曰：「嘉靖十六年，吾丈言於周冷塘轉發紹興祠內直，以便輸租，聽精舍自行支取，某猶能記之。不意至今凡三十五年，而升斗不占於精舍，雖中遭爭奪亦惟是。精舍名色理正之非另價承，佃則猶是精舍之業明矣。」

按：這段時間可謂是天真精舍的「復興」。龐弼唐、周謙山將陽明學帶到廣東地區，可謂與蒙泉是同道中人，他們在天真精舍時多有論學，互相啓發。管南屏此時也擔任天真精舍的主講，與孫蒙泉共襄弘道之事。然而，天真精舍的經營出現諸多問題，尤其是租稅財務是經濟來源，直接影響到精舍能否持久下去。

萬曆元年癸酉（1573），七十歲，在餘姚。

正月初一，作詩。作《壽馮龍岡七秩序》，論「壽之道」。

《燕詒錄・癸酉元旦壽屆七旬》：「忽聽晨雞訝古希，自憐空老未知非。明明旨訣心傳近，望望宮牆道岸違。繞膝兒孫歡拜舞，前川花柳漸芳菲。催人歲月如流水，一刻千金欲下帷。　百年雖遠年年近，一念何思念念同。望道每疑傳不得，將予真覺就無從。杖梨徐步谷風暖，惜倦高眠海日紅。溪水蓮花山院靜，夜深危坐憶元公。」又，作《七旬逢生自述四首》：「奄忽浮生七十春，揭逢初度愧儒巾。世途失馬知非損，道術亡羊認豈真。天地過賓誰得駐，衣冠虛器等爲塵。恩慚覆載猶康食，夜半求衣懷二人。　兒孫繞膝慶生辰，老我何堪裕後人。心地可耕遺世業，道源初撥任知新。自疑憤樂頻相禪，己信毫釐苦望塵。天假長年惟益過，敢思學易似先民。　曾聞生日不爲樂，耄景逢辰倍愴神。少鮮弟兄憐隻影，蚤悲風木詫窮人。江湖跡掃非嫌僻，衣馬情恬敢諱貧。不里絲毫方是了，白頭無奈正含嚬。　歲月淹留獨苦心，溪頭吟弄幾追尋。閒來樂意看流水，佇立青天望遠岑。世味有生拋未盡，真吾無象若爲臨。最憐一息朝聞志，力倦衰屢恐不任。」

　　《燕詒錄》卷七開篇即為《壽馮龍岡七秩序》，其文曰：「慈之溪上稱龍岡翁者，壽踰七旬，其子珣生，予婿也。予宜壽，壽宜言，予請為言壽之道。夫主宰之謂理，流行之謂氣，絪縕綢密聚而為有，而三才之道著矣。夫三才者，一也，皆其流行而不已者也，而恒覆恒載與人物之消息異數，則於其可見焉爾矣，其所不可見者故藏也。君子忘象觀道，忘言成信，推移於不窮以自完，不有所謂獨存者乎？世傳老子翕張與取之術，致長生久視為好事者，所深慕彼，豈足以知吾完之道哉！吾之道性命之貞，孟氏曰「順受」，順此者也，天地以順動，故不過；君子以順動，故不忒，故能與天地合其德、與日月合其明、與四時合其序、與鬼神合其吉凶，獨長生云乎哉？龍岡翁彌壽彌強壯，其精神惇固，其耳目聰明，或疑其非得養生之術則不能，此豈所以語翁哉！

　　君子履道，觀於其素，惟家庭為難，惟作述間為最大。翁先大夫禮部公嘗直諫顯，世憐其忠，而翁則勞思憂憤，俛默沉欝。究觀天人之際，孝悌行於家，忠信達於州里，其志可知也。比舉於鄉，亦莫不侈心改行，而翁則以趨時報稱為急，以及時尊養為樂。初令鄉平，暨遷應天少京兆，出以治其民而母悅其能愛，入以事其母而民仰其能孝，誦言稱之者，莫不曰禮部公遺忠也。及歸田里，讓其兄以故業而不有，且即前楹累石為山，植花卉、布幽勝，與其兄奉壽，母時觀遊以樂其志。或時召鄉老縉紳為會而悅情話，飀飀乎雍睦之風，化子孫而被遠邇矣。是故，觀於動而知其用之有所本，觀於靜而和其體之有所存，蓋即其所居之位，樂其日用之常，而不自知其達於神化性命之奧。此非天地與我皆無盡者乎？夫子有言「積善餘慶」，是翁之所為壽也已。翁年彌高，則積愈厚，衍道於不窮，天且祐之，必曰進於無疆矣！乃若虛靜恍惚，閉而不可開，老氏作用，非吾道自然，固黜而不由也。先是歲癸酉九月二十三日，寔翁七旬降辰，以疢餘滋不樂，今其子稱觴戲彩為壽，則知年之喜不自己耳。予故敘此，藉以壽翁，亦見壽之道在此而不在彼也。」

萬曆二年甲戌（1574），七十一歲，在餘姚。

　　正月初一，作詩。

　　《燕詒錄‧甲戌正旦》：「陰陽消長往來頻，又是乾坤一局新。旅逆不驚流寓短，道心卻認本來真。三言聖益中抽訣，四字經傳義更申。夜半如聞聲到海，山根泉活萬家春。撥過寒雲枉杖春，前村生色又從新。舊遊老伴思應

健，今歲梅花認更真。千古江河誰獨柱，一鄉風俗漫相因。鶯啼燕語皆吾與，
莫更平章著句頻。」

萬曆三年乙亥（1575），七十二歲，在餘姚。

蒙泉自撰詩文、存稿結集為《燕詒錄》，作《燕詒錄引》。

《四庫全書總目提要》曰：「《燕詒錄》十三卷（兩江總督採進本）明孫
應奎撰。應奎字文卿，號蒙泉，餘姚人。嘉靖己丑進士，官至右副都御史，
總理河道，後左遷山東布政使。《明史》附見建陽《孫應奎傳》，而以餘姚孫
應奎別之。蓋與《胡松傳》中附載績溪胡松，均以同姓名合傳也。是集，前
三卷，皆憶言，其語錄也；次書二卷，文二卷，詩三卷；次《河南存稿》二
卷，《林居續稿》一卷，則詩文雜編焉。應奎受業於王守仁，講良知之學，初
官禮科給事中，疏劾汪鋐，頗有直聲。然其著作，則自成其為講學家之詩文
而已。」

《欽定續文獻通考》卷一百九十二曰：「孫應奎《燕詒錄》十三卷。應奎，
字文卿，號蒙泉，餘姚人，嘉靖進士，官至右副都御史，總理河道，後左遷
山東布政使。臣等謹案：應奎，《明史》附見《建陽孫應奎傳》而以餘姚別之，
蓋與《胡松傳》附載績溪胡松，均以同姓名合傳也。」

按：《四庫全書總目提要》所記蒙泉「官至右副都御史，總理河道，後左
遷山東布政使。」恐有誤。孫應奎任職「右副都御史，總理河道」，是在「嘉
靖三十五年四月戊戌」，《明實錄》《江蘇省通志稿》《行水金鑒》等均有記載，
當無誤。而孫應奎任職山東左布政使，請屬官赴任違限之罪，是在嘉靖三十
四年閏十一月戊寅。可知孫應奎任職山東布政使在前，官至有副都御史、總
理河道在後。

萬曆四年丙子（1576），七十三歲，在餘姚。

作詩兩首，為賀管南屏八十大壽。

《燕詒錄·壽管南屏八句二首》：「重憶師門共學情，久要不改歲寒盟。
貧如原憲心常泰，義似西河老益明。志決百年猶發憤，身存一日敢虛生。已知
獨往先登岸，況本由來邁有恆。　天如有意假長年，亦復簞瓢臥一塵。五益
自堪多樂處，翁作《五友傳》三言早已溯真詮。髮膚變盡心彌壯，志氣常伸
意獨傳。誰為浮名糜歲月，願將吾道共仔肩。」

按：管南屏與孫蒙泉是同鄉、同門，又都高壽，正如上引詩中所言，蒙泉與南屏是同道、弘道中人，他們「誰爲浮名糜歲月，願將吾道共仔肩」。

萬曆五年丁丑（1577），七十四歲，在餘姚。

正月初一，作詩。

《燕詒錄・丁丑元旦口占》：「臘盡甘霖喜浹辰，起看晴色又逢春。天機漏泄東風外，一線梅香認更眞。　一線梅香認更眞，杖棃谷口自尋春。涓涓流水分明路，行盡源頭不見人。　又對東風嘆白頭，乾坤潦倒自淹留。坐看楊柳門前綠，不逐香塵浪遠遊。」

萬曆六年戊寅（1578），七十五歲，在餘姚。

十年春月，作「寫懷」詩。

《燕詒錄・戊寅年春月寫懷》：「溪壑淹留歲月遲，風光晴色又春熙。推移莫問乾坤意，來往無端草木知。佇望忽生南陌興，解嘲誰爲北山移。加年敢負天明賜，忘食忘憂自得師。　世事棲棲老欲揮，周公無夢懶相違。已忘物貴寧知我，自信天空任鳥飛。新水出村流去遠，暖風吹綠遞生輝。怪有野樹收殘雨，猶帶寒雲過影微。」

管南屏去世，壽八旬有二，蒙泉為之作《兵部左司務管子行墓銘》。

《燕詒錄》卷七末尾收錄蒙泉所作《兵部左司務管子行墓銘》，其原文如下：

子行諱州，其先汴梁之鈞州人也，宋紹興年南渡，諱萬里者從，因家餘姚，餘姚之有管氏，實萬里始。由是傳法仕爲宋太史氏，又八傳而子行出，少慧，能讀書，求解大旨，不屑屑章句。嘗自誦曰：「學，所以學爲人，不期於聖人，非學也。」正德歲丙子，充邑庠弟子員，聞陽明王先生倡明聖學，揭致良知爲心訣，蓋本孟子孩提之愛敬，天然自有，而非學慮能之者也。曰：「此入道門戶也，順此而已矣。」遂請師焉。嘉靖初，江右五溪萬釪公、楚白泉汪公，相繼督學，子行屢就試，輒首選升學生，郡守南瑞泉公，雅好文學，作稽山書院，群屬之庠校優者給廩餼，學於斯以相觀摩，而良知之旨漸明，舉業益進。朔望彙試，子行輒受上賞。洛陽潘侍御三峰公按部至，又創書院於萬松深處，肖聖賢象樹之表儀，選兩浙士萃而學焉。子行則以奇才召入，爲多士倡。

　　歲戊子多，先師起平廣亂，亂平，卒。奔桐廬迎柩，因協理家事，會葬。歲己丑多，行人薛子侃、孫子應奎，奉使過浙，憶師祇命赴廣時，尋遊天眞山，有「文明有象」之句，謀同志即其地營精舍，以共明良知之學，子行召報無遠近實贊成之。辛卯，領鄉存試南宮不第；至丁未，復不第。歎曰：吾聞位者行道之具，艱於一第，命也，其已矣。夫親老竊升斗，盡歡一日養，道不外是矣。詣銓部謁選試第二，授兵部左司務，奉戢介然，自以不負所學爲期，然上下頗見憚。庚戌秋，虜薄城下，言戰事，大司馬王公既心切憾之時，公方不得上意，又以推賢讓能爲公勸，而公之怒不可解矣，遂考罷。公論快焉，掌院屠東洲公意不憚，捐俸二金爲贐，凡交遊各有贈，身雖屈而道益彰。以此見天理之必不容昧，而吾學之可自信也。歸來即武勝偏處龍山之北麓，敗屋數間，蔬園半畝，召諸弟同居以悅二親，或門下舊知，使聘至輒就，謂不用於時，庶幾明於下道，豈終窮哉。有饋遺必視諸義，雖衣食多取，辨於此然，未嘗有所苟。

　　隆慶壬申赴天眞，主精舍教。應奎自初夏至仲秋，凡四越月，同臥起，與之仰參密證。夫道啓於堯舜，而莫詳於夫子。《大學》言「明德」而列之爲心、爲意、爲知、爲物，蓋即此虛靈不昧之體，隨所指異名，一渾然於至善而已矣。而其明之也爲格致、爲誠正，亦自不欺此虛靈之體，隨所在異名，一止於至善而已矣。不欺此虛靈之體者，良知之所以精也；而止於至善者，良知之所以復其體也，一也。故此四者精一之節度也，皆所以致其良知也。師云致知焉盡矣者，此也。知致則身修而家國天下理矣，此之謂大學之道。然又聞之顏子死而聖學不傳，蓋就門弟子所造言之耳。《易》曰顏子「有不善未嘗不知，知之未嘗復行」，夫子稱其好學曰，不遷其心於怒，不貳其心於過，此不遠之復、知至至之，誠之於幾，先天之學也。朱子謂克己復禮者乾道，主敬行恕者坤道，其至則同，其功則異。然則知幾豈易能哉？顏子如立卓爾，實見得此體本至善也，而未能無不善，故末由之歡所由發，過此則從心所欲不踰矩，無所用其精，渾然於一而化矣，可能哉？子行吾見其信也。曰：顏何人也，其良知同，其致之宜無不同，而何不可幾也？曰孳孳焉忘其老之至。是歲春正月，過吾盧信宿，有以勖我，不謂其遂訣也。噫，可以死哉！吾悲夫己之孤立也。子行平直簡實，無機械本有恆受道之器，遊於先生之門，日充其所未至，拔於士而氣不揚，厄於用而志不困，依稀乎貧賤以終身而無戚容，其所自得可量哉！程明道先

生有言，人纔學便須知用力處，既學便須有得力處，是則子行之所以為學者。子行別號南屏，生於弘治丁巳年十二月廿八日，距卒於萬曆六年□□□□日壽八旬有二。元配陳氏，蚤卒。繼徐氏□□□□將葬矣。其子生員大益偕弟大德來請銘，應奎為之志其墓銘曰：「不學而壽兮，吾不知其臧；壽而且學兮，吾知其不忘。耿幽光兮，永斯土斯藏。」

萬曆九年辛巳（1581），七十八歲，在餘姚。

正月初一，作詩。

《燕詒錄・辛巳正旦》：「迎歲已更始，攬衣戒晨興。冥然觀吾心，無情無定名。因之謂未發，宛有知可憑。有知即已發，發即情之徵。此幾無間息，本我性之恒。知至而至之，竭才顧誰能。仁非日月至。終之道乃凝。希修不遠復，拳拳□服膺。」

萬曆十一年癸未（1583），八十歲，在餘姚。

作「詠懷」詩。

《燕詒錄・八旬詠懷》：「突過希齡又十春，卻憐只是舊時人。勿忘有事疑非據，未與知新怵認真。浩蕩乾坤無住著，往來日月自逡巡。猗與晚歲聞天道，千古斯文歎絕塵。　霜鬢年來更盡刊，閒雲徑草自憑闌。推移暗促年光近，消長徒憐物色歎。有覺常通虛作定，何思致一動無端。苦心未啓然非訣，悵望宮牆去路漫。」

按：蒙泉先生的「詩歌」創作，本書有專門章節探討，可參看。

萬曆十三年乙酉（1585），八十二歲，在餘姚。

為《重修儒學記》書碑。

《欽定續通志》卷一百六十九《金石略三》記載：「重修儒學記，翁大立撰，孫應奎書，正書，萬曆十三年，餘姚。」此事又見《餘姚縣志》卷十六《金石下》。

按：翁大立（1517～1597），字儒參，餘姚人。嘉靖十七年進士。隆慶二年，翁大立總理河道。翁大立與孫蒙泉都在治理河道方面取得政績。《餘姚縣重建儒學記》碑由孫應奎書，其文曰：「賜進士第，通議大夫，總理河道，都察院副都御史，前提督學校，邑人孫應奎書」。

萬曆十四年丙戌（1586），八十三歲，在餘姚。

蒙泉先生去世。

《餘姚縣志》：「孫應奎，以子汝賓進階通議大夫。」（光緒重修《餘姚縣志》卷十九，第 85 頁）

按：蒙泉先生列於餘姚「鄉賢祠」（乾隆三十九年重修）。《王文成公弟子擬祀記》中，孫蒙泉先生也在前列。

附錄二：輯佚文獻

一、《修大政祛流弊以隆聖治疏》

臣聞治天下之道，大要有二，文與武而已。文以綏太平，武以戡禍亂，雖古聖帝明王所不能廢也，然而用舍予奪，雖懸之天子而進賢退不肖，上以紓九重之憂，下以慰群情之望，使守正靜俟者無久淹之苦，而夤緣奸巧者絕倖進之私，是惟在當任者之公與明矣。但近年以來，吏部每失於專擅而不公，兵部多至於徇情而失當，忘人臣匪躬盡瘁之節，負聖明勤政願治之心，亦已甚矣。故有或聽權貴役使而升非其人，或受囑託而心懷貪得，或陰厚鄉里而援引要識，或夤緣相知而那缺倖進，波蕩風靡，相習成俗矣。今復緘默不言，臣恐弊久患生不能仰答聖治，是重貽罔上之罪矣。臣敢冒干罪戾，昧死為陛下言之。且吏部者，天下文官之所從出之地，夫何邇者有副使纔二年即升參政者，有僉事纔二年而即升參議者，有知府纔二年即升副使者，有員外纔二年餘而即升知府者，有歷任七八年而未及一轉者，有才力不及而却升兵備副使者，有升驛丞為典史，一選十數人，而弊端甚多者，有已選縣丞，地方狼狽不肯赴任，假勢囑託而擅自復選者，有升遠方軍民知府，久不赴任，夤緣而即調腹裏者，有出身吏部大肆貪淫而却曲為陞擢者，有吏部官互相排擠，傾陷而無退遜之風者，有凡遇好缺，累次求討如乞丐者，有序該升遷，自分不便而不肯就者。凡此皆因循之陋習，頹風日下、吏治之不精、百姓之不保，有由然也。

至於兵部者，天下武職之所從出之地，夫何邇者有營求漕運，嫉毀同僚而即升總兵者，有託親勳要而即推備倭者，有交歡權貴而即升都督者，有因

－201－

公至京營求而即升都司掌印者，有未諳邊務而却推邊閫總兵者，有邊方將官而却總腹裏戎務者，有推艱避難，不任邊城而營求畿內守備者，有貪墨無恥，都司通省差人，大索軍官謝禮而升爲參將者，有以雙聲將官坐營，而號令三軍者，有案候用而經久不行推用者，有將御覽揭帖，高下其手，而賢否不盡開者。凡此皆漸染之弊政，蠹壞日深，邊務之不修，保障之不固，有由然也。

夫以天下機要而莫先於吏兵二部，今乃積弊釀奸如此，是根本之地，固已不清久矣。邇者幸賴我皇上聖哲神謨，洞鑒此弊，易置兩部大臣，更化善治，天下想望太平於於變風動之機，惟其時矣，但弊端滋甚，一朝頓革，是惟在於得人以理之也，伏望陛下痛懲邇來相沿之弊。聿新立賢無方之規，將文選考功武選考功武選職方郎中合無不拘本等挨補常格，凡遇缺人，務要廣詢博訪，惟求慎重，有立堅定有守之人，然後用之，仍照例久任，必公廉昭著者擢之京堂以酬其勞，中間若有委靡不立而聽人役使，徇情失守而懷利自便者，亦乞昭示黜罰懲戒。今後庶人知警也，若惟蹈常襲故，日復因循，在吏部，而使好官美職能自擇，而致之如取諸懷袖；在兵部，只沿資循格而升遷如常，是賢否無別，賞罰不加，則凡罔上利己之事，亦何所憚而不爲乎？此則今日之積弊而革故鼎新以成中興清明純美之化，是故有賴於聖明也。仰乞宸斷特賜施行著爲令典務，使著實舉行，永爲遵守，不得朝四暮三、廢於半途而視若泛常，如此則國有常典，人皆奮勵，私意忘而弊端絕，本源清而忠良進，文恬武熙，海內乂安，宗社億萬年長久之策，端在是矣。（參看：孫旬輯《皇明疏鈔》卷三十七《用人》）

二、《斥大奸以除惡本疏》

臣惟君子、小人各以類聚，而消長之機繫，小人進退之何如，故願治之君好善固篤，而惡惡尤如嚴焉，何也？蓋君子以禮義爲大閑，求之不誠，則未必輕進。小人惟利禄之圖，營營窺伺，何所不至，非深拒而痛絕之，則實繁有徒，此小人所以常勝君子，而亂之常多於治也。然則進退之權，容可不知所輕重乎？昔曾參大賢也，其傳《大學》至末章論平天下之道在絜矩，繼之以公好惡、均財貨矣，又繼之以容賢利國、妨賢病國之臣對言之，以見得賢臣而道斯舉。然獨於妨賢病國之臣，則申之曰「唯仁人放流之，迸諸四夷，不與同中國」。夫曾參既推得賢爲絜矩之要，而尤諄諄於去惡，若與之爲仇者，蓋狡獪一入則賢俊必無所容，而禁伏凶人乃所以保安善人，凡以平天下之道，不越乎此也。

　　臣一介書生，遭逢聖明，簡置諫垣，惴惴終日，常以無所補益為罪，然竊覘時事，若於曾參之說，正今日所宜採擇者焉。臣請昧死為陛下陳之，臣觀邇者御史曾翀等，感激思報，忘其危辱，糾劾群小，劉龍車以傚愚忠，奉欽依吏部從公看了來說，臣不勝欣躍慶幸臣謂陛下明目達聰，察微燭隱，洞破諸奸，大開言路。意汪鋐者，雖欲逆杜言官之□以自固，陰黨諸臣而封植之，結為心腹，張其羽翼，然必有所畏而不敢也。及鋐將具本覆題，揚言於部曰，若欲去他每官，寧去我官，曲為餙說，悉加褒美，一時誼傳。臣甚駭愕，自古奸惡拂人好惡，變亂黑白，敢為蒙蔽者，以君之不能察也。今神堯御極離照中天，猶肆無所忌如此，不知視陛下為何如主。鋐固昔所無而今僅有之奸，臣即欲忘身奮擊，陳於丹陛，既而思之，奸弊昭白，情狀畢露，必為聖明所燭，而迸逐誅竄，理所必加，大奸數盡，實天下之福矣。臣坐不安席，臥不安枕，仰望明旨愈於饑渴，是月二十一日，趨入本科，聞鋐複本已下，臣即往吏科觀之，伏讀御批，盡正鋐之所罔，而各區處之，使群邪震迭，四海聳觀，臣歡幸喜劇，不覺舞蹈，歎曰，真曠世盛事，大聖人之所作為也，非我皇上聖學精一，心源澄澈，曷能無私好惡以建此皇極哉！但鋐罪止罰俸一月，此固王者重絕人之意，然臣愚竊有說焉。凡亂臣賊子，與其知而不亟去，不若不知之為愈。蓋方其君之未知，則彼雖為惡，尚懷顧忌，曰，君特未之知耳，知則禍將不可言。及其既知，猶遲疑不決，誅逐不加，則彼復益將逞謀用智，誣上行私，殆無紀極，延至大弊，然後從而處之，甚不過一死，然民禍已極，國事已非，亦已晚矣！此理彰明，不待慮而知者也。今陛下於鋐既已知其奸，發其隱，且弊亦極矣，何不毅然遠去之，以為天下大快，而尚使之在位哉。臣聞春秋大義，君人者之律令人臣無將，若取之以律鋐，則鋐之誅，當不遲之今日，而陛下猶未明罰敕法，豈將小懲而大誡，以為小人之福與？臣則以為聖意曲成，固無不至，然鋐血氣既衰，行險僥倖之機已熟，雖聖人與居，不可化而入，且人賞之可使為善者，而後罰之可使不為惡。臣觀陛下於鋐胥顧於大臣之中，挈冢宰之任，排群議而用之，位長六卿，封及三代，加以宮保，蔭以子孫，其委任恩寵，亦云極矣。而陛下之所以必為此者，將以勵其忠也，苟有人心容不匪躬，鋐猶大為欺蔽。若無關於君父之休戚，誠惡積而不可解。臣恐區區罰俸，未必能為之懲勸以變其奸，直將以縱其無忌憚之心耳。臣意陛下將無以鋐昔為能勤且忠，今特小失，姑再試之，而後絕之歟？臣以為，自古小人其得君秉權，必有可觀之才，必有可見之績，

但其心惟欲藉此以竊君之寵，患得患失，重員君國，流禍且深，他何足錄。今鈜於部事辰入申出，罔間寒暑，誠不可謂不勤也。順承意旨，足稱任使，誠不可謂不能也。然積招物議，怙終不悛，身黨群小，幟招邪佞，可謂之忠乎？惟其不忠，故斯勤能，只足為部事之蠹、逞奸之具而已。人臣之罪，莫大不忠，尚可再試之耶？陛下所賴以與共治者，人才也。銓衡之地，正人才之端，縱秉執公正，或失不明，而邪正之權，低昂稍欠，猶足以為士習之害，敗亂之兆，況不忠如鈜而可與之一朝居之耶？臣知鈜不亟去，則風之所鼓，氣之所蒸，既不勝其漸染，而彼復以從遠為福禍，以奪其所守，中人以下，將悉化為邪佞。陛下一日萬幾，鈜之抑揚播弄，豈能一一而察之，亦可以默識矣。然則陛下欲得真才以臻治理，可不汲汲於銓曹之地，而加之意乎？臣請復以臣之所見者言之。

嘉靖十四年正月，期當考察十三年多正庶官入覲之期，鈜身斯任，其當知所檢飭，亦明矣。臣頃於十三年起復赴京，十月內，行至徐州，以下道路傳呼，咸謂汪公子來矣。臣行數日，果見撐駕座船牌榜，吏部人爭走郡縣，而奴隸之夫皂官快迎送接踵，由沛縣至矣。夫撫按二司監守一方，猶且榜禁，子侄親舊，勿令過所屬，如以考察論之，則天下司府州縣，孰非鈜屬，而乃適期，使子招搖於道途，此何為哉？饋遺滿載，關節私通，一時物議之沸騰，真足以為清朝之辱也。又請以臣之所聞者言之：富饒大驛，每選本科承差，此謂之償勞，猶可說也。大縣典史之缺，悍然張主欲留以升大驛驛丞，其應選人員，則沮抑之，或反以窮絕驛分處之，多至無所控訴，姑乞恩閒住，遂使積年勤苦，不得以享一日之榮。豈我皇上欲使物各得所之意哉！眾口傳議，謂亦惟視賄賂之有無，為扶持之頓異耳，欺天罔人，負君誤國，臣不知鈜之所為何如也。陛下誠以睿明普照，復即臣之所聞見者參之，則鈜果忠乎？奸乎？果可以不速去乎？進退之機，臣知陛下不崇朝而決矣！夫臣家居三載入科，甫及數月，固非有積憤夙怨於鈜者也。臣聞君之所愛，臣亦愛之，其在狗馬且然，況大臣乎！則欲相忘於無言者，亦臣之心也。比年以來，又聞一忤鈜者，則立中奇禍，不然，亦以漸去，其或僅存，十無二三，則臣亦誠危矣！然臣不暇自顧，猶諄復為陛下陳之，以鈜之必去為快，以去之不速為憂。蓋君臣之義，憂樂同之，大奸當路，群枉門開，冒瀆公器，而爵祿不足以為天下勸，庸非陛下之所憂乎？則臣亦焉能默以為容，恝然自便耶？伏望陛下諒臣愚之匪他，俯採末議，大奮乾斷，將鈜亟賜斥逐，以絕奸謀。仍乞命下，

明正其罪，宣播於朝，與眾棄之，使天下曉然，如兇惡之斷不容於聖代，而千萬世之下，永仰我聖明之為不可及，則天下幸甚，宗社幸甚，臣愚不勝幸甚。（參看：孫旬輯《皇明疏鈔》卷六十九《權奸一》）

三、《道統傳序》

《道統傳序》中引孫應奎曰：「聖賢往矣，存之者跡也，廓之者心也，學者由是跡以求聖人是所以為聖，則持循有階矣。」（參看：張伯行撰《道統錄序》）

四、張袞：《答孫蒙泉》

北戶瑾扉，兀然獨坐，心有所憂，知非己事，翻以自吒。豈不以賢人閉，草木蕃，天地之氣亦各當其時耶？《易》之需雲上於天，君子以飲食宴樂。夫雲上於天而未成雨，其或雨矣，未及滂沱以澤下，上飄風散之。當是時，君子曷以哉？卷其道而歸以需之爾，曰：需者，言有待也。身雖不用，而雨天下之心未忘也，其道在也，為此飲食宴樂，豈口體之恣養，山澤之安放哉？涵養義理，欣欣自得，即是此意。

古之聖人在下，未大得位，直以敬德修業為事，學聚問辯，敬德也；寬居仁行，修業也。寬之一字，極有意味，故《乾》剛而能需，何所不利？僕之所以贊於公者如此，而公之所以自信者，諒亦以此，他尚何言哉？歲維浹洽，春滿姚江之上，扁舟興至，慈鑒之遽使遠至，示我長箋，侑以朱燭，皆去闇而之光明之道也。惟鄙人謹識之。（張袞撰：《張水南文集》，明隆慶間刻本，第215頁）

五、薛甲：《與孫蒙泉掌科書》

別後兩承翰教，深荷道義之愛，都城同志所聚，年兄又處清閒之地，真可益勵操修，為斯文望。生近來見諸友往往議論詳於躬行，竊謂禮卑處正是知崇，捨眼前事，更無可講論者，亦自反之，實救弊之方也，不識高見以為如何？流俗因循，大可儆畏，在此賴諸同志時相磋切，吾兄素承見愛者，幸不吝振拔東城。不幸緒山又復罹此，無限惻然，往候無由，幸吾兄加意為小弟存慰而已。贛中雖號多事，賴陽明公遺規未泯，易於整頓。惟身心染習積深，未能如老先生遺教，為愧諸惟為道珍玉。不盡。（薛甲撰：《與孫蒙泉掌

科書》,《藝文類稾》,明隆慶刻本,第44〜45頁)

六、趙志皋:《壽孫蒙泉先生夫人岑氏雙壽敘》

越古稱佳山水地,故多產頎俊卓偉之士,至我朝尤盛,二百年文章政事、節義道德,後先踵至。蒙泉翁,越人也,少即有大志,家貧力學,常負笈遠遊,搜窮古典,商確時宜,攻苦茹淡,無寒暑晝夜習焉。既陽明先生倡明理學,翁師之。先生知翁非凡也,手授《傳習錄》一編於天泉樓,曰「吾學已屬之子矣」。繇是,翁致力於身心性命之學。夫是學也,千古聖學正脈也,陽明先生倡之,而世之汩沒於記誦,浸淫於功利者,從而非笑詆毀之,闢之爲禪,訾之爲僞,有能信之者,類多務玄解,靡實用,弊至於今可見也。翁獨深信,有妙悟,且力行之,不似世之剿口說者,翁歷任內外,勳業在宇宙,聲名在朝野,孰不知之。翁之學,或鮮有識之者。

己酉秋,余與翁冢嗣允尙甫同舉於鄉。戊辰春,又同舉進士,交遊北邸,浹旬累月,每坐同志畢集,談往古及當代人物,且謂聖天子龍興,賢公卿協贊起廢舉逸翩翩焉盛矣,然耆舊老臣猶未盡用,枚而指其人,皆曰蒙泉翁,士民山斗也。使起而居於位,設施其可量哉!故座中有舉翁諫垣事,起復擢選,未幾,首劾汪冢宰欺罔,廷杖貶謫,略不挫屈。有舉光祿丞事,通偏補弊,剔冗節浮,歲省費不下數萬計。有舉督學河南事,敦彝軌、愼科條、絕干請,洛中號稱得士,至今猶能誦之。又有舉按察山東及布政事,革防秋之冗役,減條鞭之歲徵,抑開河之橫議,應□觀考察,惟翁與部院爭可否,銓憲大臣皆屈服。及總理河道,又不肯襲俯仰時套,依違權貴,力疏乞歸。大抵翁之爲人,簡重寬博,明於大體。居常恂恂,未嘗言及,與商政事則徐出一言以斷之,久之,金可鑠,石可泐,翁之詞竟不易也。譽之所在,不與眾趨;毀之所歸,不以智免。推所包納,則滄溟未爲廣,泰山未爲高也。翁誠社稷器哉,諸君談之,嘖嘖不容口,余曰是豈易能哉!

余聞學明者識廣,志定者氣凝。翁學聖人之學者也,得良知之教,每用察識參悟本原,日常坐一室,靜觀默省,以求所謂寂然之體,是翁之學誠灼灼見本體矣。體明則隨應隨定,不可混淆,不可撓易,翁豈飾於外者哉?前所舉措,皆從心性中發來,匪獨可以事功論也。言畢,允尙甫出翁書以示惓惓修德講學爲訓,曰此男兒本分事,不知學,未免要利要名,縱作得好,亦只是從欲。噫!翁之學,見諸數言閒矣。諸君覿翁之書,益信余之言不妄,

且信此學果足以經濟天下國家，非虛也。

時翁年已六旬五矣，人生六十皆為壽，翁獨以先大夫早世免，夫人少翁一歲，亦免焉，此大孝終慕之情所不忍言也。然允尚甫輩則有未盡之懷焉，今聞余言而樂識其親也，欲文之馳為翁壽。余曰翁之不自以為壽，與允尚甫之必欲壽其親，其志一也，遂書之。（趙志皋撰：《趙文懿公文集》，明崇禎趙世溥刻本，第60～62頁）

七、唐順之：《與吳峻伯縣尹》

前使者冒進，謷言自分必且見絕於吾友矣，適會陳戶曹道及吾友欲相顧，是吾友舊愛之深，不遽以謷言為辠也，即令人往候使節於白氏，則已行矣，悵惘！竊惟論治者先體，故按督之體異乎州縣，風憲之職異乎拊循，而州縣之所以拊循其民，惟其平易，豈弟大小？畢輸其情，使民之入公門者如入乎其家，見守令者如見其父母，是之為貴耳。使民見威而不見德，敢怨而不敢言，則雖一時或能收整頓摻切之效，而其所斲喪者多矣，書高明柔克可省也。

向孫文卿在江陰，嘗過僕，僕問之曰：「兄素講學，學問不是空談，即如《大學》論『平天下』『如保赤子』，此便是真心，便是明明德，兄試自省，百姓到面前時，可與自家兒子一般？」文卿應曰：「此意卻似有之。」僕當時不以為然，曰：「兄得無太容易說了。」久之，詢其所以蒞民，果無甚愧乎其言，僕是以心慕而敬焉。文卿方於事上而圓於撫下，是以雖或惡而謗之，而不勝其愛而譽之者之多也。眼中亦曾見一人為江陰使百姓膝行而前，俯伏戰慄，不敢仰視此輩者，何足多哉！吾友清才雅志，僕何用喋喋若此，但柔克之說，為高明者發耳。《傳》曰「善人受盡言」，僕素以豪傑望吾友，豈獨善人已也。……（唐順之撰：《與吳峻伯縣尹》，《荊川先生文集》，上海涵芬樓藏明刊本，第379～380頁）

八、畢自嚴：《奸細放火被燒未收商草疏》

題為奸細放火被燒未收商草事，據本部監督象房場山西司主事吳起龍呈前事，內稱職自逆奴發難以來，晝夜住宿草場，督率官措庫秤等役，不時巡緝，罔敢少懈，不意本月十三日，遵奉堂諭，押運草束至宣武門，黑夜方回，本日戌時，陡見象房煙起，奔入場內，有商人堆積未經驗收草三處、近門一處火發，一面率眾救撲，不致延爇，一面令本場庫秤李成、楊德澤等擒拿奸

細，適守城軍喊稱有衣白者踰牆而入，當獲二名，隨被捕營鎖去一人不知名姓，其見在奸細，職已詳審，供稱孫光國，伊父監生孫應奎，係浙江紹興府餘姚縣人，住陶家胡衕，自帶極細紙炮，同夥吳繼芳，袖藏火藥，從本場東角，越牆而進，用香燃炮，繼芳隨以火藥撒上。究問主使，供稱係孔秀才，住絨線胡衕，隨令班役，協同坊官密拿外，商人未收新草被焚，救下燒殘散草，難以數計，草場失事，職何敢避罪，但躬親巡緝，未敢稍怠，奸細俟職運草，遂爾竊發，非職意料所及也，其專管巡緝，則有錦衣衛百戶齊端學，草場副使王遇春，點□攢典趙鍾緒，及巡邏庫斗楊德澤等五名，內□商人王尚瑞等六名，外巡商人王福等六名，總甲劉忠等九名，巡軍王奎等四十名，俱有典□之責，理合具緣呈報等因，該臣等看得自有奴難以來，倉庾草場，屢廑明旨申飭，防範巡緝，臣部遵奉頒佈，眞不啻三令而五申矣，乃茲復有象房草場失火之事，殊可□異。

查得主事吳起龍，承委監督象房、安仁、西城等三草場，諸凡懲奸剔蠹，俱屬爲政，而錦衣衛百戶齊端學，本場副使王遇春，則皆象房局內之官，與吳主事均有典守之責者也，頃自□□門庭，援兵四集，徵發驛騷，臣慮起龍一人，應接不暇，防範難周，乃委主事丁明登協理西城一坊，支放草束，蓋欲使之並心一力，謹備非常，而不意其向有奸細投間抵隙而入也，據起龍稱晝夜住宿場旁，似非怠緩從事者，偶因押運出門，遂致奸徒跳牆竊發，夫場牆內外，不有巡軍、巡商、庫斗、總甲諸人在乎？且起龍押運矣，百戶齊端學，副使王遇春，當日何往？而坐令巡邏諸人疏虞至此乎？所幸被燒之草，爲數似未甚夥，又係商人私買待納之物，未經具領官銀，其於公家無大損失，而奸細孫光國，當場擒獲，陰謀既敗，賊膽自寒，揆情度法，或可稍贖前愆於萬一耳。然當此城守戒嚴之日，不有懲前，何以毖後？除商人已虧貲本，姑免深求。巡軍事干人眾姑行該營責究外，合無將百戶齊端學，從重議，革副使王遇春，庫斗、總甲人等，提問正罪。即主車吳起龍，雖身在押運，情有可原，而既任監督之職，自不得不爲法受過，亦宜罰俸示懲，策勵供職，庶規後效。至於奸細孫光國，據招有籍貫居停，又有同夥吳繼芳，主盟孔秀才，窟穴散佈，實煩有徒所當亟敕法司嚴加鞫訊，直窮到底者也。

崇禎二年十二月十五日具題本月二十日奉　聖旨齊端學著從重革處，巡軍該營責懲，余俱已有旨，該衙門知道。欽此。（畢自嚴輯：《度支奏議‧堂稿十》，第4～7頁）

九、高拱：《答山東王方伯》

承書諭，多感新河之議，本出僕意。蓋見漕運不通，憂無所出，故議及此。初鳴泉有書來，力言不可云，其害有十。僕聞語胡給舍云。梁子素未講此，又未及至地方一看，安得遂有十害之說。此必孫蒙泉當時所議舊說，二司以告梁子，故即據以為言耳，然非專指公也，而胡君豈忘之耶？僕若知公意有異同，便當明以相告，期成國事，何乃為後言乎？且鳴泉第二次書來，既變前說，而又云王方伯潘憲副談此甚悉，皆可任此事者，僕方望公成之，而豈以為有所阻也？願公之勿疑也。（參看：高拱《高文襄公集》）

十、佚名：題孫應奎懷鞠卷

方服春衣習清溫，童心痛卑可堪論。青雲幸了成人願，蒼昊長懸鞠我恩。秋冷鳳悲紉褐手，日斜陽可倚闔魂。宦遊回首慈情在，只合移萱種墓門。

十一、孫應奎書信手跡（由王孫榮先生提供）

京 1－1647

【釋文】

年侍弟孫應奎頓首拜，石山大省望老年兄大人先生教下：

奎前公事尊範轉盼，今恐六載，□昔年金山之會，瞬息耳，何以展懷？雖中間消息未亡，茫然終以相遠，實傷我心也。因六弟備考離江城，兼得北西□□之報，歸舟已行西水，家累相隨，不能靜候，□特人期空一會。倘勿別，幸甚幸甚！年伯老大人先生處，並希叱名為荷。金酒、臘鵝各一，將年家子侄微意耳，轉納。尤望別卻。用償既彰湘時十年亡逋，不殆加息，恐自

別於門下也，照之。小書薄帛，侑椷。春仲念四日，應奎頓首再拜，左空。（鈐印：孫氏文卿）

參考文獻

1、（明）孫應奎撰：《燕詒錄》，湖北省圖書館藏明萬曆刻本。

2、（明）趙志皋撰：《趙文懿公文集》，明崇禎趙世溥刻本。

3、（明）李安仁等修：《石鼓書院志》，明萬曆刻本。

4、（清）張廷玉等撰：《明史》，文淵閣四庫全書本。

5、諸暨餘編：《陽明先生傳纂·附陽明弟子傳纂》第 2 版，中華書局，1924年。

6、黃宗羲著，沈芝盈點校：《明儒學案》，中華書局，1985 年。

7、上海古籍出版社：《十三經注疏·周易正義》，上海古籍出版社，1997 年。

8、黃壽祺、張善文著：《周易譯注》，上海古籍出版社，2001 年。

9、彭國翔：《明儒王龍溪的一念工夫論》，《孔子研究》2002 年第 4 期。

10、牟宗三：《牟宗三先生全集》，聯經出版公司，2003 年。

11、楊伯峻譯注：《論語譯注》，中華書局，2004 年。

12、孫通海譯注：《莊子》，中華書局，2007 年。

13、吳震編校：《王畿集》，鳳凰出版社 2007 年版。

14、錢明著：《浙中王學研究》，中國人民大學出版社，2009 年。

15、王守仁撰，吳光等編校：《王陽明全集》，上海古籍出版社，2011 年。

16、潘攀著：《陳明水良說研究》，湖南師範大學博士論文，2014 年。

17、王孫榮著：《慈谿進士錄》，浙江古籍出版社，2015 年。

18、郭齊勇主編：《陽明學研究》，中華書局，2015 年。

19、王陽明撰，鄧艾民注：《傳習錄注疏》，上海古籍出版社，2015 年。

20、黃彰健校注：《明實錄》（附校勘記），中華書局，2016 年。

21、吳震著：《陽明後學研究》（增訂本），上海人民出版社 2016 年版。

22、鄒建鋒著：《陽明夫子親傳弟子考》，中國社會科學出版社，2017 年。

後　記

　　記得大概五年前，我作了第一次關於陽明學的讀書心得分享，後來整理成文稿《聖人之學致良知》，發表於「中國文化院」網站。在博導張三夕先生指導下，那是我第一次讀《王陽明全集》。必須要坦率地講，當時的我對陽明學談不上研究，但終究是記住了一些陽明學相關「金句」，如「在事上磨練」、「致良知」、「立得一個誠字」，等等。博士畢業後，也正是因爲想要更深入研究陽明學而選擇入職寧波財經學院，因爲這裡有招聘我的王臣申院長，他對陽明學有著極大興趣和很獨到的研究；這裡還有「陽明講堂」，可以從事陽明文化的教育、傳播等應用實踐工作，更值得一提的是，寧波財經學院將王陽明的「致良知」列入辦學理念，又將「知行合一」、「隨才成就」作爲教育理念。在此間工作近三年以來，以「陽明學」爲中心，無論是教書育人、學術研究，還是社會實踐，我都在不斷取得發展和成績。要感謝王臣申院長知遇，感念謝小風院長、夏柯副院長等單位領導對我關照和支持。

　　寧波大學鄒建鋒先生，是我治陽明學的「貴人」，因爲他無私地將個人跑遍全國各地古籍館藏機構所得來的陽明學文獻（包括不少孤本、珍本古書）與我分享。從點校古書開始，我一點一點地下笨工夫，日積月累，深感自己對陽明學的認知在持續不斷地深化、拓開。孔夫子有言「古之學者爲己」，我深以爲然。既然是爲己之學，不妨敝帚自珍。本書對陽明先生餘姚親傳弟子孫應奎的良知學思想進行研究，在此之前，我已經將孫氏主要著作《燕詒錄》點校完畢，且輸入電腦作成可檢索的電子文檔。與此同時，又另外收集了大量有關孫應奎（蒙泉先生）相關資料，擇其精要，放在本書「附錄二 輯佚文獻」裏，其中有一封書信是王孫榮先生提供的，再次致謝！感謝武漢大學詹

良水博士在古籍數據庫查詢方面所提供的幫助。在文集整理、資料搜集的基礎上，我開始了《蒙泉先生年譜》的編寫，冀望對蒙泉先生的生平作一次最全面、準確的梳理。在這個過程中，要特別注意與「建陽孫應奎」區分開來，因為兩人不僅同姓名，還同朝為官，當時「兩孫給諫之名，並震於朝」。蒙泉先生相關史料有一大部分見於地方志，其中記載或有出入之處，也須一一辨明。

在文獻搜集、校勘的基礎上，圍繞「良知學」這一主題，本書首先以「引言」做一總體介紹，然後分章節確定核心主題加以探究。我首先探討的是蒙泉先生良知學思想的來源問題，主要包括其家學與師傳，尤其是對陽明良知學的護衛。其次，就學術特色、價值而言，蒙泉先生良知學最大的創見是「良知幾學」，其本體、工夫理論實際上是發展了良知學。作為眾多陽明弟子之一，蒙泉在當時地位不可謂無足輕重，正如錢明先生所論斷的，他是「王門中堅」。蒙泉先生既是一位思想家，又在實踐方面多有佳績，且受到同道、僚友及後學的推崇，因此本書還從經典詮釋的角度來考察其思想發展脈絡；從修養實踐方面探討良知學思想的應用，或者說，看蒙泉先生是如何做到「知行合一」的；陽明先生有不少弟子是「令名不彰」的，如蒙泉在當時可謂「文宗大儒」，從其交遊論學與文學創作中均可見一斑。總之，蒙泉先生作為浙中王門親傳弟子，是不應被忽略的一位重要人物，其文集、資料、生平、思想、實踐等方面非常值得進行全面而深入的整理與探究，「良知幾學」的新發現也值得學界重視。

本書最後的撰寫階段恰逢春節，由於兩個項目的結題時間都在臨近，我幾乎寒假每天都會去單位辦公室工作，因此也要感謝我家人的理解和支持。治學、修身、齊家、工作等各方面都是可以「在事上磨練」的。感謝李福言博士引薦，楊嘉樂先生為本書出版所做的溝通、協調等各項工作。「路漫漫其修遠兮，吾將上下而求索」（屈原《離騷》），本書的出版，也將是我治學之路的一個新起點。再次感謝所有幫助過我的人！

鄧 凱

2019 年 3 月於寧波財經學院陽明文化研究所